Maurice Halbwachs

Stätten der Verkündigung im Heiligen Land

édition discours

Klassische und zeitgenössische Texte
der französischsprachigen Humanwissenschaften

Herausgegeben von Franz Schultheis
und Louis Pinto

Band 21

Maurice Halbwachs in der *édition discours*

Herausgegeben von Stephan Egger
und Franz Schultheis

Band 6

Maurice Halbwachs

Stätten der Verkündigung im Heiligen Land

Eine Studie zum kollektiven Gedächtnis

Herausgegeben und aus dem
Französischen übersetzt von
Stephan Egger

UVK Verlagsgesellschaft mbH

Dieses Buch erscheint im Rahmen des Förderprogramms des französischen Außenministeriums, vertreten durch die Französische Botschaft in Berlin.

Cet ouvrage, publié dans le cadre du programme de participation à la publication, bénéficié du soutien du Ministère des Affaires Etrangères, représenté par le Service culturel de L'Ambassade de France à Berlin.

Bibliografische Information der Deutschen Bibliothek
Die Deutsche Bibliothek verzeichnet diese Publikation in der Deutschen Nationalbibliografie; detaillierte bibliografische Daten sind im Internet über <http://dnb.ddb.de> abrufbar.

ISSN 0943-9021
ISBN 3-89669-894-X

Satz: Dieter Heise, Konstanz
Einbandentwurf: Tina Koch, Konstanz
Printed in Germany

UVK Verlagsgesellschaft mbH
Schützenstr. 24 · D-78462 Konstanz
Tel. 07531-9053-0 · Fax 07531 9053-98
www.uvk.de

Inhalt

Editorische Vorbemerkung

Aus verschiedenen Gründen bildet der vorliegende Band den Abschluß einer Reihe ausgewählter Arbeiten des soziologischen »Klassikers«, der – wenn dieser Begriff den kanonischen Stellenwert eines wie immer gearteten, wissenschaftlichen oder künstlerischen, Werkes beschreibt – seine Bedeutung ausschließlich einem maßgebenden Entwurf verdankt: wahrgenommen wird Maurice Halbwachs, sofern überhaupt, heute nur als Erfinder des »kollektiven Gedächtnisses«. Daß dieser verengte Blick dem Werkganzen nicht gerecht wird, hat die hier gleichwohl mit einer »Studie zum kollektiven Gedächtnis« abschließende Reihe aufzuweisen versucht: sie zeigt die ausgesprochene Vielfalt des von Halbwachs Hinterlassenen, macht seine Schriften zur Klassensoziologie, zur kollektiven Psychologie und sozialen Morphologie zugänglich, deren gemeinsamer epistemologischer Grundzug allerdings unübersehbar bleibt, als ein großer, über alle seine Gegenstände hinweg ausholender Gedankenkreis, in den sich schließlich auch die Arbeiten zum »kollektiven Gedächtnis« einfügen. Der erst im letzten Jahrzehnt sprunghaft gestiegene und dabei oft erstaunlich unbekümmerte Gebrauch dieser Wortschöpfung in den »Kulturwissenschaften« trägt nicht nur dieser Einheit des Werkes keine Rechnung, sondern löst es auch, bisweilen ganz bewußt, aus einem Zusammenhang, in dem es immer gestanden hatte, aus seiner Verankerung in der durkheimschen Soziologie.

Dennoch bleibt das hier vorgestellte Buch eine Besonderheit. Über sechzig Jahre nach seinem Erscheinen immer noch weitgehend unbekannt, bezeichnet es eine der entscheidenden Durchgangsstellen des Halbwachsschen Denkens, das zwischen den *Cadres sociaux de la mémoire* und der *Mémoire collective* immer tiefer in jenes neu entdeckte Gebiet der Soziologie vordringt, dessen Geltungsbereich Durkheim zwischen »kollektiver Psychologie« und »sozialer Morphologie« angesiedelt wissen wollte. Seine *Topographie légendaire des Evangiles en Terre Sainte*, so der etwas sperrige Titel dieser 1941 veröffentlichten Arbeit, nimmt nicht umsonst wenige Jahre nach der *Morphologie sociale* und vor dem Hintergrund der dort verfolgten Überlegungen erneut eine Fragestellung auf, die bereits mit ihrer ersten Fassung, den sozialen »Rahmen« des Gedächtnisses, die Grenzen der Humanwissenschaften neu abgesteckt hatte. Dabei geht diese »Topographie« – zunächst eigentlich nur die ausführliche Wiedergabe der Ergebnisse einer damals blühenden historiographischen und archäologischen Forschung über das Heilige Land, an die sich ein allerdings glänzender soziologischer Essay anschließt – dem geschichtlichen Wandel der christlichen Überlieferung, dem Zugriff religiöser Gruppen auf die materiellen und räumlichen Bedingungen ihres Gedenkens nach, und zeigt dabei, auf welche Weise sich das religiöse Gedächtnis selbst eine Ordnung, einen Rahmen des Erinnerns gibt, der sich in geographischer Kontinuität versinnbildlicht. Das sich gegenseitig Dauer sichernde Verhältnis von materiellem und repräsentiertem Raum, eines Raums, der immer deutlicher die Spuren seiner gesellschaftlichen Bestimmungsgründe trägt und so als Möglichkeitsbedingung einer kollektiven Zeit entsteht, läßt uns Halbwachs hier als historisches Ergebnis einer unablässigen Arbeit sozialer Gruppen, ihrer gemeinsamen Weltaneignung lebhaft nachempfinden.

Wenn also die *Stätten der Verkündigung im Heiligen Land* auf der einen Seite als ein bemerkenswerter Versuch über das »kollektive Gedächtnis« ganz für sich stehen können, dann zeigen sie doch auch, daß weder die Unterstellung eines Abstandes zwischen diesem »Paradigma« und dem übrigen Werk gerechtfertigt ist, noch darum auch zu Durkheim und seiner Schule, und das heißt am Ende: zur Soziologie überhaupt. Ganz selbstverständlich hat Maurice Halbwachs die Soziologie, nicht nur seine Soziologie des »kollektiven Gedächtnisses«, als einen Beitrag zu jener »Wissenschaft vom Menschen« gesehen, deren epistemologische Einheit Voraussetzung für jede Annäherung an eine unhintergehbar kollektiv verfaßte menschliche »Lebenswelt« war. Daß ihm diese Voraussetzung in der Historiographie, der Demographie, der Ökonomie seiner Zeit oft nicht gegeben schien, hat Halbwachs, wie der Schule Durkheims überhaupt, bis heute einen denkbar schlechten Ruf eingehandelt. Es wäre zu wünschen, daß sich die nun mit Selbstbewußtsein auftretenden »Kulturwissenschaften« daran erinnerten, was sie der Arbeit eben dieser Soziologie, und ihrem »kollektiven Gedächtnis«, immer noch verdanken. Vielleicht kann auch dies Buch seinen Beitrag dazu leisten.

Der Herausgeber

Maurice Halbwachs

Stätten der Verkündigung im Heiligen Land

Eine Studie zum kollektiven Gedächtnis

Einführung

Wer eine Reise ins Heilige Land unternimmt, kann das aus unterschiedlichen Beweggründen tun. Für viele ist es eine Art Wallfahrt. Man möchte jene Orte sehen, an denen die Ereignisse stattgefunden haben, über welche uns die Evangelien berichten, man will sich sammeln und an den Heiligen Stätten beten. Seit jeher haben Christen eine Erinnerung an diese Stätten bewahrt, im Laufe der Jahrhunderte drängten sich Scharen von Gläubigen um Heiligtümer, die man an eben den Orten errichtet hatte, die das christlichen Gedächtnis als bedeutungsvoll empfand. Aber von dem Tag an, da sich solche Erinnerungen auf bestimmte Orte richteten, waren diese auch immer wieder Veränderungen unterworfen. Und umso mehr, als es sich hier nicht nur um bloß geschichtliche Tatbestände handelte, sondern von übernatürlichen Begebenheiten die Rede war. Der örtliche Rahmen, in den man sie einfügte, auch er besitzt diese übernatürlichen Züge, der gläubige Blick meint hinter den sinnlich wahrnehmbaren Erscheinungen eine andere Welt zu erkennen, die jenseits von Zeit und Raum besteht und für einen frommen Christen die einzig wahre ist.

Es gibt nun sicher auch Gläubige, die ein anderer Wunsch beseelt. Ihnen genügt es nicht, nur die durch christliche Tradition geweihten Orte aufzusuchen. Denn ist diese Tradition, sind diese Überlieferungen der Heiligen Stätten auch begründet? Ihnen geht es darum, die tatsächlichen Spuren des Weges Jesu wiederzufinden, sie wollen sich versichern, daß es eben diese oder jene Stelle war, an der er dies gesagt, jenes getan, wollen der Orte versichert sein, an denen sich sein menschliches Leben abgespielt hatte. Vielleicht hoffen sie, ihr Glaube möge gestärkt und vertieft werden, wenn sich das, was ihnen bislang als bloße Erzählung gegenwärtig war, der Wirklichkeit eben jener Stätten gegenüber sieht, von denen die Erzählung spricht. Sind also diese überlieferten Ortsbeschreibungen über jeden Einwand erhaben? Die heiligen Stätten werden zu greifbaren Zeugen, vermitteln eine sinnliche Gewißheit, die sich anderen hinzugesellt, vielleicht aber eine der entscheidenden bleibt. Die Vergangenheit wird Teil der Gegenwart: man kann sie berühren, glaubt sie unmittelbar zu erfahren.

Wir allerdings werfen hier einen völlig anderen Blick auf diese Zusammenhänge. Mit einer ganzen Reihe von Fragen werden wir uns nicht beschäftigen. War Jesus ein Gott, ein übernatürliches Wesen, oder einfach nur ein Mensch, an den man als Gott oder Gottessohn glaubt? Haben die Evangelien irgendeine geschichtliche Grundlage? In einer Besprechung zu Renans *Leben Jesu* hat sich Sainte-Beuve über die scharfe Kritik an dessen Buch gewundert und sinngemäß gesagt: »In nicht allzu ferner Zukunft werden Menschen kommen, kleinlich, beharrlich und hart, die dabei sehr viel unbarmherziger zu Werke gehen. Dann wird man sich nach Renan zurücksehnen.« Um es zu wiederholen: wir werden uns mit solchen Auseinandersetzungen nicht beschäftigen, sondern stattdessen versuchen, den Ortsbestimmungen der in den Evangelien berichteten Geschehnisse erst in späterer Zeit, seit dem Beginn des 4. Jahrhunderts nachzugehen. Wie haben sich die Traditionen darüber ausgebildet, was man nun die heiligen Stätten nennt? Welches sind ihre Ursprünge? Es steht hier zwar jedem frei, weitreichende Vermutungen anzustellen, die auch nicht völlig der Wahrscheinlichkeit entbehren. Dennoch bleibt für uns das Wesentliche, daß diese Traditionen in der Zeit, mit der wir uns beschäftigen wollen, bereits vorhanden sind. Wir werden uns also nicht zu klären bemühen, was hinter ihnen steht und ob sie glaubwürdig sind. Sondern wir werden sie selbst untersuchen, als kollektive Glaubensvorstellungen. Wir werden uns dabei ihre Wirkmächtigkeit und Ausbreitung anzusehen haben, ihnen aber vor allem durch den Wandel der Zeiten folgen, sofern uns das die vorhandenen Baudenkmäler, an erster Stelle allerdings die vielen Reisebeschreibungen von Pilgern erlauben. Uns geht es hier darum, anhand dieses in mehr als einer Hinsicht außerordentlichen Falles einiger jener Gesetze inne zu werden, denen das kollektive Gedächtnis gehorcht.

Die dazu vorhandene Literatur ist beachtlich. Es gibt hier zunächst Erzählungen von Pilgern und Reisenden, die aus dem 4. Jahrhundert bis in die Gegenwart reichen. Die meisten von ihnen galt es gründlich zu lesen, insbesondere die ältesten, die lateinischen Berichte aus den kritischen Textsammlungen von Geyer (*Intinera hierosolymitana*, *Saeculi IIII-VIII*, 1898) und Tobler (*Descriptiones terrae sanctae ex saeculo VIII-IX-XII et XV*). Man hat diesen alten Schriften zahlreiche Untersuchungen gewidmet, hat sie bewertet, geordnet, Abweichungen festgehalten, hat genaue geographische und historische Einordnungen versucht und Erklärungen angeboten.

Es sind eben dies jene Zeugnisse, die uns unmittelbar und für die in Frage stehende Zeit eine Gesamtheit überlieferter Ortsbestimmungen der Heiligen Stätten und damit auch ihren Wandel erkennen lassen. Die Verfasser dieser Schriften erzählen einfach, was sie gesehen und gehört haben. Sie rechten nicht, geben nicht ihre eigene Meinung wieder, sind sich nicht unsicher oder haben irgendwelche Bedenken. Gerade deshalb aber sind diese Zeugnisse umso kostbarer: nicht Überzeugungen Einzelner, sondern ganzer Glaubensgruppen, ursprünglich und lebendig. Nirgendwo der Anflug eines Gedankens, daß man vor ihnen anderes hätte glauben können, etwas, worüber sie nichts mehr wußten, etwas, das man vergessen hatte. Gerade an ihnen läßt sich die unwillkürliche Entwicklung solcher Überlieferungen nachverfolgen, und in bestimmten Fällen auch ihre natürliche Beharrungskraft durch die Zeiten, ohne daß es dafür einen anderen Grund gäbe als jenes religiöse Gespür, jene Bedürfnisse religiöser Vorstellungskraft, die sich in solchen von jeder Zucht der Vernunft und Wissenschaft unberührten Gruppen aussprechen.

Viele dieser Pilgerberichte stammen von Unbekannten. Aber selbst bei denen, deren Namen man weiß, deren Lebenslauf uns bekannt ist, fehlt jede persönliche Färbung des Erzählten. Manche drücken sich in einem besseren, gewandteren Latein aus, genauer und klarer. Sie kennen die Lehre vielleicht besser, die Heiligen Schriften, und sind dennoch nur Mitglieder einer gläubigen Masse. Was uns erreicht, ist der Widerhall von Gesprächen in Klöstern, Sätze, die der Pilger dort oder während feierlicher Zeremonien in Kirchen, Kapellen, bei Prozessionen aufgegriffen hat, während seines Besuchs der Heiligen Stätten. Die ganze Geisteshaltung ist dieselbe bei denjenigen, die sie zeigen und über ihre Bedeutung sprechen, und denen, die kommen, um zu sehen und zu hören. Sicher gibt es auch sehr kurze und karge Berichte, erstaunlich trocken, in denen man kaum mehr als eine Aneinanderreihung von Namen von Plätzen und Personen findet, monoton wie eine Nomenklatur, bisweilen rhythmisch wie eine Litanei. Andere geben uns eine Fülle von Erläuterungen, blumigen Beschreibungen, lassen nicht das Geringste aus. Dann wieder schließt sich an die wesentlichen Zeugnisse eine Kette von Legenden an, die ganze Folklore des Alten und Neuen Testaments, lokale Traditionen jüngeren Ursprungs, archaische oder sonstwie exotische Kuriositäten. Die meisten dieser Berichte liest man, ohne sich von Wiederholungen, Widersprüchen, Seltsamkeiten, auch der Schlichtheit und manchmal Belanglosigkeit des Gesagten abschrecken zu lassen: denn dabei treten eben jene Denkströmungen hervor, die sich unter all dieser Verschiedenheit des Ausdrucks wiederfinden und genau das bezeichnen, um was es uns hier geht.

Zudem besitzen wir eine Reihe wissenschaftlicher Untersuchungen, die sich, welchen Gegenstand sie letztlich auch im Blick hatten, ernsthaft um die geschichtlichen Hintergründe bemühen. Überzeugte Christen, die doch der Heiligen Schrift größte Hochachtung entgegenbringen, haben hier nicht gezögert, jener viel gescholtenen historischen Methode zu folgen, die Lanson und seine Schule auf dem Gebiet der Literatur zur Blüte brachten. Die Dominikaner in Jerusalem sind dieser Aufgabe in bewunderungswürdiger Weise gerecht geworden. *Jérusalem. Recherches de topographie, d'archéologie et d'histoire* von den Dominikanermönchen Vincent und Abel[1] ist eine

1 Erster Band *Jérusalem antique* von Vincent, 1912, zweiter Band *Jérusalem nouvelle* von Vincent und Abel. Abschnitt I und II Aelia Capitolina, Heiliges Grab und Ölberg, S. 1 bis 420, 1914, Abschnitt III Berg Zion und Heiligtümer zweiter Ordnung, S. 421 bis 668 (+ I bis XXXI), 1922, Abschnitt IV Heiligtümer zweiter Ordnung (*Ende*), S. 669 bis 1035, 1926, mit Bildtafeln I bis XC, Paris.

Summe all dessen, was uns die christliche Überlieferung in ihren Handschriften und Büchern, während all der Jahrhunderte, über aller Herren Länder hinweg und in gleich welcher Sprache, über die heiligen Stätten erzählt – ergänzt durch eine genaue Inaugenscheinnahme von Baudenkmälern, von Kirchen und Basiliken, durch topographische, archäologische, kunstgeschichtliche, selbst geologische Untersuchungen der Bodenschichten, der Spuren von Verwerfungen und Erderschütterungen, veranschaulicht auch durch eine Fülle von Schriftauszügen und Abbildungen. Und, was hier vor allem wichtig ist, im andauernden Bemühen um Sachlichkeit. »Trotz allem«, sagen die Patres, »was ihre unbedachten Verteidiger oder unwissenden Verleumder behaupten konnten, ist es doch für jeden besonnenen Geist ersichtlich, daß die Kirche den Glauben an eine heilige Stätte, und sei sie noch so außerordentlich wie das Heilige Grab oder der Kalvarienberg, ihren Kindern niemals zur Pflicht gemacht hat.« Mit anderen Worten: keine der Ortsbestimmungen evangelischer Begebenheiten ist eine Grundfrage des Glaubens. Vincent und Abel konnten also in voller gedanklicher Freiheit ihre Nachforschungen anstellen, ihre Feststellungen treffen, ihre Annahmen erläutern.

Damit ist nicht gesagt, daß diese Arbeit alle vorhergehenden überflüssig machen würde. Doch sie vermittelt uns das Beste aller wesentlichen Erkenntnisse über unseren Gegenstand und ist völlig auf der Höhe der wissenschaftlichen Auseinandersetzung, auch neuester Ergebnisse der – insbesondere von den Amerikanern in letzter Zeit durchgeführten – Ausgrabungen vor Ort. Wir haben uns immer wieder den Reichtum dieser Arbeit zunutze gemacht, uns oft von Abel und Vincent führen lassen. Und wenn wir manchmal andere Auffassungen vertreten, so doch nie, ohne uns zu bemühen, ihre Sicht der Dinge nachzuvollziehen.

Ebensoviel verdanken wir einer ganz anders gearteten Arbeit, *Orte und Wege Jesu* von Dalman, Professor an der Universität von Greifswald und Leiter des Deutschen Archäologischen Instituts in Jerusalem. Dalman ist Protestant und gehört der Glaubensgemeinschaft der Herrnhuter an. Er hat sich lange in Palästina aufgehalten, dort viele Wanderungen unternommen. Er bemüht sich, Jesus wieder auf den »örtlichen und völkischen Mutterboden, den Gott ihm bestimmte und die Geschichte darbot«, zurückzuversetzen und die Spuren seines Lebens auf der Erde, auf dieser Erde wiederzufinden.[2] Die christliche Überlieferung hilft uns dabei zweifellos weiter, und Dalman hat auf viele ihrer Ortsangaben hingewiesen, nicht nur in Jerusalem, sondern auch überall dort, wo uns die Evangelien Christi Wirken zeigen, in Bethlehem, in Nazareth, am Ufer des See Genezareth. Er hat all die Erinnerungen wachgerufen, die sich mit seinen Reisen verbinden, zunächst nach Bethlehem vor und nach seiner Geburt, an die Ufer des Jordan und in die Wüste, von Galiläa nach Judäa, von Jericho nach Jerusalem. Aber vor allem hat er sie mit vielen anderen Dingen in Zusammenhang gebracht, die uns den Rahmen dieses Lebens wiederherzustellen erlauben, der damaligen Geschehnisse, der Predigten, des Leidens und Sterbens: jüdisches Recht und jüdischer Ritus, Zeiteinteilung, Landwirtschaft, Handel, Waren, Gewichtsmaße, Preise, Steuern. Darüber hinaus die Witterungsverhältnisse, die Jahreszeiten, die Tierwelt, die verschiedenen Pflanzenarten, den Anblick blühender Felder, ausgetrockneter Berghänge, all das, was sich in den letzten zweitausend Jahren vielleicht am wenigsten verändert hat und von der Gestalt Jesu und seiner ersten Jünger kaum trennen läßt. Schließlich die Sprache, die Schriften des Alten und Neuen Testamentes, Vokabular und Grammatik des Hebräischen, aramäische Dialekte, Ortsnamen und technische Begriffe, Etymologie und etymologische Verwandtschaften – Dalman ist nicht nur Theologe, sondern auch ein Gelehrter semitischer Sprachen.

All dies reicht sicher weit über die Pilgerberichte hinaus, über das, was man durch die Jahrhunderte hindurch in Jerusalem den Besuchern erzählte, weit zurück auch hinter die Ver-

2 Gustaf Dalman, *Les itinéraires de Jésus. Topographie des évangiles*, durchgesehene und ergänzte Auflage. Französische Übersetzung von Jacques Marty nach der 3. Auflage von 1924. Mit 46 Abbildungen und Karten, Paris, 520 Seiten.

änderungen, die man an den evangelischen Legenden vornahm und mit denen man sich, statt zu ihrem Ursprung zu gelangen, zu den geschichtlichen Begebenheiten, im Gegenteil vielleicht immer mehr von jenem Umfeld entfernt hat, in dem Jesus lebte und sogar noch von den Verhältnissen, in welchen die Evangelien enstanden. Mit Dalman kommen wir nun nach und nach in immer engere Berührung mit dieser Umgebung, diesem verschwundenen Hintergrund – ein dichtes, umfangreiches und dennoch sehr lebendig geschriebenes Buch, aus dem wir, wie man sehen wird, vieles übernommen haben.

Auf andere Arbeiten ist in Fußnoten hingewiesen worden, allerdings wird man bei Vincent und Abel alle nötigen bibliographischen Angaben finden.[3] Wenn wir uns vor allem auf diese beiden Bücher gestützt haben, dann weil sie uns das umfangreichste und genaueste Bild unserer Erkenntnisse über die heiligen Stätten in Palästina bieten. Man wird schnell sehen, daß wir immer wieder auf diese Arbeiten zurückgegriffen haben, daß viele Stellen ausführlich und wörtlich wiedergegeben wurden, nicht zuletzt, um dem Leser all dies, die Texte, Dokumente, Monumente, in ihrer ursprünglichen Gestalt zu vermitteln. Was sollte es im Übrigen nützen, sich erneut an einer Arbeit zu versuchen, die doch von kundiger Hand verrichtet wurde? Unser Bestreben geht in eine ganz andere Richtung.

Es ist gewiß so, daß die Eigenart und Entwicklung der ersten christlichen Überlieferungen für uns, zumindest in historischer Hinsicht, im Dunkeln bleiben müssen. Man hat etwa behauptet, daß sich die christliche Gemeinde in Jerusalem nicht dauerhaft einrichten konnte, daß sie die Stadt im Jahre 66, vor der römischen Belagerung verließ und sie später zu betreten ihr lange Zeit verwehrt blieb. Daß vor allem die völlige Veränderung der Stadt, ihre Verwandlung in eine römische Kolonie unter Hadrian alle Erinnerungszeichen bis auf die letzten Spuren ausgelöscht haben mußte, all die Stätten unerkennbar

3 Eine Karte Palästinas und des modernen Jerusalem, die man am Ende dieses Buches finden wird, sollen dem Leser nur einige Orientierungshilfen geben. Am besten hält man sich aber an die Stadtpläne Jerusalems bei Abel und Vincent, insbesondere an die Karte LXXXVI, die Jerusalem zur Zeit des lateinischen Kaiserreichs im 12. Jahrhundert zeigt.

werden ließ, deren Erinnerung seitdem für lange Zeit verloren gegangen war. Darauf hat schon Renan geantwortet: »Nach 70 war Jerusalem nur noch ein Trümmerhaufen. Plinius spricht darüber wie über eine Stadt, die zu bestehen aufgehört hat. Sicher waren noch einige Alte, einige Frauen dageblieben. Die zehnte Legion unterhielt weiterhin ihre Garnison in einem Viertel der verlassenen Stadt. Zweifellos wurden heimliche Besuche der noch sichtbaren Grundmauern des Tempels von den Soldaten gegen bare Münze geduldet oder erlaubt. Insbesondere die Christen behielten die Erinnerung und den Kult bestimmter Orte. Und da man in der Stadt und ihrer Umgebung nicht wiederaufbaute, blieben die riesenhaften Steine der großen Gebäude unversehrt an ihrem Platz, ebenso wie alle Monumente noch völlig wiedererkennbar waren.«[4]

Mag sein. Bedauerlicherweise mischt sich in diese Annahmen wohl zu sehr persönliche Einschätzung. Wir werden all dies im Übrigen nicht zu untersuchen haben. Uns geht es nicht darum, ob jene Überlieferungen im Hinblick auf die heiligen Stätten wirklichkeitsgetreu sind, ob sie mit früheren Begebenheiten übereinstimmen. Wir nehmen sie als solche, als geformte Erinnerungen, untersuchen sie von der Zeit an, in der sie zuerst auftauchen und durch den Lauf der Jahrhunderte, die darauf folgen. Wenn, wie wir glauben, das kollektive Gedächtnis

4 Über diese Frage hat man viel gestritten. Wurde die Stadt vollständig zerstört? Wurden bestimmte Viertel nicht früh wieder besiedelt? – »Da das Heer«, schreibt der jüdische Geschichtsschreiber Josephus über die Belagerung von 70, »jetzt nichts mehr zu morden und zu rauben hatte, befahl der Caesar, die ganze Stadt und den Tempel zu schleifen. Nur die Türme Phasael, Hippikus und Mariamne, welche die anderen überragten, sowie die westliche Strecke der Ringmauer sollten stehen bleiben: letztere, um ein festes Lager für die künftige Besatzung bilden zu helfen... Alle übrigen Teile der Stadtmauer machten die Sieger dem Erdboden gleich, daß fremde Ankömmlinge kaum hätten glauben sollen, die Stadt sei jemals bewohnt gewesen«, *Geschichte des Jüdischen Krieges*, VII, 1, 1. Doch eben die dortige Einrichtung einer Legion scheint auch Grundlage für die Neuerstehung der Stadt. »Elende Greise liegen bei der Asche des Tempels, und wenige Weiber, die für die schamlose Lust der Feinde aufbewahrt sind«, *ibid.*, VII, 8, 7. »Dies zeigt zumindest, daß den Juden der Zugang in die Stadt nicht verboten war.« (Vincent, S. 876). Abel und Vincent glauben, daß es kaum einsichtig sei anzunehmen, es habe »unmöglich eine Weitergabe von Erinnerungen« zwischen der Urgemeinde gegeben, die Jerusalem vor seiner Zerstörung zwar verlassen hatte, deren Mitglieder aber zwischen 70 und 135 wieder dorthin zurückkehren konnten, und jener späteren, die ihr nach der Gründung der Aelia folgte.

wesentlich eine Rekonstruktion der Vergangenheit bedeutet, wenn es dementsprechend sein Bild früherer Tatsachen den religiösen Überzeugungen und spirituellen Bedürfnissen der Gegenwart anpaßt, wird das Wissen darum, was ursprünglich war, mindestens zweitrangig, wenn nicht ganz und gar überflüssig: die Wirklichkeit der Vergangenheit, eine unveränderliche Vorlage, der man zu entsprechen hätte, gibt es nicht mehr. Stattdessen ist jene Erfahrung, die wir untersuchen, wie tief und wodurch angetrieben sie auch immer gewesen sei, für uns nichts anderes als die Erfahrung einer kollektiven Psychologie, und die Gesetze, welche wir daraus ableiten können, werden von Untersuchungen ähnlicher Art zu bestätigen sein, die ganz andere Tatbestände behandeln.

ERSTES KAPITEL

Der Pilger von Bordeaux

Das älteste uns verfügbare Zeugnis eines Reisenden, der nach Jerusalem zog, ist der sogenannte »Bericht des Pilgers von Bordeaux«.[5] Wir wissen zudem genau, wann er ins Heilige Land aufbrach, aufgrund des Satzes *ambulavimus, Dalmatio et Zenophilo consulibus, d. III kal. jun, a Chalcaedonia*, also im Jahr 333, mithin 300 Jahre nach dem Leiden und Sterben Christi, 253 Jahre nach der Zerstörung Jerusalems durch Titus, 198 Jahre nach dem Wiederaufbau der Stadt als Aelia Capitolina unter Hadrian. Helena, die Mutter Konstantins, war 326 nach Jerusalem gekommen.

Wie sollten wir uns gerade bei dieser Schrift nicht länger aufhalten müssen? Sie bleibt ein ganz einzigartiges Zeugnis, das der Zeit noch am nächsten steht, in der sich die von den Evangelien berichteten Ereignisse abgespielt haben. Daneben gibt es nur einige Schriften der Kirchenväter, aber keinen Bericht eines Pilgers, der die Heiligen Stätten selbst gesehen hat.

Tatsächlich steht er fast allein da. In den von Paul Geyer kommentierten *Itinera Hierosolymitana saeculi IIII-VIII* (*Corpus scriptorum ecclesiasticorum latinorum*, Prag, Wien, Leipzig, 1898, XLVII + 480 Seiten), zu deren Beginn er wiedergegeben ist,[6] findet man danach die *Peregrinatio ad loca sancta* der heiligen Silvia (Ätheria), die man um das Jahr 383

5 *Itinerarium burdigalense*, genau: *Itinerarium a Burdigala Hierusalem usque et ab Heraclea per Aulonam et per urbem Romam Mediolanum usque* (S. 3 bis 33). Die älteste und beste Handschrift ist der Parisinus (P) aus dem 9. Jahrhundert, die sich in der Nationalbibliothek befindet. Zwei weitere (V) und (S) müssen von derselben Urvorlage stammen.

6 Auch in Titus Tobler und Auguste Molinier, *Itinera hierosolymitana et Descriptiones terrae sanctae bellis sacris anteriora*, Publications de la Société de l'Orient latin, Séries géographiques, I und II, Genf, 1879. Danach die von Tobler entdeckte Handschrift V (um 379/395).

ansetzt, also etwa fünfzig Jahre später.[7] Fünfzig Jahre sind eine lange Zeit in einem Jahrhundert, in dem nach der Einsetzung Konstantins eine Fülle neuer Überlieferungen entstehen. In diesem Bericht von sechzig Seiten nehmen die Reisen der Ätheria auf den Sinai, den Berg Nebo, nach Mesopotamien und Kilikien, also an Orte, die nur im Alten Testament erwähnt werden, großen Raum ein. Ätheria hat drei Jahre in Jerusalem verbracht. Sie beschreibt die Liturgien um das Heilige Grab und den Kalvarienberg, auf dem Zionsberg und in der Eleona auf dem Ölberg, beschreibt sie bis ins Kleinste und in einer sehr lebendigen Art und Weise. Doch genauere Ortsangaben finden sich dort nur wenige.

Die Schrift des Theodosius *De situ terrae sanctae* (13 Seiten) läßt sich etwa um 530 ansetzen.[8] Das *Itinerarium* des Antoninus Placentinus (zwei *recensiones*, die erste 32 Seiten, von denen zehn über Jerusalem und Jericho handeln), ist um 570 verfaßt worden.[9] Der Bericht, den Arkulf, ein französischer Bischof, der neun Monate in Jerusalem verbrachte, von Adamnanus aufschreiben ließ (75 Seiten), entsteht etwa um 670.[10] Eu-

7 Ätheria, eine fromme Frau, wie Theodosius der Große aus dem spanischen Galizien, unternimmt während dessen Regierungszeit eine lange Reise in den Vorderen Orient. Sie wird 393 in Palästina eintreffen, zu Ende des 4. Jahrhunderts. Abel und Vincent sprechen von ihrem »reizvollen, feinen und vornehmen Stil, einem gebildeten Geist«. Man kennt allerdings nur einen Teil des Berichts, dank einer Handschrift aus dem 11. Jahrhundert, die 1884 in der Klosterbibliothek von Arezzo entdeckt wurde. Zunächst hatte man ihn der heiligen Silvia von Aquitanien zugeschrieben, Geyer, S. 35.

8 Theodosius, *De situ terrae sanctae*, wiedergegeben in den *Otia imperialia* von Gervasius 1211, diese ihrerseits in den *Scriptores rerum Brunsvic.* von Leibniz 1707. Die älteste Handschrift befindet sich in der Nationalbibliothek, Geyer, S. 137.

9 Antonini Placentini *Itinerarium*, Handschrift aus dem 9. Jahrhundert aus der Stiftsbibliothek St. Gallen, die tatsächlich von einem der Begleiter Antonins stammt, Geyer, S. 159. »Weitschweifiger als Theodosius und weniger nahe an den Tatsachen, mit einer ausgeprägten Vorliebe für Reliquien und Absonderliches.« (Abel und Vincent)

10 Arkulf, ein französischer Bischof, besuchte das Heilige Land und hielt sich dort längere Zeit auf, sein Führer war dort ein gewisser Peter von Burgund, Eremit in Jerusalem. Bei seiner Rückreise erlitt er Schiffbruch und strandete bei der Insel Iona, in der Nähe der schottischen Küste, wo er dann in der Abtei von Hy gastfreundlich aufgenommen wurde. Lebhaft erzählte er den Mönchen alles, was er während seiner Reisen gesehen hatte, und einer von ihnen, der heilige Adamnanus, verfaßte, als er Abt des Klosters geworden war, seinen Bericht, *Adamnani de locis sanctis libri tres*, Geyer, S. 221-297. Während seines Aufenthalts in Hy

cher hat sicher im 5. oder 6. Jahrhundert gelebt.[11] Bedas Abhandlung *De locis sanctis* (23 Seiten) ist Anfang des 8. Jahrhunderts entstanden.[12] All diese Texte sind sicher kostbar und zudem ausführlich untersucht und erläutert worden, und jedes Zeugnis, das den Kreuzzügen vorausgeht, sollte der Aufmerksamkeit dessen gewiß sein dürfen, der sich mit dem frühen christlichen Gedächtnis beschäftigt. Aber der Pilger von Bordeaux hat Jerusalem und Palästina vor ihnen gesehen, und deshalb lassen wir uns bei der Suche nach den ältesten christlichen Ortbestimmungen vor allem von ihm führen.

Der Bericht wurde zum ersten Mal von Pithoeus 1589 herausgegeben, später, im Jahre 1600, von Andreas Schottus, dann in Amsterdam im Jahr 1735 von Petrus Wesseling. Die erste kritische Ausgabe stammt von Parthey und Pinder, Berlin 1848. Das heißt, daß dies Zeugnis während zwölf Jahrhunderten nur als Handschrift vorlag und wohl all den anderen Pilgern kaum bekannt gewesen ist, die in dieser langen Zeit ins Heilige Land aufgebrochen waren.

Zunächst mutet er etwas seltsam an. Die ersten siebzehn Seiten beinhalten einfach nur eine Aufzählung aller Stätten, die der Pilger besucht, an denen er sich auf seinem Weg aufgehalten hat (*mutationes*, *mansiones*) und die Entfernung in Milien zu jedem folgenden Ort. Er kam durch Carcassonne, Narbonne, Arles, Valence, überquerte die Alpen, sah Turin, Mai-

---

schrieb Arkulf eine Art Rohfassung, die mit einigen Skizzen versehen war (die im Text wiedergegeben sind). »Adamnanus versah diesen Bericht mit einem für seine Zeit sehr gewandten Stil, fügte einige Dinge hinzu, teilte alles in Bücher und Kapitel und wird schließlich diese Reisebeschreibung König Alfred anbieten, der dann zahlreiche Abschriften davon anfertigen und verbreiten läßt. Ihrem Stellenwert nach ist diese Schrift ähnlich bedeutend wie die der Ätheria, hat ihr gegenüber aber den Vorzug, vollständig zu sein und uns mit den Anfängen der arabischen Herrschaft in Jerusalem vertraut zu machen.« (Abel und Vincent).

11 Vincent und Abel fragen sich, weshalb sich aus dem 5. Jahrhundert kein einziger solcher Reisebericht findet. Tatsächlich gibt es nur einen Brief von Eucher, Bischof von Lyon, an den Priester Faustus. »Er besteht im Wesentlichen aus der Epistel des heiligen Hieronymus an Dardanus und einem Abschnitt aus der lateinischen Fassung von Joseph, bekannt als Hegesipp. Ihm ist eher geringere Aufmerksamkeit zu schenken.« Was den *Breviarius de Hierosolyma* (3 Seiten) angeht, so wird er grob um das Jahr 500 angesetzt.

12 Um 720 stellt Beda Venerabilis ein *Liber de locis sanctis* aus dem Adamnanus, Eucher und Hegesipp zusammen, Geyer, S. 301 bis 324.

land, Benevent, Vicenza, Aquilea, setzte übers Meer, dann Pannonien, Syrmien, Serdica, Philippi, Konstantinopel, Chalcedon und Nicomedia, Ankyra in Galatien, Tyana, Tarsus (*inde fuit apostulus Paulus*), Adana, Antiochia, Tripolis, Beirut (*Birito*). Hier nun, nach der schlichten Aneinanderreihung von Orten, folgen Hinweise auf die christlichen Erinnerungen, die sich mit ihnen verbinden, und beginnt also der für uns bedeutsame Teil des Dokuments.

Civitas Sidonia (Sidon). *Ibi Helias ad viduam ascendit et petiit sibi cybum.*[13] *Civitas Tyro. Ecdeppa* (Akhzib). *Ptolemaida* (Akko). *Sycamenos* (Haifa). *Ibi est Carmelus ubi Helias sacrificium faciebat.* – Dann, bei Cäsarea (ein Hafen, der von Herodes im äußersten Norden der Ebene von Scharon angelegt worden war), kommt er nach Palästina. *Ibi est balneus Cornelii centurionis, qui multas aelymosinas* (Almosen) *faciebat.*[14] *In tertio miliario est mons Syna, ubi fons est in quem mulier si laverit, gravida fit* (eine Quelle, darin eine Frau sich wäscht, schwanger wird). – *Stradela: ibi sedit Achzab rex et Helias prophetavit; ibi est campus, ubi David Goliat occidit. Sciopoli. Aser, ubi fuit villa Job.*

Als er sich Neapolis (dem heutigen Nablus) nähert, sieht er den Berg Agazaren (Garizim), von dem die Samaritaner sagen, daß Abraham dort opferte. *Inde rapta est et Dina filia Jacob a filiis Amorreorum.*[15] Er erwähnt in Sechim (Sichem) ein Denk-

---

13 »Da kam das Wort des Herrn zu ihm: Mach dich auf und geh nach Zarpat, das bei Sidon liegt, und bleibe dort; denn ich habe dort einer Witwe geboten, dich zu versorgen.« 1. Kön. 17, 9. Danach folgt das Wunder von Mehl und Öl, die nicht geringer werden, und die Auferweckung des Kindes der Witwe. Dieselben Wunder dann bei Elisa, 2. Kön. 4.

14 Apg. 10, 1-11 und 18. »Später werden sich bei der großen Frage um die Taufe von Unbeschnittenen die Befürworter auf das Beispiel des Zenturionen berufen. Um ihm größeren Nachdruck zu verleihen, nahm man an, daß jeder Abschnitt dieser Begebenheit von himmlischem Eingriff begleitet gewesen sei. Man erzählte sich, daß Cornelius nach langem Beten einen Engel gesehen habe, der im befahl, Petrus von Joppe holen zu lassen; daß die Vision des Petrus zu eben derselben Stunde stattfand, in der die Boten des Cornelius eintrafen; daß der Heilige Geist über Cornelius und die Menschen in seinem Haus kam, und daß sie wie die anderen Gläubigen in Zungen sprachen«, Renan, *Les Apôtres*, S. 203.

15 1. Mos. 34. Nach den Samaritanern hat Moses den Berg Garizim als Ort angegeben, auf dem das zentrale Heiligtum errichtet werden solle, während Jerusalem in den Büchern Mose nicht erwähnt ist.

mal, das den Ort bezeichnet, an dem Joseph begraben wurde, und in Sechar (Sichar), tausend Schritte weiter, den Jakobsbrunnen: *unde descendit mulier samaritana ad eumdem locum, ubi Jacob puteum fodit, ... et dominus noster J.-C. cum ea locutus est; ubi sunt et arbores platani, quas plantavit Jacob, et balneus, qui de eo puteo lavatur.*

Bei Joh. 4, 3-6 liest man: Jesus »verließ Judäa und ging wieder nach Galiläa. Er mußte aber durch Samarien reisen. Da kam er in eine Stadt Samariens, die heißt Sychar, nahe bei dem Feld, das Jakob seinem Sohn Joseph gab. Es war aber dort Jakobs Brunnen. Weil Jesus nun müde war von der Reise, setzte er sich am Brunnen nieder; es war um die sechste Stunde.«

Dalman bemerkt, daß Hieronymus und andere als Sichem die Stadt Sichar ausgemacht haben. Doch der Pilger von Bordeaux, fügt er hinzu, kannte tausend Schritt von Sichem ein besonderes Sechar, aus dem die Samaritanerin zum Jakobsbrunnen kam. Ist es das heutige Dorf *askar*, das sich einen guten Kilometer von diesem Brunnen entfernt befindet, am Fuße des Ebal? »Als sicher scheint nur die von den Samaritanern jetzt gleichwohl als Priesterbetrug angefochtene Lage des Jakobsbrunnens, der seit der Zeit des Pilgers von Bordeaux den Platz nicht gewechselt hat.« (S. 227).

Der Brunnen muß nach Jakob benannt worden sein, weil man die Umgebung für den Besitz hielt, den der Stammvater nach Jos. 24, 32 erworben hatte. »Dazu will nicht stimmen«, so erneut Dalman, »daß der Pilger von Bordeaux das Grab des auf diesem Besitz bestatteten Joseph weitab vom Brunnen am Fuß des Abstieges vom Garizim sah.« Denn es gab dort bereits Quellen, welche die Grabung eines Brunnens überflüssig gemacht hätten. – Aber, so wiederholt der gelehrte Forscher und Theologe, was den Jakobsbrunnen auszeichne, wäre seine Nähe zu einer Kreuzung bedeutender Landwege. Er befindet sich an einer Straße auf der Strecke von Jerusalem in die Gegend von Nazareth (Dies verschafft uns allerdings keine Sicherheit darüber, ob der Brunnen tatsächlich von Jakob ausgehoben wurde. Und dennoch sagt die Samaritanerin zu Jesus: »Bist du mehr als unser Vater Jakob, der uns diesen Brunnen gegeben hat? Und er hat daraus getrunken und seine Kinder und sein Vieh.«) Auch wir haben sein Wasser getrunken, in der Krypta unter dem Hauptaltar, den eine dreischiffige Kirche aus der Zeit der Kreuzzüge überwölbt (die zwei oder drei anderen folgte, welche man seit der Zeit von Hieronymus dort errichtet hatte). Es wurde uns mit einem Eimer geschöpft, von einem mürrischen und wortkargen griechischen Priester.

»Als Jischmael ben Jose«, sagt uns Dalman, »im 2. Jahrhundert auf dem Wege nach Jerusalem hier vorüberging, entspann sich ein Zwiegespräch mit einem Samaritaner. Der Samaritaner fragt den Juden: ›Wohin gehst du?‹ Der Jude antwortet: ›Ich gehe hinauf, um in jenem Jerusalem zu beten.‹ Der Samaritaner: ›Wäre es nicht besser, auf diesem gesegneten Berge zu beten und nicht auf jenem Schutthaufen?‹ Der Jude: ›Ich sage euch, wem gleicht ihr? Dem Hund, der nach dem Aase gierig ist, weil ihr wißt, daß Götzen unter ihm vergraben sind, wie geschrieben steht (1. Mos. 35, 4) Und Jakob vergrub sie (unter der Terebinthe), darum seid ihr gierig nach ihm (dem Berge)‹.«

Etwas weiter auf der Straße nach Jerusalem hat man nach der Stelle gesucht, an der Jesu Eltern auf ihrem Rückweg vom Passahfest vergeblich ihren Sohn unter den heimkehrenden Pilgern zu treffen hofften, und so den Weg zurück gehen mußten. Nach Luk. 2, 46 war dies eine Tagesreise von Jerusalem entfernt. Sie mußten zwei Tage verwenden, um dorthin und wieder zurückzukommen, und erst am nächsten, also am dritten Tag, fanden sie ihn wieder, im Streitgespräch mit den Schriftgelehrten. In der Kreuzfahrerzeit verortete man den Beginn der Suche nach dem Vermißten nur 15 km von Jerusalem entfernt, und man erbaute dort eine geräumige dreischiffige Marienkirche, die bei *el-bire* als ansehnliche Ruine noch immer erhalten ist. Aber dies versetzt uns schon in eine sieben oder acht Jahrhunderte nach der Reise des Pilgers liegende Zeit.

Andere Erinnerungen an das Alte Testament. In Betthar, vielleicht gleichzusetzen mit *et-tire*, war »später eine wichtige Wegestation« an der Küste (Dalman). Tausend Schritte von dort, sagt der Pilger, befindet sich die Stelle, an der Jakob ruhte, als er nach Mesopotamien ging, *et est ibi arbor amigdala*

(Mandelbaum), et vidit visum, et angelus cum eo luctatus est. Ibi fuit rex Hieroboam, ad quem missus propheta, ut converteretur ad Deum excelsum; et jussum erat prophetae, ne cum pseudopropheta, quem rex secum habebat, manducaret, et quia seductus est a pseudopropheta et cum eo manducavit rediens, occurrit prophetae leo in via, et occidit eum leo.[16]

Man hat sich gefragt, wer dieser Pilger gewesen sein mochte, welche Bildung er genossen hatte. Vielleicht ein Priester oder ein Mönch, einer, der jedenfalls der Kirche sehr nahestand. Ist er allein gereist oder wurde er von Landsleuten begleitet, vielleicht auch von Fremden, die auf seinem Wege zu ihm oder seiner Gruppe stießen, so daß sich hier Erinnerungen, Zeugnisse aus der Bibel, den Evangelien, den Schriften der Kirchenväter mischen konnten? Wie ist er durch Palästina gereist? Wo hat er übernachtet, in Mönchsgemeinschaften oder Pilgerherbergen, die in schnell wachsender Zahl in Palästina seit der Zeit entstanden, als sich die Aufmerksamkeit des Kaisers und seiner Mutter den Heiligen Stätten zuwandte, als man begann, dort immer mehr Kirchen zu errichten? War er damals mit jenem bewegten, hinsichtlich seiner Gemeinsamkeiten und Unterschiede in Raum und Zeit kaum abzugrenzenden Umfeld in Berührung gekommen, in dem die von nah und fern sich kreuzenden Traditionen einer über so viele Länder verstreuten Christenheit zusammenfanden, einander stützten, oder neu entstanden und dann Wurzeln schlugen, einer Christenheit, die aber schon ihre Zentren hatte, ihre Konzilien, ihre Institutionen und Autoritäten – und mit dem palästinischen Judentum, den jüdischen Gelehrten, den lebendigen Rabbinerschulen, die so tief ihren Schriften verbunden waren, den Erinnerungen an die großen Propheten, an die Vergangenheit des Volkes und ihre Wechselfälle? Denn von Beginn dieses Berichts an – der uns ein wenig einfältig und unzusammenhängend vorkam, der immer wieder von gelehrten Sprüchen durchsetzt ist, der sehr viel zahlreichere Ortshinweise enthält als die meisten der späteren Erzählungen, die aber zu oft dunkel und ungewiß

16 1. Kön. 13.

bleiben – ist doch das, was uns verblüffen muß, die weit überwiegende, fast ausschließliche Erwähnung von Orten, die im Zusammenhang mit dem Alten Testament stehen.

Das scheint aber recht naheliegend, wenn man bedenkt, daß die christlichen Überlieferungen noch nicht die Zeit gehabt hatten, in allen Ländern gleichermaßen Wurzeln zu schlagen und auszutreiben. Der Pilger war nicht in Nazareth, nicht in Galiläa. Er hat Kana nicht gesehen, nicht Tiberias und die Ufer des See Genezareth.[17] Man könnte zumindest erwarten, daß er ein Wort über den Tabor verliert, dessen Richtung man ihm hätte zeigen müssen, wenn er seinen Gipfel nicht selbst von einem der Hügel aus gesehen hat. Der Tabor gilt als jener Berg, auf dem Jesu Verklärung stattfand, nach einer im vierten Jahrhundert verbreiteten palästinischen Tradition (Dalman), die von Origenes, Eusebius, Cyrill von Jerusalem und Hieronymus erwähnt wird. Sicher spricht Matth. 17, 1 nur von einem hohen Berg, ebenso Mark. 9, 2: »Und nach sechs Tagen nahm Jesus mit sich Petrus, Jakobus und Johannes und führte sie auf einen hohen Berg, nur sie allein. Und er wurde vor ihnen verklärt; und seine Kleider wurden hell und sehr weiß, wie sie kein Bleicher auf Erden so weiß machen kann. Und es erschien ihnen Elia mit Mose und sie redeten mit Jesus. Und Petrus fing an und sprach zu Jesus: Rabbi, hier ist für uns gut sein. Wir wollen drei Hütten bauen, dir eine, Mose eine und Elia eine. Er wußte aber nicht, was er redete; denn sie waren ganz verstört.« Ähnlich Luk. 9, 28.

Aber nach Dalman (S. 203) hat die Überlieferung auch einen Hinweis an jener Stelle des Hebräerevangeliums finden können, die uns Origenes (über Joh. 2, 6) mitteilt. Jesus sagt dort von sich selbst: »Meine Mutter, der Heilige Geist, erfaßte mich an einem meiner Haare und brachte mich nach dem ho-

---

17 Ebensowenig Theodosius zwei Jahrhunderte später (530). Antoninus Placentinus (um 570) spricht als erster vom See Genezareth: »Deinde venimus in civitate Tiberiade, in qua sunt termas... Item venimus in Capharnaum in domo beati Petri quae est modo basilica.« Später sagt er: »Venimus in loco ubi Dominus de quinque panibus milia populos saciavit, extensa camana, oliveta et palmeta.« Aber er scheint diesen Ort ganz in der Nähe der Stelle anzusiedeln, an der Jesus getauft wurde, Geyer, S. 164.

hen Berge Tabor.« In jedem Fall hat man dort im 6. Jahrhundert zur Erinnerung an die drei Hütten, die Petrus für Jesus, Moses und Elias bauen wollte, auf dem Gipfel drei Kirchen errichtet, die auch die Pilger Antoninus und Arkulf besuchten (Geyer, *Itinera*).[18] Vor der nunmehr vollendeten Wiederherstellung der Verklärungskirche aus der Kreuzfahrerzeit konnte man Überreste einer tiefer liegenden Apsis erkennen, die vielleicht die Krypta eines älteren Baues war. Weil dort schon in früherer Zeit eine Ansiedlung und dann eine befestigte Stadt bestanden hatten, ist es für Dalman unmöglich, die Verklärungsgeschichte dort anzusiedeln. »Eher wäre der nahe einer großen Verkehrsstraße gelegene Berg denkbar als Sammelplatz der galiläischen Anhänger Jesu nach seiner Auferstehung«, der namenlose Berg der letzten Zeilen bei Matthäus: »Aber die elf Jünger gingen nach Galiläa auf den Berg, wohin Jesus sie beschieden hatte.« Um 530 bezeugt Theodosius, Diakon oder Erzdiakon, der von seiner Reise ins Heilige Land erzählt, die Annahme, daß eben der Berg Tabor dafür gedient habe.[19] Es ist also nicht undenkbar, daß dies der Kern einer lokalen galiläischen Tradition gewesen ist und die Verklärung erst später in diese eingefügt wurde. Natürlich mußte dazu der Gipfel erst verödet gewesen sein.

Beweist das Schweigen des Pilgers über Tabor, daß damals solche Überlieferungen noch gar nicht vorhanden waren, daß sie erst dann entstehen werden, als man sich mit aller Kraft bemühte, die in den Evangelien sehr allgemein bezeichneten Orte – »ein hoher Berg« – nun wirklich dingfest zu machen? Vergessen wir allerdings nicht, daß sich der Berg Tabor abseits des Reiseweges unseres Pilgers befindet.[20] Wir werden aber noch einmal darauf zurückkommen, weil schon die Erwäh-

---

18 Antoninus sagt: »De Nazareth venimus in Tabor monte... in quo sunt tres basilicas, ubi dictum est a discipulo: faciamus hic tria tabernacula«, Geyer, 162. Auch Theodosius spricht davon (vgl. folgende Anmerkung).

19 Eine bei Theodosius seltsamerweise in die Taufe Jesu eingeschobene Passage (Mons Tabor in Galilaea est) ibi sanctus Helias raptus est. Sie folgt nach der Erwähnung eines Mons modicus, qui appellatur Armona, Geyer, S. 146.

20 Das ist allerdings nicht der Fall, wenn er, worauf Dalman hinweist, den Weg von Skythopolis nach Cäsarea über Jesreel und Maximianopolis (oder *leddschun*) benutzt hat. Dann konnte er den Tabor kaum übersehen.

nung des Garizim nahelegt, wie sehr die christliche Ortskunde auch durch das Gefühl bestimmt werden konnte, das man in Erinnerung an die großen jüdischen Propheten, angesichts ihrer unsichtbaren Gegenwart um die Gipfel der hohen Berge von Galiläa und Judäa empfand.

Aber auch was den Garizim in Samaria selbst angeht, so ist man erstaunt, daß in diesem Zusammenhang nicht die Straße erwähnt wird, über die Jesus von Jerusalem nach Galiläa wanderte und an der sich etwa die Erzählung von den zehn Leprakranken abspielt, deren einer Samaritaner war, und auf die Jesus an der Grenze zwischen Samaria und Galiläa traf. Der Pilger berichtet nichts davon. Zweifellos war hier noch keine entsprechende Überlieferung vorhanden. Dalman weist auf eine solche Tradition hin, die allerdings erst im 15. Jahrhundert bezeugt ist (Röhricht und Meinert, *Reisebuch der Familie Rieter*) und das Dorf der zehn Aussätzigen als jenes bestimmt, welches an der Nordgrenze von Samaria liegt: *en gannim*, heute *dschinin*, das zur Zeit Jesu im Aramäischen wohl schlicht *ginnin* oder *ginnaia*, also Gärten hieß. Wir selbst sind im Spätherbst 1939 dort durchgekommen, als sich der arabische Aufruhr noch nicht gelegt hatte. Die englischen Soldaten, wie sie Kipling beschrieben hat, die gepanzerten Fahrzeuge, die Maschinengewehre, all dies stand so sehr im Gegensatz zu den frischen Farben der Palmen, den strahlend weißen, roten, grünen Stoffen, der fiebrigen, ein wenig spöttischen Lebendigkeit der Orientalen, die ständig und unaufhörlich Streitgespräche mit Andersgläubigen führten, selbst wenn sie ihre eigenen Volksgenossen waren.

Der Pilger erzählt auch nicht von Ephraim, das sicher mit *ettaijibe* (christlich-palästinisch *efrem*) gleichzusetzen ist, unweit von Bethel, am Rande der Wüste. Kurz vor dem Passahfest und der Passion sagt Joh. 11, 53-54 nach der Auferstehung des Lazarus: »Von dem Tage an war es für sie beschlossen, daß sie ihn töteten. Jesus aber ging nicht mehr frei umher unter den Juden, sondern ging von dort weg in eine Gegend nahe der Wüste, in eine Stadt mit Namen Ephraim, und blieb dort mit seinen Jüngern.« Die Überreste einer Kirche im Osten des Ortes bezeugen sehr wahrscheinlich, daß dort die Erinnerung an einen Aufenthalt Jesu überliefert wurde. Bethel liegt auf dem Weg nach Jerusalem, nahe der heiligen Stadt.

Ebensowenig wird Emmaus erwähnt.[21] Bei Luk. 24, 13 liest man: »Und siehe, zwei von ihnen gingen an demselben Tage (der Auferstehung) in ein Dorf, das war von Jerusalem etwa zwei Wegstunden entfernt; dessen Name ist Emmaus. Und es geschah, als sie so redeten und sich miteinander besprachen, da nahte sich Jesus selbst und ging mit ihnen. Aber ihre Augen wurden gehalten, daß sie ihn nicht erkannten. Er aber sprach zu ihnen: Was sind das für Dinge, die ihr miteinander verhandelt unterwegs? Da blieben sie traurig stehen. Und der eine, mit Namen Kleophas, antwortete und sprach zu ihm...« Später dann: »Und sie kamen nahe an das Dorf, wo sie hingingen. Und er stellte sich, als wollte er weitergehen. Und sie nötigten ihn und sprachen: Bleibe bei uns; denn es will Abend werden, und der Tag hat sich geneigt. Und er ging hinein, bei ihnen zu bleiben. Und es geschah, als er mit ihnen zu Tisch saß, nahm er das Brot, dankte, brach's und gab's ihnen.« Diese Erzählung findet sich weder bei Matthäus noch bei Johannes. Bei Markus wird nur gesagt: »Danach offenbarte er sich in anderer Gestalt zweien von ihnen unterwegs, als sie über Land gingen.«

Seit dem 15. Jahrhundert, sagt Dalman, haben die Franziskaner Emmaus bei *el-ikbebe* gezeigt, 11½ km von Jerusalem, also in einer Entfernung, die den 60 Stadien des vielleicht frühesten Textes von Lukas entspricht (allerdings gibt schon der *Codex Sin.* 160 Stadien an, in Übereinstimmung mit Eusebius und Hieronymus. Abel hält diese Zahl für die ursprüngliche, vgl. *Revue biblique*, 1925, S. 347). Man hat dort 1873 die Überreste einer dreischiffigen Kirche aus der Zeit der Kreuzzüge wiederentdeckt, sicher, weil die Kreuzfahrer Emmaus in eben der Entfernung von 60 Stadien an diesem Ort vermutet haben. Die älteste Überlieferung, zuerst von Eusebius bezeugt, findet Emmaus nicht 60, sondern 120 Stadien von Jerusalem. Es gab

21 Theodosius sagt: De Silona usque Emmau, quae nunc Nicopolis dicitur, milia VIIII, in qua Emmau sanctus Cleopas cognovit Domnum in confractione panis; ibi et martyrium pertulit, Geyer, S. 139.

dort ganz ohne Zweifel ein altes Emmaus, von dem sich heute noch der Name *amwas* erhalten hat. »Dieses Emmaus, das einen besuchten Viehmarkt hatte, galt als ein Ort guten Wassers und angenehmen Wohnens, am Übergang vom Gebirge zum Hügelland gelegen. Die Familien der Flötenspieler im Tempel hatten hier ihre Heimat. Aber seine Lage am Kreuzungspunkt wichtiger Straßen gab ihm weitreichende Bedeutung, weshalb es seit der Makkabäerzeit in die Geschichte eintrat und auch der Mittelpunkt des Bezirks wurde. Nur an dieser Stelle hat man offenbar auch später in der Umgebung Jerusalems ein Emmaus gekannt. Das laue Wasser zweier Brunnen an diesem Orte, von denen einer als Wunderbrunnen galt, weil Jesus da seine Füße gewaschen haben sollte, bestätigt dabei die Berechtigung seines alten Namens.« Dalman kommt zu dem Schluß, daß es wohl das Beste sei, dieser Überlieferung zu folgen und von der Entfernungsangabe bei Lukas abzulassen. Im Übrigen gibt es bei *amwas*-Emmaus auch Ruinen einer wahrscheinlich byzantinischen Kirche, die in kleinerem Umfang während der Kreuzfahrerzeit wiederhergestellt wurde.

Wir haben die Annahme Dalmans vorgestellt. Aber es gab hier sicher noch eine zweite Tradition. Abel und Vincent sagen uns, daß »das ursprüngliche Emmaus unter Hadrian (132-135) zerstört wurde und sein Name, Nicopolis, den ihm Vespasian zur Erinnerung an die Eroberung Judäas gab, auch dem Emmaus in der Ebene (*amwas*) verliehen wurde, im Jahr 222 durch Heliogabal. Vom 3. auf das 4. Jahrhundert kennen die Kirchenschreiber Origenes und Eusebius von Cäsarea nur ein Emmaus, die Stadt der Makkabäer in der Ebene (wie es oben gesagt wurde), die den Namen Nicopolis trug, und sie glaubten (nach Dalman zurecht), daß dies das Emmaus des Evangeliums sei. Das Emmaus-Nicopolis in der Ebene liegt nicht 60, sondern 175 Stadien (nach Dalman 120 Stadien, S. 244), also 32 Kilometer von Jerusalem entfernt. Um den offensichtlichen Fehler nachzubessern, wurde während der Abschriften der Evangelien die Angabe von 60 Stadien in 160 Stadien abgeändert.«[22]

22 Tatian (2. Jh.), sicher die heilige Silvia (4. Jh.), der heilige Augustinus, ein Mönch vom Ölberg (5. Jh.) und Beda betonen für Emmaus allerdings eine Entfernung

Der Pilger von Bordeaux kommt an Nicopolis-Emmaus-*amwas*, der Stadt in der Ebene, in Richtung Cäsarea über Antipatris und Lydda vorbei. Zu dieser Zeit war die zweite Überlieferung eben dabei, den Platz der ersten einzunehmen. Jedenfalls sagt er nichts über eine diesbezügliche evangelische Erinnerung, ganz so, als ob man sie noch nicht aufgefunden hätte.

Nun aber nach Jerusalem. *Sunt in Hierusalem piscinae magnae dux ad latus templi, id est, una ad dextra, alia ad sinistra, quas Salomon fecit; interius vero civitati sunt piscinae gemmellares quinque porticus habentes, quae appellantur Betsaida. Ibi aegri multorum annorum sanabantur. Aquam autem habent hae piscinae in modum coccini* (Purpur) *turbatam.*

Bei Joh. 5, 2 liest man: »Es ist aber in Jerusalem beim Schaftor ein Teich, der heißt auf hebräisch Betesda. Dort sind fünf Hallen; in denen lagen viele Kranke, Blinde, Lahme, Ausgezehrte. Sie warteten darauf, daß sich das Wasser bewegte. denn der Engel des Herrn fuhr von Zeit zu Zeit herab in den Teich und bewegte das Wasser. Wer nun zuerst hineinstieg, nachdem das Wasser sich bewegt hatte, der wurde gesund, an welcher Krankheit er auch litt. Es war aber dort ein Mensch, der lag achtunddreißig Jahre krank.« Jesus, der ihn fragt, ob er gesund werden will, antwortete er: »Herr, ich habe keinen Menschen, der mich in den Teich bringt, wenn das Wasser sich bewegt; wenn ich aber hinkomme, so steigt ein anderer vor mir hinein. Jesus spricht zu ihm: Steh auf, nimm dein Bett und geh hin!«

---

von 60 Stadien. Einen der Gründe, die Dalman anführt, lautet, daß der Name Emmaus (*hamma*) warme Quellen voraussetzt. Es gab aber keine warme Quelle in *el-ikbebe*, sondern zwei Quellen mit warmem Wasser im anderen Emmaus. Auf der anderen Seite glaubt er, daß die Angabe von 60 Stadien bei Lukas auf folgender Vermutung beruht: daß wegen des Hin- und Rückweges der beiden Jünger am selben Tag die Entfernung nur einen halben Tagesmarsch, also 12 Kilometer betragen konnte. Allerdings konnte man an einem Tag auch eine sehr viel weitere Strecke zurücklegen, vor allem, wenn man nach Jerusalem erst spät am Abend zurückkam. Daß sich bei Lukas zur Zeit der Ankunft der Jünger in Emmaus der Tag geneigt hatte, müsse nicht die Zeit des Sonnenuntergangs bedeuten. »Bald nach der Ankunft werden die Wanderer durch eine zeitige Abendmahlzeit sich gestärkt haben. Wenn sie um 7 Uhr wieder aufbrachen, gelangten sie im klaren Lichte des Vollmondscheins des Osterfestes um 12 Uhr nach Jerusalem.« (23 Kilometer in fünf Stunden).

Die Frage des Teichs Bethesda wurde erneut aufgeworfen durch Ausgrabungen, die man seit 1871 unternommen hat: sie haben ein Zisterne freigelegt und die Spuren eines zweiten Beckens im Süden des ersten, das so der zweite Teich aus byzantinischer Zeit wäre. Dalman sagt aber: »Die kellerartige Zisterne, zu der man jetzt auf mehreren Treppen hinuntersteigt, macht es schwer, sich die von Johannes vorausgesetzte Umlagerung des ehemaligen Teiches mit wartenden Kranken vorzustellen.« Als wir dort gewesen sind, hatten wir selbst den Eindruck eines unterirdischen Wasserspeichers, wie er sich an mehreren Stellen in Jerusalem findet, etwa unter der Sionskirche. Dennoch wird es, wie Dalman sagt, »das Jerusalem Jesu sein, dem man hier in der Tiefe unter den Trümmern christlicher Verehrung einer Jesuserinnerung nahekommt.«

Was man zuvor als Teich angesehen hat, ist ein großes Bekken (wir folgen hier Abbé Mariti) im Osten der Stadt nahe des Stephanstors. Es grenzt an die Stadtmauer und an das Nordtor des großen Platzes, auf dem früher der Tempel Salomons stand, ein langes, mit Steinen eingefaßtes Rechteck von zweihundert Schritten Länge und fünfzig Schritt Breite, in dem sich kein Wasser mehr befindet, »derart mit Schlamm angefüllt, den die Regenfälle vom Platz der großen Moschee und den höhergelegenen Vierteln der Stadt dorthin schwemmen, daß hier hohe Bäume gewachsen sind.«

»Man hat verschiedene Gründe für die Ortsbestimmung des Beckens angeführt. Sei es, weil sich die für die Opferung im Tempel vorgesehenen Tiere dort aufhielten, oder weil im selben Viertel der Viehmarkt gewesen ist, oder wegen seiner Nähe zum Stephanstor, das damals schon Schaftor hieß, und durch das man das Opfervieh trieb. Schließlich glauben einige, daß man die Tiere zunächst im Wasser des Beckens wusch, obwohl sie später erneut im Tempel gereinigt werden mußten.«[23]

Stellen wir nebenbei fest, daß die Wunderheilung Jesu einen anderen, einen jüdischen Wunderglauben überlagert, an ein stetes oder doch stets wiederkehrendes Wunder, wonach sich

23 Abbé Mariti, *Histoire de l'état présent de Jérusalem*, S. 86. Die Schrift selbst stammt aus dem Jahr 1767.

das Wasser in bestimmten Augenblicken zu bewegen beginnt, und dann jene heilt, die als erste hinein steigen. Diese übernatürliche Kraft des Wassers stand vielleicht in Beziehung zu der Tatsache, daß der Teich wie ein entfernter Ableger des Tempels behandelt wurde, dessen Heiligkeit sich bis dorthin erstreckte. Erneut berühren wir hier alten jüdischen Untergrund.

»Dieser Teich«, fügt Mariti an, »trug früher den Namen Bethsaida, das bedeutet auf hebräisch Fischhaus; die Araber geben ihm denselben Namen; man kann daraus schließen, daß von dort Fische kamen oder man sie dort züchtete. Die heutigen Juden nennen es in ihrer Bibel Bethseda, was in der Sakralsprache Haus des vergossenen Blutes heißt; die syrischen Kommentatoren nennen es Bethschesda, oder Gnadenhaus.« Nach Dalman erinnert das besser bezeugte *Bethzatha* so sehr an den Namen der nördlichsten Vorstadt Jerusalems, *Bezetha*, *Bezatha* oder *Abessathe*, daß man ihn schwerlich davon trennen könne. Im Aramäischen wird sie *bezata*, herbräisch *ha-bisa*, der Abschnitt, das Viertel genannt, wobei man einen oberen und einen unteren Teil unterschied. Das Becken oder der Teich heißt also vermutlich nach jenem fraglichen Viertel, das zur Zeit Jesu noch nicht von Mauern umgeben war: Teich von Bezatha.[24]

An dieser Stelle hat man im 4. Jahrhundert als »Schafteich« einen Doppelteich gezeigt, dessen Gestalt die auffallende Fünfzahl der ihn umgebenden Hallen dadurch erklärt, daß eine Halle zwischen den beiden Wasserbecken quer lief. Eusebius berichtet, daß beide Teiche von Regenwasser gefüllt werden und das Wasser des einen rot gefärbt sei. Der Pilger von Bordeaux hat dort tatsächlich eigentümliche Wirbel bemerkt. Schon im 4. Jahrhundert wurde über dem Teich eine Kirche errichtet.

»Der gefeierte englische Arzt Richard, der die physische Ursache der Kraft des dortigen Wassers herauszufinden versucht hat, glaubt sie in einem mineralischen Schlamm oder Schlick gefunden zu haben, der sich auf dem Grund absetzte

24 Dalman, S. 325.

und Schwefel, Alaun oder Salpeter enthalten haben könnte. Was die rote Farbe des Wasser angeht, so zweifelt er nicht daran, daß sie von einer Erde herrührt, die von Ocker und Zinnober durchsetzt ist.« Als Mann des 18. Jahrhunderts fügt Abbé Mariti (zweifellos dieser Auffassung folgend) hinzu: »Was nun den Engel angeht, der hinabsteigt, um das Wasser zu bewegen, so glauben Richard und andere, daß die Juden ganz selbstverständlich einem Engel des Herrn alles zuschreiben, was den menschlichen Verstand übersteigt. Und er gehört auch zu denen, die der Auffassung sind, daß eben dies im Wort von der ›Macht des Herrn‹ zu verstehen ist, einer ganz üblichen Art und Weise des Volkes, von solchen Dingen zu sprechen.«[25]

Man wird bemerken, daß der Pilger von Bordeaux nirgendwo die Wunderheilung Jesu erwähnt, von der Johannes berichtet. Was er über den Teich Bethesda sagt, hätte auch ein Jude sagen können, der nichts von Christus weiß, wenn er eine jüdische Überlieferung erzählt oder eine seltsame Naturbesonderheit. Es ist sehr gut möglich, daß die Christen zu dieser Zeit und an dieser Stelle Jesu Heilung der Kranken noch nicht gedachten.[26]

Est ibi et crepta (Felsvorsprung), *ubi Salomon daemones torquebat.*[27] *Ibi est angulus turris excelsissimae, ubi dominus ascendit, et dixit eiis, qui temptabat eum... Et ait ei dominus: Non temptabis dominum eum tuum, sed illi soli servies. Ibi est et lapis angularis magnus, de quo dictum est: Lapidem, quem reprobaverunt aedificantes, hic factus est ad caput anguli.*[28]

25 Mariti, S. 91-92

26 Theodosius sagt um 530: De domo Pilati usque ad piscinam probaticam passus plus minus C. Ibi domnus Christus paralyticum curavit, cujus lectus adhuc ibi est. Juxta piscinam probaticam ibi est ecclesia domnae Mariae, Geyer, S. 142.

27 Die Legende von Salomon stellt ihn als Bezwinger der Dämonen dar, dank der Kraft eines Ringes, in den der Name des Herrn eingeritzt ist. In der *Geschichte des Fischers* aus *Tausend und einer Nacht* schließt Salomo einen riesigen Dämon in einem Gefäß ein, das er mit dem Abdruck seines Ringes versiegelt.

28 Antoninus Placentinus hat den Eckstein in der Basilika der Sionskirche gesehen (in die man ihn später gebracht haben mußte, nachdem ihn der Pilger von Bordeaux noch in der Nähe des Tempels erwähnt hat). »Der Herr Jesus hatte die Kirche selbst betreten, die einst das Haus des Heiligen Jakob gewesen war (oder der Ort des Abendmahls, was auf dasselbe hinausläuft), fand einen schweren Stein

Zwei merkwürdige Verknüpfungen: zunächst zwischen Salomon, der die Dämonen auf einer *crepta* peinigte, und der Versuchung Jesu durch den Teufel auf einer Zinne des Tempels: wie wenn sich die christliche mit der jüdischen Erinnerung verbunden hätte; danach zwischen der Zinne und dem Eckstein, von dem bei Matth. 21, 42 die Rede ist: »Jesus sprach zu ihnen: Habt ihr nie gelesen in der Schrift: Der Stein, den die Bauleute verworfen haben, der ist zum Eckstein geworden. Vom Herrn ist das geschehen...? Darum sage ich euch: Das Reich Gottes wird von euch genommen und einem Volk gegeben werden, das seine Früchte bringt.« Dieser Stein des Gleichnisses oder Vergleichs mußte nicht erst gefunden werden. Er war schon da, durch eine Verknüpfung von Bildern oder Worten. Der erste dieser drei Steine heiligt den siegreichen König der Juden; der letzte ist jener, auf dem Israel zerschmettert werden wird.

Der Pilger von Bordeaux hat in Jerusalem zuerst den Tempel gesehen, und es sind vor allem Zeugnisse Salomons, die er dort wiederfindet:[29] *Et sub pinna turris ipsius sunt cubicula plurima, ubi salomon palatium habebat. Ibi etiam constat cubiculus in quo sedit et sapientam descripsit; ipse vero cubiculus uno lapide est tectus. Sunt ibi et excepturia magna auqae subterranae et piscinae magno opere aedificatae.*

(*deformem*) in ihrer Mitte liegen, nahm ihn auf und schob ihn unter die Ecke (das Gleichnis, das als wirkliche Begebenheit ausgelegt wird, die allerdings an einem anderen Ort stattfand). Du kannst ihn anfassen und dein Ohr daran legen: du wirst ein langes Murmeln wie von einer Menschenmenge hören.« Geyer, *Antonini Placentini itinerarium*, S. 173.

29 Der erste Tempel wurde 587 unter Nebukadnezar zerstört. Die Juden begannen ihn 538 wieder aufzubauen. Herodes der Große, sagt der Aschkelonit, vergrößerte und verschönerte ihn. Im Jahre 70 der christlichen Zeitrechnung wurde er von Titus geschleift und den Flammen übergeben. An seiner Stelle errichtete Hadrian 119 ein Bauwerk für Jupiter Capitolinus, das im Jahr 332 abgerissen wurde (nach der Veröffentlichung eines Erlasses Konstantins, der die Zerstörung aller heidnischen Tempel anordnete). 363 befahl Julianus Apostata, um die Juden zufrieden zu stellen, den Bau eines neuen Tempels auf den Grundmauern dessen, den Titus abgebrannt hatte. Die Arbeiten hatten schon begonnen, als das ganze Gebäude einstürzte. Danach sah man von einem Wiederaufbau ab. Auch die Christen mieden, in ihrem Haß auf die Juden, diesen traurigen Ort, an dem man nur noch Schutt ablud. Um 636 fragte dann Omar, zweiter Kalif und Nachfolger Mohammeds, der die Stadt erobert hatte, den Patriarchen Sophronius, wo sich der Tempel Salomons befunden habe. Eben dort ließ er die erste Moschee Jerusalems errichten (nach Abbé Mariti).

Dalman sagt in einer Anmerkung (S. 311, Anm. 3): »Als Ställe Salomons bezeichnet man jetzt einen von den Arabern als Zisterne wiederhergestellten unterirdischen Raum in der Südostecke des Tempelplatzes, dessen Vorgänger man schon im 4. Jahrhundert zum Palaste Salomons rechnete.«

Und Dalman berichtet weiter: »Während die älteste kirchliche Tradition auf dem in heidnischem Besitz stehenden und nach ihrer Überzeugung von Gott preisgegebenen Tempelplatz keine heiligen Stätten zeigte, wies man doch hin auf einen an seiner Südostecke stehengebliebenen und noch heute zwischen neuerem Mauerwerk erkennbaren Rest eines alten Eckturmes, dessen roher Unterbau erhalten blieb (vgl. den Abschnitt des Pilgers von Bordeaux unten). Man betrachtete diese hochragende Ruine im 4. Jahrhundert als die ›Ecke des Heiligtums‹, auf welche der Versucher Jesus führte... dafür konnte am ehesten die Südostecke des äußeren Hofes gelten, welche in das Kidronteil hineinragte und dadurch mit Einschluß des verschütteten Teils eine Höhe von etwa 50 m erhielt.« Bei Matth. 4, 5 ist gesagt, daß Satan Jesus in die heilige Stadt brachte und ihn auf die Zinne des Tempels setzte, ihn auffordernd, sich hinabzuwerfen, ebenso Luk. 4, 9. Aber nach Dalman spricht die Erzählung nicht vom Tempelhaus und als *pterygion*, Ecke, nicht Zinne, konnte bei dieser vorausgesetzten großen Höhe eben die Südostecke gelten. – Dalman hat dem Heiligtum ein sehr bemerkenswertes Kapitel gewidmet. Er fragt sich, weshalb man damals nie versucht hat, hier oder dort Ereignisse anzusetzen, die Jesus mit dem Tempel in Zusammenhang bringen, und weshalb sich die Aufmerksamkeit allein auf jenen übernatürlichen Vorfall richtete, der, ohne jede Zeitangabe, zu Beginn der beiden Evangelien erzählt wird.

Et in aede ipsa, ubi templum fuit, quem Salomon aedificavit, in mormore, ante aram sanguinem Zachariae ibi dicas hodie fusum, etiam parent verstigia clavorum militum, qui eum occiderunt, per totam aream, ut putes in cera fixum esse.[30] *Sunt ibi et statuae dux Adriani, est et non longue de statuas lapis pertusus, ad*

30 Beda (Anfang 8. Jahrhundert): Extra templum locus est, ubi Zacharias filius Barachiae interfectus est, Geyer, *Petrus diaconus*, S. 408.

quem veniunt Judaei singulis annis, et unguent eum et lamentant se cum gemitu, et vestimenta sua scindunt, et sic recedunt. Est ibi domus Ezechiae regis Judae.

Matthäus läßt Jesus zu den Pharisäern sagen (23, 34): »Ich sende euch Propheten und Weise und Schriftgelehrte; und von ihnen werdet ihr einige töten... damit über euch komme all das gerechte Blut, das vergossen ist auf Erden, vom Blut des gerechten Abel an bis auf das Blut Secherja, des Sohnes Berechjas, den ihr getötet habt zwischen Tempel und Altar.«[31] Dieselbe Wendung bei Luk. 11, 51. In der Mitte des Platzes, so Dalman, müsse hier ein altes Pflaster sichtbar gewesen sein, das man auf die Zeit des salomonischen Tempels zurückführte. Man sah darin kleine Löcher, die man als Nägelspuren der Soldaten deutete, die Sacharia töteten. Dabei handelte sich um einen Juden, nicht den Jünger Jesu. – Hadrian hatte die Juden aus Jerusalem vertrieben und gestattete ihnen nur, einmal im Jahr an den Ruinen des Tempels zu beten. Vielleicht ist es die Klagemauer, die der Pilger sah.

Salomo, Sacharia, die Juden. Aber man zeigt nirgendwo die Vorstellung Jesu im Tempel.[32] Man scheint vergessen zu haben, daß sich Jesus als Kind einst im Heiligtum bei den Schriftgelehrten niederließ, denen er zuhörte und die er befragte (Luk. 2, 46); daß er vor den Opferstöcken jene Witwe beobachtete, die ihre zwei Scherflein dort einwarf (Mark. 12, 41 und Luk. 21, 1), vielleicht im Frauenhof; daß er sicher vor dem Altar gebetet hat, daß er das Passahlamm geopfert hat, daß er im Tempel gesprochen und gelehrt hat (Johannes 7, 38), im innersten Hof, gerade auch am letzten Tag des Hüttenfestes; daß er

31 Hier ist eine Verwechslung vorhanden »zwischen Zacharias, Sohn des Joïadam, und Zacharias, Sohn des Propheten Bacharias. Es ist hier vom ersten die Rede (II. Paral. XXIX, 21). Das Buch der Paralipomena, wo die Ermordung des Zacharias, Sohn des Joïada, erzählt ist, schließt den hebräischen Kanon. Dieser Mord ist der letzte in der Reihe der Morde der Gerechten, nach der Ordnung, in welcher sie in der Bibel stehen. Im Gegensatz dazu ist der Mord Abels der erste.« Renan, *Das Leben Jesu*, S. 302, Anm. 51.

32 Später, zu Beginn des 8. Jahrhunderts, wird Beda sagen: A latere sinistro tabernaculi super saxum posuit dominus Jesum pedem suum, quando eum Symeon accepit in ulnis, et ita remansit pes sculptus, ac si in cera positus esset. Ab alio latera saxi est tabernaculus apertus, in quo per gradus viginti duo descendunt. Ibi dominus orabat, ibi et Zacharias sacrificabat, Geyer, *Petrus diaconus*, S. 108.

durch den Tempel gewandelt war, in der Säulenhalle im Osten, dem Kidrontal zu, die den Namen Salomons trug,[33] daß er dort die Händler und Geldwechsler vertrieben hatte.[34]

Der Pilger erwähnt auch nicht die Schöne Pforte.[35] Man liest in der Apostelgeschichte (3, 1-2): »Petrus aber und Johannes gingen hinauf in den Tempel um die neunte Stunde, zur Gebetszeit. Und es wurde ein Mann herbeigetragen, lahm von Mutterleibe; den setzte man täglich vor die Tür des Tempels, die da heißt die Schöne, damit er um Almosen bettelte bei denen, die in den Tempel gingen.«

Jesus hatte die Zerstörung des Tempels angekündigt. Vielleicht haben sich die ersten Christen nicht mit ihm beschäftigt, aus Voreingenommenheit gegenüber allem, was an den alten jüdischen Kult erinnerte, was sich in Leben und Werk Jesu mit diesem Kult verband, dessen Symbol der Tempel war. Deshalb hat sich der Pilger dort wohl nicht lange aufgehalten. Aber folgen wir ihm weiter.

Item exeuntibus Hierusalem, ut ascendas Sion, in parle sinistra et deorsum in valle juxta murum est piscina, quae dicitur Silua; habet quadriporticum; et alia piscina grandis foras. Haec fons sex diebus atque noctibus currit, septima vero die, qui est sabbatum, in totum nec nocte, nec die currit.[36]

Bei Joh. 9, 1.6.7 heißt es: »Und Jesus ging vorüber und sah einen Menschen, der blind geboren war... Als er das gesagt hat-

---

33 »Josephus galt diese östliche Halle mit ihrem Unterbau als ein Werk Salomons und als das einzige, was zur Zeit des Herodes stehen blieb und auch von Agrippa später nicht erneuert wurde. Jene Annahme wird eine Täuschung gewesen sein. In Wirklichkeit war ihr mittlerer Teil höchstens ein Rest des Tempelbaus des Serubbabel, mochte aber mit seinem Unterbau aus vorexilischer Zeit stammen, während die Volksmeinung alles aus der Zeit des ersten Tempelerbauers herleitete.« Dalman, S. 310f.

34 »Die ganze Länge des Südendes des ›Berges des Heiligtums‹ war von einer dreischiffigen Basilika mit erhöhtem Mittelschiff besetzt.« Sicher waren hier die Händler untergebracht, die Tauben als Opfertiere für die Wöchnerinnen und Armen bereithielten, und auch die Geldwechsler. »Die Stätte der jetzigen *Aksa*-Moschee wäre dann der geschichtliche Ort jener Austreibung der Händler und Wechsler.« Dalman, S. 309-310.

35 Beda zu Beginn des 8. Jahrhunderts: Subtus templum Domini ab oriente est porta speciosa. Unde Dominus intravit sedens super pullum asinae. Ibi et Petrus claudum sanavit, Geyer, *Petrus diaconus*, S. 108.

36 Theodosius sagt nur: Piscina Siloe a lacu, ubi missus est Heiremias propheta, habet passus numero C, quae piscina intra murum est, Geyer, S. 142.

te, spuckte er auf die Erde, machte daraus einen Brei und strich den Brei auf die Augen des Blinden. Und er sprach zu ihm: Geh hin zum Teich Siloa – das heißt übersetzt: gesandt – und wasche dich! Da ging er hin und wusch sich und kam sehend wieder.«

Nach Dalman besitzt Jerusalem tatsächlich eine intermittierende Quelle, deren periodische Bewegung sehr wohl als wundersam erscheinen konnte. Es ist die Quelle Gihon des Alten Testaments, neben der Rogelquelle, die früher innerhalb Jerusalems lag, das sich über die südlichen Hänge der beiden Hügel erstreckte (welche nun außerhalb der Mauern liegen). Zur Zeit Jesu war der natürliche Wasserlauf eingeschränkt und das Wasser nur am Südende Jerusalems, am Ausgang eines langen, von Hiskia durch die Felsen getriebenen Kanals zugänglich. Das ursprüngliche Becken befindet sich im Raum des Quadriporticus, von dem der Pilger spricht (und das im *Chronicon Pascale* mit dem von Hadrian errichteten Tetranymphon gleichgesetzt wird). »Hier entnahm der Priester mit goldener Kanne das Wasser für die Spende des Laubhüttenfestes. Auch für die Asche der roten Kuh wurde von da in steinernen Bechern das dafür nötige ›lebendige Wasser‹ (4. Mos. 19, 17) entnommen, Totenunreine damit rein zu machen. Nur mit dem Urwasser der Schöpfung läßt sich dies Wasser in reinigender Wirkung vergleichen.«

Die Wunderheilung Jesu verbindet sich also mit einer Quelle, die schon für die Juden eine wundersame Kraft besaß, die für sie heilig war, die einen festen Platz in ihrem Kult und ihrer Tradition einnahm.[37] Der Pilger erwähnt die Heilung des Blinden mit keinem Wort, was nicht unbedingt sagen will, er habe nie an diese Begebenheit gedacht, selbst wenn er einfach sagt: eine Quelle, die Siloa genannt wird – wie wenn es sich um eine örtliche Besonderheit handelte, die außerhalb Jerusalems kaum bekannt ist.

37 Das ist, was Jeremias, *Angelos*, I, S. 162 annimmt. Dalman hält dagegen, daß die Wunderheilung nun Jesus zugeschrieben wurde: »Aber hier benetzte auch jener Blinde auf Jesu Geheiß seine Augen und erhielt das Gesicht.« (S. 328). Dennoch muß man wiederholen, daß die Wundertat Christi eine schon in der jüdischen Tradition stehende wundersame Kraft überlagert.

Wir verlassen nun die Umgebung des Tempels und wenden uns der Anhöhe des anderen Hügels zu, der Oberstadt. *Ex eadem ascenditur Sion*[38] (von dieser Quelle aus steigt man Zion hinan), *et paret ubi fuit domus Caifae sacerdotis, et columna adhuc ibi est, in qua Christum flagellis ceciderunt. Intus autem, intra murum Sion, paret locus ubi palatium habet David. Ex septem synagogis, quae illic fuerant* (Die von Geyer abgedruckte Handschrift P sagt: Et septem synagogae, quae illic fuerunt), *una tantum remansit; reliquae autem arantur et seminantur, sicut Isaias propheta dixit.*[39]

Nach der damaligen Überlieferung befand sich also der Palast des Hohenpriesters, wohin man Jesus führte, nachdem man ihn in Gethsemane gefangengenommen hatte, in der Oberstadt, im Südwesten Jerusalems. »Dort, außerhalb der damaligen und heutigen Stadtmauer, sah der Pilger von Bordeaux um 333 Trümmer, die als der Palast des Kaiphas galten. Sonderbarerweise befand sich da eine Geißelungssäule, obwohl Jesus nicht bei Kaiphas, sondern im Prätorium gegeißelt wurde (Matth. 27, 26, Mark. 15,15).« Es gibt dort heute eine armenische Kaiphaskirche. Von den Ruinen des Kaiphaspalastes lassen sich heute allerdings keine Spuren mehr erkennen. Die Kaiphaskirche »liegt auf der Höhe der alten Oberstadt von Jerusalem, des wichtigsten Stadtteils zur Zeit Jesu, und dort außerhalb der römischen und jetzigen Stadt in den Friedhöfen und Gärten, welche nun die Stätte des alten Jerusalem bedekken.« (Dalman). Epiphanius spricht von sieben Synagogen, von denen eine noch unter Konstantin erhalten war »wie ein Häuslein im Weinberg« (Jes. 1, 8).«

Wir bemerken: der Pilger spricht nicht vom Abendmahl. Er erwähnt den Palast Davids. Später wird man, an derselben Stelle, im selben Gebäude, das Grab Davids und den Abendmahlssaal in Verbindung bringen. Wir werden darauf noch zurückkommen. Doch das Zeugnis des Pilgers bleibt bemerkenswert,

38 *In eadem* bei Geyer. Wir korrigieren nach Tobler. Über die Gleichsetzung von Zion mit dem hohen Hügel siehe unten.

39 Abgesehen vom Hinweis auf die Säule der Geißelung Christi verlassen wir, wie auch die Erinnerung an Jesaja zu Ende des Abschnitts zeigt, nirgendwo die jüdische Welt.

sowohl im Hinblick darauf, was er berichtet, wie auch auf das, was er nicht erwähnt. Denn er spricht von keiner Sionskirche (ebensowenig wie Epiphanus).[40] Um 370 kennt Ätheria sie als den Ort der Erscheinungen Jesu nach der Auferstehung und der Geistesausgießung. Im Jahr 333 sind wir noch nicht soweit: es geht nicht um das Passahmahl, um die Auferstehung, sondern um den Palast des jüdischen Hohenpriesters und um den Palast Davids (der auch im Judentum Vorfahre des Messias ist); nirgendwo wird von Kirchen, vielmehr von Synagogen gesprochen.

Nun zum Richtsaal des Pilatus. *Inde ut eas foris murum de Sion, euntibus ad Porta Neapolitana ad partem dextram, deorsum in valle sunt parietes, ubi domus fuit sive praetorium Ponti Pilati.*

Hier, nach Abbé Mariti, die acht Tore Jerusalems, wie sie im dritten Abschnitt des zweiten Buches Nehemia bezeichnet sind:

1. Porta Gregis – Schaftor
2. Porta Piscium – Fischtor
3. Porta Vetus – altes Tor
4. Porta Vallis – Taltor
5. Porta Sterquilinii – Dungtor
6. Porta Fontis – Quelltor
7. Porta Equorum – Roßtor
8. Porta Aquarum – Wassertor

Die sieben heute noch vorhandenen Tore,[41] die im Zuge der Wiedererrichtung der alten Befestigungsmauern durch Su-

40 Die *Perigrinatio S. Silviae* (um 385) beschreibt dagegen ausführlich die Prozessionen und Zeremonien in der Sionskirche während der Osterwoche, Geyer, S. 75, 79, 81, 91-95, usw. – Theodosius (um 530) sagt: De Golgatha usque in sancta domnus noster Christus cum apostolis fundavit. Ipsa fuit domus sancti Marci evangelistae. De sancta Sion ad domum Caiphae, quae est modo ecclesia sancti Petri, sunt plus minus passi numero L, Geyer, S. 141.

41 »Ein sehr allgemeiner Tatbestand in der Geschichte der Städte ist die Beibehaltung der alten Tore, selbst wenn die Stadtmauern verschwunden oder die Befestigungen verstärkt worden sind... auch Jerusalem hat seine Tore und verschwiegenen Pforten behalten«, Vincent, S. 983.

leiman den Ersten entstanden, sind folgende: im Westen ein einziges, das wichtigste, das Bethlehemtor oder Jaffator; im Süden zwei Tore: das Davidstor, welches auf den Zionsberg führt (zum Abendmahlssaal und Davidsgrab), dann im Südwesten des Tempels das Maghrebtor (oder Sterquilinii oder Dungtor), eines der ältesten (auch wenn es nach Mariti nicht auf Nehemia zurückgeht; das alte Dungtor mußte nach Osten und nicht nach Süden zeigen, wenn man die alte Gestalt der Stadt in Rechnung stellt, die sich sehr viel weiter in den Süden erstreckte, bis zum Teich Salomons; zumindest mußte es aber sehr nahe am heutigen gelegen haben). Durch dieses Tor, so nimmt man an, wurde Jesus zu Pilatus geführt. Vielleicht ist auch der Pilger an dieser Stelle in die Stadt gekommen. Im Osten das Goldene Tor (vielleicht das ehemalige Taltor) und weiter im Norden das Stephanstor (möglicherweise das alte Schaftor), das im Osten seiner Bedeutung nach dem Jaffator gleichkommt. Wenn man sich dann von Osten nach Norden wendet, findet man auf der nördlichen Seite zwei Tore: das Türkentor (heute Herodestor) fast auf der Achse des Tempelplatzes, und im Nordwesten das Tor Rama oder Ephraim (heute Damaskustor): allein dieses führt nach Nablus oder Neapolis und wird auch von unserem Pilger unter dem Namen *Porta Neapolitana* geführt.

Hören wir nun, was Dalman (S. 287f) über das beim Pilger von Bordeaux erwähnte Tal (*vallis*) sagt: »Daß im Bereiche der Stadt ein westlicher Nebenzweig des östlichen Haupttales des Kessels von Jerusalem, also des Kidrontales, fast parallel zu seiner Richtung ihm zulief, war von entscheidender Bedeutung für die äußere Gestalt und das innere Wesen der Stadt. Dies Nebental, das Josephus ›Käsemachertal‹, *pharanx ton tyropoion* nennt (woraus man ›das Tyropöon‹ gemacht hat!), das aber wohl eigentlich ›Tal der Blöße‹ oder ›Dungtal‹ hieß, ergab eine natürliche Gliederung Jerusalems in einen östlichen und einen westlichen Teil, wie sie auch die Verwaltung Jerusalem zur Zeit Nehemias voraussetzt. Diese Teile haben zu Jesu Zeit in der ›Oberstadt‹ und ›Unterstadt‹ des Josephus fortgelebt. Die Unterscheidung nach der Höhenlage war dabei dadurch veranlaßt, daß der Höhenzug östlich vom Stadttale durchweg wesentlich niedriger ist als der westliche. Sie wurde aber noch selbstverständlicher, seitdem das Heiligtum auf der Höhe des östlichen Hügels durch künstliche Terrassierung und Ummauerung seines Fundaments für das Auge eine völlig selbständige Größe geworden war.«

Man wird also annehmen können, daß der Pilger an der Außenseite der Mauer um den Zionsberg (im Süden, zwischen dem Davidstor und dem der Maghrebiner) entlang und das Tyropöon in Richtung des Damaksustores hinaufgestiegen war. Eben hier, am Fuß des Tempelplatzes, etwas oberhalb der Klagemauer, befindet sich das arabische Gericht, an dessen Ort man zu jener Zeit das Prätorium vermutete. Der Turm der Antonia paßt kaum auf diese Beschreibung.[42] – Zumindest ist das Tyropöon seit der Zerstörung der Stadt weitgehend zuge-

---

42 Theodosius (530): De domo Caiphae ad praetorium domini plus minus passi numero C; ibi est ecclesia sanctae Sophiae; juxta (se) missus est S. Hieremias in lacum (über diese Nähe zum Jeremiasbrunnen vgl. unten), Geyer, S. 141. Antoninus (um 570) bestätigt diese Ortsbeschreibung: Et oravimus in praetorio, ubi auditus est dominus, ubi modo est basilica sanctae Sofiae ante ruinas templi Salomonis sub platea quae discurrit ad Siloam fontem secus porticum Solomonis (Dalman übersetzt: vor den Ruinen des Tempels Salomos nahe der Straße, die diesseits der Halle Salomos zur Siloaquelle hinabläuft.)
Neben einer Brücke über das Kidrontal, die vom Palast des Herodes in der Oberstadt (wer von Bethlehem kommt, gelangt über sie zum Heiligtum) ins Innere der Altstadt Jerusalems führt, war ein weiterer Zugang vorhanden, der aus dem Tal im Süden des Brückenweges aufstieg. Über mehrere Biegungen erreichte dieser Weg den Tempelplatz. Er verband das Heiligtum mit dem südlichen Viertel der Oberstadt. Die im Text erwähnte *platea* meint eine große Straße oder einen Platz. Wir werden also übersetzen müssen: »Unterhalb des diesseits der Säulenhalle Salomons gelegenen Platzes, von wo man zur Siloaquelle hinabsteigt«. Diese Halle bildete den östlichen, auf das Kidrontal blickenden Teil der Säulenhalle im Süden der Tempelmauer (wo nun die Aksa-Moschee steht); die fragliche *platea* mußte im westlichen, auf den Tyropöon weisenden Teil der Säulenhalle gelegen haben. Fügen wir hinzu, daß Antoninus geradewegs von Sion kam, daß er nach der Sophienkirche die Zisterne des Jeremias: aquae putridae, ubi missus est Hieremias, erwähnt, und von dort dann zum Siloateich hinuntergeht.
Man versteht also nicht, wie Clermont-Ganneau behaupten konnte, daß die Sophienkirche notwendig zwischen der Grabeskirche und der Annenkirche (dem Teich Bethesda) gelegen habe. Petrus der Iberer (454), den er anführt, ist zwar auf Golgotha gewesen, von dort zur Pilatuskirche (Sophienkirche) und dann zur Annenkirche gegangen: doch nichts weist daraufhin, daß er nicht einen leichten Bogen in Richtung Süden eingeschlagen hat, um die Sophienkirche zu sehen, sondern den geraden Weg gehen mußte (*Revue d'archéologie orientale* III, S. 229).

schüttet, allerdings tritt die Senke, die es bezeichnet, im Südteil der Stadt sehr viel deutlicher hervor.[43]

Ibi dominus auditus est, antequam pateretur. A sinistra autem parte est monticulus Golgatha, ubi Dominus crucifixus est. Inde quasi ad lapidis missum (Geyer: *ad lapidem missum*) *est scripta, ubi corpus ejus positum fuit, et tertio die resurrexit. Ibidem modo jussu Constantini imperatoris basilica facta est, id est, dominicum mirae pulchritudini, habens ad latus excepturia, unde auqa levatur, et balneum a tergo, ubi infantes lavantur.*

Hier wird nirgends von der Via Dolorosa gesprochen. »Eine Via Dolorosa mit bestimmten Stationen hat die Kirche in ältester Zeit in Jerusalem nicht bezeichnet. Sie begnügte sich damit, auf das Prätorium und auf Golgotha hinzuweisen. Da gedachte man der dort geschehen Tatsachen. Der Weg, den Jesus zur Kreuzigung ging, fand als solcher keine besondere Beachtung. Erst nachdem in Europa die Jünger des heiligen Franziskus die Nachempfindung der Leiden Jesu zu einer geistlichen Übung gemacht hatten, ist auch in Jerusalem dieser Weg aufgesucht und genau festgelegt worden.« (Dalman, S. 364).

»Und als sie an die Stätte kamen mit Namen Golgotha, das heißt: Schädelstätte...« (Matth. 27, 33, ebenso Mark. 15, 22 und Joh. 19, 8. Lukas sagt nur Schädelstätte, *kranion*). Der Name wurde also auf das aramäische *golgolta*, Schädel zurückgeführt. Origenes und Epiphanius glaubten, daß die Bezeichnung vom Schädel des an dieser Stelle bestatteten Adam herrühre.[44] Allerdings ist dies keine jüdische Überlieferung, in der jüdischen

---

43 Abel und Vincent, die mit der vorgehenden Textstelle des Pilgerberichtes seine Angaben über Golgotha vergleichen, schließen: »Wenn der Pilger Golgotha zu seiner Linken gesehen hat, mußte er die Umfassungsmauer (den Norden der Mauer) des Tempels fast hinter sich gelassen haben«, und wenn er in diesem Augenblick das Prätorium sah, war dies wohl die Burg Antonia. Doch der Text sagt nichts dergleichen: er berichtet *sukzessiv*, was der Pilger gesehen hat, zunächst das Prätorium am Ende des Tyropöon, dann, als er weiter gekommen war, Golgotha zur Linken. Zumindest schließt nichts diese Deutung aus (vgl. im Übrigen unser Kapitel über das Prätorium).

44 In *La Citez de Iherusalem*, zweifelsfrei aus dem 12. Jahrhundert, als die Kreuzfahrer noch die Stadt besetzt hielten, findet man folgende Legende: Als Adam auf dem Sterbebett lag, bat er einen seiner Söhne, ihm jenes Baumes Zweig zu bringen, dessen Frucht er aß, als er in Sünde fiel. Als er ihm gebracht wurde, legte er ihn in seinen Mund, und man konnte ihn ihm nicht mehr entwinden. Dieser mit ihm begrabene Zweig schlug Wurzeln, wuchs zu einem prächtigen Baum heran,

Literatur wird davon nicht gesprochen. Hieronymus wollte den Namen eher als »Ort der Enthaupteten« deuten. Nach Dalman ist es wahrscheinlicher, daß eine kahle Felsbildung an einen Schädel erinnerte (S. 365).

»Das ganze durchweg felsige Gelände (Golgotha) war ein Teil des östlichen Vorsprungs des Westhügels von Jerusalem nördlich von der Nordmauer der ehemaligen Oberstadt«, befand sich also auf einer Erhebung außerhalb der Stadt. Mit ihrem Wiederaufbau als Aelia Capitolina lag er dann innerhalb der Mauern, von denen er heute noch umgeben ist.

Die Entscheidung dieser Frage wird noch erschwert durch die Tatsache, daß die Ortsbezeugung selbst wundersame Umstände, mehr oder weniger übernatürliche Bedingungen geltend macht. In seinem Bericht über die Auffindung des Heiligen Grabes (*Vita Constantini*, 3, 25ff) erwähnt Eusebius »den Namen Golgotha nicht, sagt auch nichts von einer christlichen Tradition über seine Lage, sondern erzählt nur, daß es Kaiser Konstantin als Pflicht erschienen sei, ›den seligsten Ort der heilbringenden Auferstehung allen sichtbar zu machen und der Verehrung zu übergeben‹, und daß er deshalb befohlen habe, dort ein Bethaus zu bauen. ›Da er nicht unbeachtet lassen konnte, daß jener Ort, durch die Anschläge der Feinde mit lauter unreinen Dingen verdeckt, der Vergangenheit und der Unkenntnis überliefert werde, befahl er, daß er gereinigt werde, in der Überzeugung, daß die von den Heiden befleckte Stätte besonders die Hochherzigkeit des Allgütigen durch ihn genießen müsse.‹ Daraufhin wurde dann um 330 (drei Jahre vor der Ankunft des Pilgers) der Aphroditetempel, der errichtet war, ›um jenes göttliche Denkmal der Unsterblichkeit dem Dunkel und der Vergessenheit zu überliefern‹, niedergerissen, die ganze Terrasse, auf der er stand, abgebrochen und ihr Schutt als von

---

wurde durch die Sintflut auf die Höhen des Libanon geschwemmt, und von dort nach Jerusalem gebracht, als man den Tempel baute. Als Jesus ans Kreuz geschlagen wurde, war Adams Kopf in diesem Holz, und als das Blut seinen Wunden entströmte, trat er aus dem Holz hervor und fing es auf, »dont il avient encore qu' en tos les crucefis c'on fait en la terre de Iherusalem, c'au pié de la crois a une teste en remembrance de celi«, Tobler, *Descriptiones terrae sanctae ex saeculo VIII a XV*, 1874, S. 216.

dämonischer Befleckung verunreinigt weggeschafft. ›Da erschien wie eine neue Ordnung der Dinge statt einer andern der in der Tiefe der Erde verborgene Ort, und somit wurde das ehrwürdige und allerheiligste Denkmal der heilbringenden Auferstehung gegen alle Hoffnung sichtbar, und die allerheiligste Grotte ließ erglänzen das Bild des Wiederauflebens des Erlösers.‹« (Dalman, S. 368). Man sieht: Eusebius läßt das Kreuz Christi unerwähnt.

Später aber erzählt der Mönch Alexander (*De inventione sanctae crucis*, Migne, PG 87, 3, Sp. 4061), daß Bischof Makarios auf den Befehl des Kaisers hin, das Kreuzesholz zu suchen und die verschütteten heiligen Orte freizulegen, seine Umgebung zum Gebet aufgefordert hatte und dann einer göttlichen Offenbarung teilhaftig wurde, die ihn auf den Tempel des unreinen Dämons hinwies. (Dalman, S. 368f).

Dalman erwägt nun zwei Vermutungen. Entweder man hätte aufs Geratewohl, um dem kaiserlichen Befehl nachzukommen, an der Stätte des Tempels der Aphrodite nachgeforscht und wäre dabei unverhofft auf ein Felsengrab gestoßen. Um dem Kaiser zu gefallen, hätte man es dann für das Grab Christi ausgegeben, ebenso wie man einen dabei zum Vorschein gekommenen Pfahl als das Kreuzesholz bezeugte. Oder man wird vielleicht eher annehmen müssen, daß der Kaiser aufgrund eines aus Jerusalem erhaltenen Hinweises glaubte, daß der Aphroditetempel der Ort der Grablegung Jesu war, also nach Joh. 19, 41 eben Golgotha, aufgrund der unmittelbaren Nähe des Grabes zur Kreuzigungsstätte, und dann die heilige Stätte läutern und mit einer Kirche ehren wollte. So würde sich gleichzeitig die auf Anordnung aufgenommene Suche und das Wunder der Entdeckung erklären.

Am Ende des 4. Jahrhunderts glaubte man dies Wissen um Golgotha durch göttliche Erleuchtung (Rufinus) oder jüdische Auskunft (Paulinus von Nola) erworben. – Es ist allerdings möglich, »daß die palästinische Christenheit, welche doch die Evangelien besaß und selbstverständlich stets das Interesse hatte, den Ort von Golgotha zu kennen, hier zuverlässiges Wissen fortgepflanzt hatte, dessen erster Gewährsmann

Juda Kyriakos, der jerusalemische Bischof zur Zeit der Zerstörung Jerusalems, hätte sein können. (Dalman, S. 369f)

Eusebius schweigt über alle anderen Funde außer dem eines Grabes. Tatsächlich führten an einem Ort, von dem man annahm, er sei der Garten Josephs gewesen (Cyrill von Jerusalem, *Cat.*, 14, 5) im Westen künstliche Eingänge in der Felswand zu zwei Felsengräbern. Im Norden lagen ebenfalls Felsenkammern. Im Osten erhob sich in südlicher Richtung eine, wie es scheint, vereinzelte zerklüftete Felsmasse. Für Cyrill ist dies Golgotha, weil ihre Zerklüftung das Erdbeben bei Christi Tod zu bezeugen schien, das die Felsen zerriß: »Und die Erde erbebte, und die Felsen zerrissen«, Matth. 27, 52. Später war man überzeugt, »daß die Basilika auf Golgotha stehe« (Dalman, S. 375) »und frühzeitig sah man in der in ihrem Westhof gegen 5 Meter hoch ragenden und von einem kostbaren Kreuz überragten rohen Felsenmasse die Stätte, auf dereinst Christus den Tod erlitt, und insofern Golgotha (vielleicht der *monticulus*, von dem der Pilger spricht), uns selbst das Zentrum der Welt.« Arkulf nimmt sogar an, daß das silberne Kreuz auf seiner Höhe an derselben Stelle steht wie das Kreuz Christi.

Die auf der Stätte der Kreuzfindung mit doppelten Seitenschiffen in zwei Geschossen erbaute und goldverzierte Basilika Konstantins wurde am 14. September 336, am Kreuzfindungstag geweiht; doch der Pilger von Bordeaux erwähnt sie schon 333. Die ältesten Abbildungen finden sich auf der Madabakarte (6. Jahrhundert), hier mit einer dreitorigen Ostfassade, und auf dem Mosaik der Apsis von San Vitale in Ravenna.

Auf dem Plan, den Dalman angefertigt hat, bildet sie ein langes Rechteck, das aus drei Teilen besteht: in der Mitte, im Martyrion, zwischen den beiden Längsschiffen, ist im linken Bereich, nahe am Chor, Golgotha; zur Linken der Westhof mit dem Grab Christi im äußersten Westen: die Anastasis, die Auferstehungskirche, die das Heilige Grab überwölbt, wurde zweifelsfrei erst um 350 errichtet, der Pilger von Bordeaux hatte nur etwas gesehen, was er als Krypta bezeichnete, in Wirklichkeit wohl das Grab in Form einer Grotte, unter freiem Himmel, einen Steinwurf entfernt vom »Kreuzesfelsen«, der also nicht an der Stelle Golgothas lag, und zunächst ebenfalls unter freiem Himmel, später in der Südostecke der Anastasis lag. Der nördliche Teil des Hofes umfaßt den Garten Josephs. Das Josephsgrab liegt außerhalb der Anastasis, etwas weiter links. Rechts vom Martyrion befindet sich der Osthof, ein von Säulen umfaßtes Atrium, in das man (von der großen Marktstraße, welche die Stadt von Norden nach Süden durchläuft) durch eine hohe Vorhalle eintritt.

Die Ortsbestimmungen im Zusammenhang mit Kreuz und Heiligem Grab haben sich seitdem vervielfacht. Lesen wir nur eine Beschreibung von Deshayes (1621), die Chateaubriand wiedergegeben hat. Er erwähnt: den Stein, auf dem der Leib Christi mit Myrrhe und Aloe gesalbt wurde; den Stein, auf dem der Engel zu den Marien sprach; der Stein, welcher den Ort bezeichnet, an dem sich Christus Magdalena in Gestalt eines Gärtners zeigte; die Kapelle, bei der er der Jungfrau nach seiner Auferstehung zuerst erschien; das Gefängnis des Herrn (auch dieses befindet sich auf dem Plan der konstantinischen Basilika, im Norden des Westhofs), wohin er gebracht wurde, bis das Kreuz aufgestellt war; der Ort, an dem er von den Soldaten entkleidet wurde; die Kapelle der heiligen Helena (die Stelle, an der sie betete, als man das Kreuz suchte); die Impropriumsäule, an die man Jesus sich setzen ließ, um ihm die Dornenkrone aufzudrücken; der Ort, an dem Christus ans Kreuz geschlagen wurde; die Stelle, an der das Kreuz aufgestellt wurde.

Der Pilger von Bordeaux hat nur Kalvarienberg und Heiliges Grab gesehen und bezeichnet, die eben erst entdeckt worden waren, also bevor sich ein ganzer komplexer Kult um sie entspann[45] und unter Kirchen, Kapellen, Marmorplatten und

45 Theodosius (530): In civitate Hierusalem ad sepulcrum Domini ibi est Calvariae locus; ibi Abraham obtulit filium suum holocaustum, et quia mons petreus est, in ipso monte, hoc est ad pedem montis ipsius, fecit Abraham altario; super altare eminet mons, ad quem montem per grados scalatur; ibi Dominus crucifixus est. De sepulcro Domini usque ad Calvariae locum sunt passus numero XV; sub uno tecto est. De Calvariae locum usque in Golgotha passus numero XV, ubi crux Domini inventa est, Geyer, S. 141. Antoninus (um 570) sagt, daß es vom Grab nach Golgotha 80 Schritte seien und von Golgotha bis zum Kreuzfindungsort 50. Er erwähnt auch den Altar Abrahams, auf dem Melchisedek opferte, Geyer, 172.

Ornamenten alles verschwand, was, zumindest im Glauben der ersten Christen, als echtes Zeugnis gelten konnte. Erneut läßt sich anmerken, daß bei Theodosius und Antoninus (zwei Jahrhunderte später) der Kalvarienberg genau dort liegen sollte, wo Abraham (und Melchisedek) geopfert hatten: jüdische Erinnerung ist noch eng mit einer christlichen Erinnerung verknüpft, die jene wachgerufen hat, um sich auf sie zu stützen.

Wir halten uns nun, zweifellos durch das Stephanstor, in Richtung Kidrontal. – *Item ab Hierusalem euntibus ad porta, quae est contra oriente, ut ascendatur in monte Oliveti, vallis quae dicitur Josafath; ad partem sinistram, ubi sunt vineae, est et petra ubi Iudas Scarioth Christum tradidit, a parte vero dextra est arbor palmae, de qua infantes ramos tulerunt et veniente Christo substraverunt. Inde non longe quasi ad lapidem missum sunt monumenta duo monubiles mirae pulchritudinis facta: in unum positus est Isaias propheta, qui est vere monolitus, et in alio Ezechias, rex Judaeorum.*

Abbé Mariti glaubt, daß das Josaphattal diese Bezeichnung erst seit dem 8. Jahrhundert (Beda, *De locis sanctis*) trägt: wir allerdings sehen, daß sie schon bei unserem Pilger im 4. Jahrhundert auftaucht. Das Tal wäre so genannt worden, weil nach einer Überlieferung König Joschafat dort ein Denkmal errichtet hätte. »Was dieses Tal so berühmt machte, war wohl, daß man nach einer unter den Gläubigen und selbst den Mohammedanern verbreiteten Meinung dort das Weltgericht zu erwarten habe«, nach dem Text des Propheten Joel: *Congregabo omnes gentes et deducam eas in vallem Josaphat, et disceptabo cum eis ibi*; und weiter: *Consurgant et ascendant gentes in vallem Josaphat: quia ibi sedebo ut judicem omnes gentes in circuitu*. Etwas weiter unten, im selben Abschnitt, nennt der Prophet das Tal dasjenige der Scheidung oder Entscheidung. (Mariti, S. 131).

Diese Meinung, daß das Jüngste Gericht an einem bestimmten Ort auf der Erde stattfinden würde, hat man allerdings, so Mariti, nicht einhellig geteilt. Origenes nimmt für diese Versammlung der ganzen menschlichen Gattung sehr viel größere Ausmaße an. Und so drückt sich Hieronymus aus: *Stultum est eum in parvo loco vel abscondito quaerere, qui totius mundi lumen sit.*

»Hier jedenfalls«, sagt Dalman, S. 341, »und zwar nördlich von den drei nach dem Ölbergsgipfel führenden Wegen, hat die Tradition den Namen Gethsemane gefunden, und zwar im Zusammenhang mit einer geräumigen, 17 m langen und 9 m breiten Höhle, die jetzt nur durch einen engen Gang zugänglich ist, und die vor der jetzigen Verschüttung des Talgrundes wohl 7 m oberhalb desselben mit einer Öffnung nach vorn frei dagelegen haben wird... In der Nähe der Grotte sollte der Verrat Jesu, also seine Gefangennahme geschehen sein.« Joh. 18, 1 sagt: »Als Jesus das geredet hatte, ging er hinaus mit seinen Jüngern über den Bach Kidron; da war ein Garten, in den gingen Jesus und seine Jünger. Judas aber, der ihn verriet, kannte den Ort auch, denn Jesus versammelte sich oft dort mit seinen Jüngern.« Die Grotte liegt auf dem Weg vom Tempel nach Bethanien. Jesus mußte dort täglich vorbeikommen. – Der Pilger spricht weder von einem Garten noch einer Grotte, sondern von einem Stein. Theodosius erwähnt nur drei oder vier Steinplatten in der Grotte, die als Sitzgelegenheiten oder Tische gedient hätten. Wir werden im Übrigen noch auf Gethsemane zurückkommen.[46]

Nicht weit entfernt hat der Pilger eine Palme gesehen, von dem die Kinder Zweige brachen, um sie vor Jesus auf die Erde zu legen, als er von Bethanien nach Jerusalem über den Ölberg kam. »Zwei Wege«, sagt Dalman, S. 274, »standen für den Abstieg vom Ölberg zur Verfügung, ein fast gerader, aber sehr steiler und schwer abwärts zu reitender, und ein oben nach Süden ausweichender und dann demselben Ziel zustrebender, den jetzt sogar Wagen abwärts fahren können. Die kirchliche Tradition hat wohl den ersteren als den von Jesus genommenen bezeichnet. An ihm sah man im 4. Jahrhundert in der Gegend des jetzigen Gethsemanegartens eine Palme (neben dem Pilger von Bordeaux auch bezeugt von Cyrill von Jerusalem und Pe-

46 Theodosius (530): Ibi est vallis Josephat: ibi Domnum Judas tradidit. Ibi est ecclesia domnae Mariae matris Domini (der Pilger von Bordeaux erwähnt sie nicht); ibi et Dominus lavit pedes discipulorum, ibi et cenavit (der Ort des Abendmahls wurde lange am Hang des Ölbergs gezeigt, vgl unten); ibi sunt quatuor accubita, ubi Domnus cum apostolis ipse medius accubit, quae accubita ternos homines recipiunt... Ipse locus in spelunca est, Geyer, S. 143.

trus Diakonus). Sie galt als Zeuge für die Palmzweige, mit denen nach Joh. 12, 13 die Jerusalemer dem einziehenden Jesus entgegengingen.« Wahrscheinlich wurden diese Palmzweige in der Stadt für derartige Festtage bereitgehalten. »Etwas anderes sind die Zweige, die man nach Matth. 21, 18, Mark. 11, 8 von den Bäumen brach, um sie auf den Weg zu streuen. Dabei kann man nur an Ölzweige denken, deren Brechen vor der Zeit der Baumblüte keinen nennenswerten Schaden bedeutete, auf den die begeisterte Menge natürlich keine Rücksicht nahm.«

»Im 4. Jahrhundert bewegte sich hier am Palmsonntage eine Prozession den Ölberg hinab, zu der man sich mittags 1 Uhr in der Ölbergskirche versammelte. Im Himmelfahrtsheiligtum wurde um 5 Uhr abends die Geschichte vom Einzuge Jesu verlesen, und dann ging man zu Fuß den Ölberg abwärts. So ging der Zug in die Stadt, aber nicht zum Tempelplatz, der als verworfen galt, sondern durch des Benjamintor (Stephanstor) bis zur Auferstehungskirche.« (Dalman, S. 273)[47]

»Jesus hielt in Jerusalem Einzug, wie es schon im Alten Testament geschrieben stand: Du Tochter Zion, freue dich sehr! Siehe, dein König kommt zu dir, ein Gerechter und Helfer, arm und reitet auf einem Esel, auf dem Füllen einer Eselin. Die Kommentatoren sind sich nicht einig über den Ort, wo er den Esel fand: in Bethanien, in der Straße eines Dorfes, am Eingang eines Gehöftes?« (Dalman, S. 272f).

Der Pilger erwähnt zudem, nicht weit, nur einen Steinwurf von dort entfernt, zwei »Denkmäler«, zweifellos Gräber: auf dem einen das Standbild des Propheten Jesaja, auf dem anderen das des Königs Hiskia.[48] Abbé Mariti sagt: »Nicht weit von Si-

---

47 In der Zeit der Kreuzzüge wurde nur das Osttor des Tempelplatzes (Goldenes Tor) durch das Benjamintor ersetzt, wegen der Prozessionen ebenso wie im Hinblick auf die Überlieferung des Einzuges Jesu in die Stadt.

48 »Die andere Seite des Tales«, sagt Renan, »war schon mit prunkenden Gräbern geschmückt. Einige der Denkmäler, die man heute noch sieht, waren vielleicht jene zu Ehren der alten Propheten errichteten Grabmale (ich bin geneigt zu glauben, daß die dem Zacharias und Absalom zugerechneten Gräber Monumente dieser Art waren), auf welche Jesus mit dem Finger wies, wenn er unter der Halle sitzend die offiziellen Klassen niederdonnerte, die hinter diesen riesenhaften Massen ihre Scheinheiligkeit oder ihre Eitelkeit verbargen«, *Das Leben Jesu*, S. 170. Eine Abbildung dieser Gräber bei Munk, *Palestine*, 1845.

loa, dort, wo das Tal flacher wird, sieht man ein schmuckloses Grab in den Felsen gehauen. Man versichert, daß dies das Grab des Propheten Jesaja sei. Einige Schritte weiter steht tatsächlich ein großer Maulbeerbaum, von einer Steinmauer umgeben, der, so sagt man, den Platz zeige, wo er gepeinigt worden war. Die Mohammedaner, die diesen Glauben teilen, kommen unter diesen Baum zum Gebet und gestatten es keinem Christen, sich ihm zu nähern. – Die Kirchenväter und die Juden selbst glauben, daß Jesaja auf Befehl von Manasse erschlagen wurde, und einige bestätigen, daß man ihn unter der Rogeleiche begraben hat, die aufgrund ihrer Nähe zur Rogelquelle so heißt, die auch Siloa genannt wird. – In der Nähe des Brunnens, liest man im Buch der Könige, hat Adonia, der die Krone an sich bringen wollte, ein prächtiges Mahl für die Großen am Hofe Davids, seines Vaters ausgerichtet, beim Stein Soheleth, in der Nähe des Brunnens.« (Mariti, S. 206)

Im Josaphattal, jenseits des Kidronbaches, deutet Mariti das in den Felsen gehauene Grab des Königs Joschafat an (die Schrift berichtet allerdings, daß er in der Davidsstadt, also auf Zion begraben wurde); weiter im Süden ein prächtiges Grabmal, das sogenannte Absalomgrab, auch in den Felsen getrieben, aber vom Berg etwas abgesetzt und aus einem Stück; schließlich das Grab des Sacharia. Der Pilger hat diese Gräber nicht gesehen, nur das Grab des Hiskia, von dem Mariti wiederum nicht spricht. Allerdings ist, wie Mariti selbst anmerkt, die Zuordnung dieser Grabmale unsicher und hat sich im Lauf der Zeit ändern können.

Der Pilger ist den Ölberg hinaufgestiegen. *Inde ascendis in montem Oliveti, ubi dominus ante passione apostolos docuit. Ibi facta est basilica jusso Constantini. Inde non longe est monticulus, ubi dfominus ascendit orare et apparuit illic Moyses et Heilas, quando Petrum et Johannem secum duxit.*[49]

49 Theodosius (530): De Hierusalem usque in montem Oiliveti, quod scribitur, stadia septem milaria uno; inde domnus ascendit in caelos (der Pilger von Bordeuax spricht nicht von der Himmelfahrt); ibi sunt fabricatas numero XXIIII ecclesias. De monte Oliveti usque in vico Hermippo, ubi dormivit Abdimelech sub arbore ficus annis XLVI, milario uno, qui Abdimelech fuit sancti Hieremiae; ibi fuit Baruc propheta, Geyer, S. 140.

»Die Ölbergskuppe war unbebaut« (Dalman, S. 280), »ihre belebteste Gegend war gewiß ihr südlicher Teil, über welchen der Weg nach Bethanien und Jericho lief... Ausgrabungen haben mit großer Wahrscheinlichkeit Reste des ältesten kirchlichen Baus an dieser Stätte sichtbar gemacht. Das war die von Kaiser Konstantins Mutter erbaute Ölbergsbasilika (die der Pilger erwähnt und auch Eusebius, *Vita Constantini* 3, 43. Man nannte sie häufig Eleona, von *en Elaioni*, am Ölberg). Sie hütete die Stätte, wo Jesus auf dem Ölberge die Jünger die Geheimnisse des Endes lehrte.« Matthäus (24, 3) sagt: »Und als er auf dem Ölberg saß, traten seine Jünger zu ihm und sprachen, als sie allein waren: Sage uns, wann wird das geschehen?« Danach kommt 25, das Gleichnis von den klugen und den törichten Jungfrauen. Bei Mark. 13, 3: »Und als er auf dem Ölberg saß gegenüber dem Tempel.«

Unter dem Altar befand sich als Krypta eine jetzt wieder ausgegrabene Höhle, die damals als Lehrort Jesu galt (Ätheria, Geyer, S. 86, 91: *spelunca, in qua docebat Jesus discipulos*). In der Nacht des Dienstags der Karwoche wurde dort im 4. Jahrhundert ein feierlicher Gottesdienst gehalten, während dem der Bischof die Rede Jesu aus Matth. 24, 3 bis 26, 6 las. Auch am Gründonnerstagabend versammelte sich dort die Gemeinde, weil Jesus auch an diesem Tag seine Jünger eben da unterwiesen habe. Man verlegte nämlich dorthin das von Johannes geschilderte letzte Zusammensein Jesu mit seinen Jüngern und verlas an dieser Stelle seine Abschiedsworte (Joh. 13-17).

Es gibt hier einen Widerspruch, so Dalman, zwischen der Vorstellung, daß man eine Höhle für den Lehrort Jesu am Ölberg hielt, und Mark. 13,3, wonach Jesus dabei dem Tempel gegenüber saß. Er erklärt sich dies durch die Einflüsse des Gnostizismus im 3. Jahrhundert (man stellte sich Jesus vor, wie er in den Grotten und an den Hängen des Ölberges seine Jünger unterwies). Im Mithraskult nannte man »Höhle« den Ort, an dem Neueinzuführenden belehrt wurden. Aber Dalman stellt auch, und sehr zurecht, die jüdische Tradition in Rechnung und den Text von Jes. 33, 16, der sich auf den Gerechten bezieht, welcher »in der hohen Höhle eines starken Felsens wohnt.« (Dalman, S. 281).

Doch der Pilger sagt nur: der Ölberg, wo der Herr vor seinem Leidensweg die Apostel lehrte. Er spricht nicht von einer Höhle, sondern vom Berg allgemein. Die Basilika, die eben erbaut worden war, hatte noch nicht alle Überlieferungen auf sich gezogen (jener Gesetzmäßigkeit legendärer Ortsbestimmungen folgend, der wir noch oft begegnen werden), die man auf dem Berg oder zu seinen Füßen verortete. Später wird man sagen, daß Jesus eben hier seinen Jüngern auch das *Pater* gelehrt habe, wird unter dem Altar der den Kreuzzügen vorausgehenden Kirche (welche die Basilika gewesen sein muß) den Ort zeigen, an dem er das Vaterunser sprach – auch wenn es etwa bei Luk. 11, 1 keine nähere Bestimmung dazu gibt: »an einem Ort«.

Ganz in der Nähe hat der Pilger auch die Himmelfahrtskuppe gesehen und dabei wohl den Ort, an den Jesus mit Petrus und den beiden Söhnen des Zebedäus, Jakobus und Johannes ging, um vor seiner Kreuzigung zu beten, mit dem hohen Berg verwechselt, wohin er Petrus, Jakobus und Johannes mitgenommen hatte, also dem Berg der Verklärung. Wir haben gesehen, daß die Verklärung später dann mit dem Tabor in Verbindung gebracht wurde. Aber man wollte sie auch in die Umgebung von Cäsarea Philippi verlegen,[50] weil die evangelische Erzählung, in der er seine Sendung und seine Leiden ankündigt, an diesem Ort angegeben und dort weiter gesagt wird, daß Jesus sechs Tage danach seine drei Jünger auf einen hohen Berg mitnahm (auf dem die Verklärung erfolgte), Matt. 17,1 und Mark. 9, 2.

Inde ad orientem passus mille quingentos est villa, quae appellatur Bethania. Est ibi cripta, ubi Lazarus positus fuit, quem dominus suscitavit.

»Daß Bethanien östlich vom Ölberge lag«, so Dalman, »steht durch die Angaben der Evangelien fest. Dem genauen Punkt kommt man näher mit dem sicher seit etwa 300 n. Chr. an derselben Stelle gezeigten und vor 380 mit einer Kirche

50 Cäsarea Philippi befindet sich in der Nähe des Hermon, im Norden des Sees Genezareth, in der Ebene von Tyrus: diese Stadt bezeichnet den in der Welt der Heiden am nördlichsten gelegenen Aufenthaltsort Jesu.

überbauten Lazarusgrabe (erwähnt von Eusebius im *Onomasticum* und vom Pilger von Bordeaux), einer ehemaligen Felsenkammer mit Bankbogengräbern auf drei Seiten. Seine Echtheit ist umgewiß, es wird aber auf zuverlässiger Kenntnis der Lage von Bethanien beruhen, das also in der Nähe zu suchen ist.« (Dalman, S. 265)

Joh. 11 sagt: »Es lag aber einer krank, Lazarus aus Bethanien, dem Dorf Marias und ihrer Schwester Marta. Maria aber war es, die den Herrn mit Salböl gesalbt und seine Füße mit ihrem Haar getrocknet hatte. Deren Bruder Lazarus war krank... Als Jesus kam, fand er Lazarus schon vier Tage im Grabe liegen. Betanien aber war nahe an Jerusalem, etwa eine halbe Stunde entfernt... Als Marta nun hörte, daß Jesus kommt, geht sie ihm entgegen; Maria aber blieb daheim sitzen. Da sprach Marta zu Jesus: Herr, wärst du hier gewesen, mein Bruder wäre nicht gestorben.«

Bethanien hätte demnach fünfzehn Stadien von Jerusalem entfernt gelegen, also etwa drei Kilometer. Nun sind es aber nur zwei bis zum Grab des Lazarus.

»Sonderbarerweise hat man bei der Schilderung der Ätheria«[51], sagt Dalman, »um 380, aber nach Daniel auch noch 1106 (Khitrowo, *Itinéraires russes*, S. 22), den Ort der Begegnung von Jesus und Martha fünfhundert Schritt westlich vom Lazarusgrabe, also nach dem Ölberge zu, gezeigt. Dort stand eine Kirche, die auch im 6. Jahrhundert noch da vorgefunden wurde (Theodosius), in der man damals auch der Besteigung des Esels bei Jesu Einzug nach Jerusalem gedachte und mit der man den Namen Bethphage verband (Origenes und Petrus Diakonus).[52] Die Eselsbesteigung bleibt dann dauernd mit diesem Punkte verknüpft.... wahrscheinlich handelt es sich bei dem Begegnungsorte am Ölberg nur um eine künstliche Verei-

---

51 Lazarium, id est Bethania, est forsitan secundo miliario a civitate. Euntibus autem de Ierusolima in Lazarium forsitan ad quingentos passus de eodem loco ecclesia est in strata in eo loco, in quo occurrit Maria soror Lazari, Geyer, S. 82.

52 Luk. 19, 29. »Und es begab sich, als er nahe von Betfage und Betanien an den Berg kam, der Ölberg hieß, da sandte er zwei Jünger und sprach: Geht hin in das Dorf, das vor uns liegt. Und wenn ihr hineinkommt, werdet ihr ein Füllen angebunden finden, auf dem noch nie ein Mensch gesessen hat; bindet es los und bringt's her.«

nigung mehrfacher Erinnerung an einem Punkte.« Kam Jesus auf dem eigentlich nach Bethanien führenden Weg aus der Wüste, dann mußte ihn Martha im Osten von Bethanien erwarten, dort, wo der Weg vor Bethanien heraufkommt. »Das führt in die Gegend eines östlich von Bethanien als *dschahsch el-'azar*, ›Eselsfüllen des Lazarus‹ gezeigten Steines.« Eine seltsame Verbindung zwischen der Erinnerung an die Begegnung mit Martha und der Eselsbesteigung.

Wir wenden uns nun nach Jericho und dem Toten Meer hin: *Descendentibus montem in parte dextra, retro monumentum, est arbor sycomori, in quam Zachäus ascendit ut Christum videret.*

Dies ist die einzige evangelische Erinnerung, die vom Pilger erwähnt wird. Lukas erzählt: »Und er ging nach Jericho hinein und zog hindurch. Und siehe, da war ein Mann mit Namen Zachäus, der war ein Oberer der Zöllner und war reich. Und er begehrte Jesus zu sehen, wer er wäre, und konnte es nicht wegen der Menge; denn er war klein von Gestalt. Und er lief voraus und stieg auf einen Maulbeerbaum, um ihn zu sehen; denn dort sollte er durchkommen.« Zachäus, »der ein Sünder war«, bekehrte sich, und gab die Hälfte seines Besitzes den Armen. Danach folgt das Gleichnis der Diener, deren Herr von hoher Herkunft ihnen Silber gab, um damit zu handeln, und der sich an den schlechten Knecht wendet: »Warum hast du dann mein Geld nicht auf die Bank gebracht? Und wenn ich zurückgekommen wäre, hätte ich's mit Zinsen eingefordert.« Und er fügt hinzu: »Ich sage euch aber: Wer da hat, dem wird gegeben werden; von dem aber, der nicht hat, wird auch das genommen werden, was er hat.«

Dalman (S. 260) bemerkt, daß auf der Straße nach Jerusalem ein Maulbeerbaum an den Baum des Zachäus erinnert, und daß ihn der Pilger auf derselben Strecke fand, aber näher am Abstieg vom Gebirge. Um 570 wurde er noch verehrt, war aber verdorrt. – Man fragt sich allerdings, weshalb, nachdem Zachäus vom Maulbeerbaum gestiegen war, die Erinnerung dort hängen blieb. Weshalb wurde diese Erinnerung, unter so vielen anderen des Lebens Jesu vor seinem Leiden, gerade dort angegeben? Hat sie sich vom Baum ins Evangelium eingeschlichen oder stammt sie aus dem Evangelium und hat sich an den Baum geheftet? Hier nun aber andere Überlieferungen des Pilgers, die sämtlich aus dem Alten Testament kommen:

A civitate passus mille quingentos est ibi fons Helisei prophetae. Antea si qua mulier ex ipso aquam bibebat, non faciebat natos. Ad latum est vas fictile. Heliseus misit in eo sales, et venit, et stetit super fontem, et dixit: Heac dicit Dominus: sanavi aquas has; ex eo fonte si qua mulier beberit, filios faciet. Supra eandem vero fontem est domus Rachab fornicariae, ad quam exploratores introierunt, et occultavit eos, quando Hiericho eversa est, et sola evasit.[53]

»Das älteste Jericho hat abseits vom Wege nach Jerusalem an der von den Christen nach Elisa benannten Quelle gelegen, wie auch der Pilger wußte, der das Haus der Rahab bei dieser Quelle sah.« (Dalman, S. 258). In der Zeit Christi hatte sich die Stadt im Süden weiter ausgebreitet. Dort erhob sich der Palast des Herodes, ein Amphitheater, ein Hippodrom, eine Festung. »Alle diese herodianische Herrlichkeit war im 4. Jahrhundert verschwunden.« Tatsächlich sagt der Pilger: *Ibi fuit civitas Hiericho, cujus muros giraverunt cum arca testamenti filii Israel et ceciderunt muri. Ex eo non paret nisi locus ubi fuit arca testamenti et lapides duodecim quos filii Israel de Jordane levaverunt. Iidem Jesus filius Nave*[54] *circumcidit filios Israel et circumcisiones eorum sepelivit.*

Erinnerungen an das Alte Testament, jüdische Erinnerungen. Der Pilger spricht etwa nicht von der Herberge des guten Samariters. Bei Luk. 10, 30 sagt Jesus einem Schriftgelehrten, der ihn versuchte: »Es war ein Mensch, der ging von Jerusalem hinab nach Jericho«, er fiel unter die Räuber, die ihn halbtot liegen ließen. Ein Priester und eine Levit gingen vorbei. Aber einen Samariter jammerte er, der »hob ihn auf sein Tier und brachte ihn in eine Herberge und pflegte ihn.«

Die Herberge, eine alte Karawanserei, ist auf einer bemerkenswerten deutschen Luftaufnahme deutlich zu sehen, die bei

53 Theodosius (530): De Hiericho usque ad fontem Helysaei milia II; ibi erat domus Raab publicanae, quae excepit exploratores, Geyer, S. 137.

54 Zweifellos Josua, Sohn des Noun.

Dalman (gegenüber der S. 209) abgebildet ist und die Abdummimsteige auf dem Weg von Jerusalem nach Jericho zeigt. Diese jähe Steigung, welche man von Jericho überwinden mußte, »endete auf der durch rotes Gestein auffallenden Höhe des *chan hatrur*, oberhalb dessen die Ruinen einer Templerfeste an der Stelle eines älteren Straßenkastells liegen. Theoderich sah da am Wege die *cisterna rubra*, welche man für die Grube Josephs ausgab, und eine Kapelle, darüber das Kastell der Templer (vgl. Tobler, S. 70f).« (Dalman, S. 260f)

Nach Dalman wird dort »gewiß nicht die Herberge des barmherzigen Samariters« gewesen sein, »die man in Jericho zu suchen hat. Hieronymus betrachtete den durch Bluttaten befleckten Ort mit mehr Recht als die Stätte, wo der Mann im Gleichnisse Jesu (vielleicht mehr eine Anspielung auf wirkliche Vorgänge als ein Gleichnis) unter die Räuber fiel... und der einsame Wanderer noch heute schutzlos ist« (Dalman, S. 261). Als wir dort vorbeikamen, hatte es am Morgen leicht geregnet, zum ersten Mal im Jahr: eine gelbliche Nässe tauchte diese herbe Einsamkeit in bleiche Farben und das seltsame, verschwommene und fast erloschene Licht, welches die Herberge des guten Samariters umgab, erinnerte an Rembrandt.

Auf diesem Weg stieg Jesus ein letztes Mal nach Jerusalem hinauf, bevor er in den Tod ging. Er kam von jenseits des Jordan in der Ebene von Jericho an, und bevor er die Stadt betrat, an Gilgal vorbei: »Dort sah man ungeheure Steinblöcke, welche die Israeliten nach Jos. 4, 7.20 einst vom Jordan hierher gebracht hatten (die zwölf Steine, die der Pilger erwähnt).«[55] »Man zeigte im 6. Jahrhundert vor der auf der Madabakarte abgebildeten Kirche mit den aus dem Jordan genommenen Steinen... den *ager Domini*, den Jesus besät haben sollte und der ohne neue Aussaat jedes Jahr im Februar und Mai Ernten gab, und einen von Jesus gepflanzten Weinstock, der schon zu

55 »Als nun das ganze Volk über den Jordan gegangen war, sprach der Herr zu Josua: Nehmt euch aus dem Volk zwölf Männer, aus jedem Stamm einen, und gebietet ihnen: Hebt mitten aus dem Jordan zwölf Steine auf von der Stelle, wo die Füße der Priester stillstehen, und bringt sie mit euch hinüber, und legt sie in dem Lager nieder, wo ihr diese Nacht bleiben werdet«, Jos. 4, 1-3.

Pfingsten Trauben brachte. Da Gilgal der Ort war, wo die Israeliten zum erstenmal vom Getreide des Landes aßen (Jos. 5, 11f), könnte eine jüdische Josuasage hier zur Jesussage geworden sein.« (Dalman, S. 257f) Der Weinstock könnte dabei aus einer Art Verdopplung des Ackers entstanden sein, die bei vielen Wundern oder Ortsangaben auftritt.

Was nun *Rahab fornicania* angeht, so wollen wir den Abschnitt bei Josua in voller Länge anführen.[56] Jericho inmitten seiner üppigen Palmenhaine, am Fuß kahler, hoch aufragender Berge ist eine biblische Landschaft, die sich, so scheint es, seit Tausenden von Jahren nicht verändert hat, und bei deren Anblick man sich kaum Erinnerungen aus dem Alten Testament erwehren kann. »Und beim siebten Mal, als die Priester die Posaunen bliesen, sprach Josua zum Volk: Macht ein Kriegsgeschrei! Denn der Herr hat euch die Stadt gegeben. Aber die Stadt und alles, was darin ist, soll dem Bann des Herrn verfallen sein. Nur die Hure Rahab soll am Leben bleiben und alle, die mit ihr im Hause sind; denn sie hat die Boten verborgen, die wir aussandten... So eroberten sie die Stadt und vollstreckten den Bann an allem, was in der Stadt war, mit der Schärfe des Schwerts, an Mann und Wein, jung und alt, Rindern, Schafen und Eseln. Aber Josua sprach zu den beiden Männern, die das Land erkundet hatten: Geht in das Haus der Hure und führt die Frau von da heraus mit allem, was sie hat, wie ihr es geschworen habt... Rahab aber, die Hure, samt dem Hause ihres Vaters und alles, was sie hatte, ließ Josua leben. Und sie blieb in Israel wohnen bis auf diesen Tag.«

Item ab Hiericho ad mare mortuo milia novem. Est aqua ipsius valde amarissima, etc. Inde ad Jordane, ubi Dominus a Johanne baptizatus est milia quinque. Ibi est locus super flumen, monticulus in illa ripa, ubi raptus est Helias in caelo.[57]

Die Bestimmung des Ortes der Taufe Christi durch Johannes ist Gegenstand vieler Auseinandersetzungen gewesen. Se-

56 Bei Matthäus steht auch Rahab in der Ahnenreihe Jesu.

57 Theodosius (530): In loco ubi Domnus baptizatus est, ibi est una columna mormorea... Ibi est ecclesia sancti Johannis Baptistae, quam fabricavit Anastasius imperator... ubi Domnus baptizatus est trans Iordanem, ibi est mons modicus, qui

hen wir, was sich dazu festhalten läßt. Zunächst das Evangelium nach Joh. 1, 28: »Dies geschah in Betanien jenseits des Jordans, wo Johannes taufte« (es handelt sich um ein Bethanien östlich des Jordans, in Transjordanien, wie es nun heißt; die alte Lesart ist Bethabara).[58] Nochmals Joh. 3, 26: »Und sie kamen zu Johannes und sprachen zu ihm: Meister, der bei dir war jenseits des Jordans...« Jesus hat sich vor seinem Tode dort noch einmal aufgehalten (10, 40).

Und nun die kirchliche Überlieferung. Sie hat, »zuerst von Origenes im Kommentar zu Johannes, dann von Euseb und der Madabakarte, aber auch von Pseudo-Matthäus bezeugt, die Stelle, wo Jesus von Johannes im Jordan getauft wurde, von jeher in der Gegend angegeben, wo sie heute noch gesucht wird, nämlich an der Furt von *hadschla*.« Dort trafen mehrere Straßen aufeinander, von denen eine »geschichtlich bedeutsam war, denn die Kinder Israel mußten Jos. 3, 4 ihn genommen haben, und nach 2. Kön. 2 war auch Elias letzte Wanderung vor seiner Himmelfahrt hier zu denken.«[59] Selbst wenn der Täufer »nicht Elia war (Joh. 1, 21), nahm er doch das Werk des Elia auf (Matth. 11, 14, Mark. 9, 11ff), um ein erneuertes Israel aus dem Jordan entstehen zu lassen.« (Dalman S. 97f)

---

appelatur Armona; ibi sanctus Heilas raptus est, Geyer, S. 146. Antoninus (um 570) hat die Gotteserscheinungen beschrieben, derer man an diesem Ort feierlich gedachte.

58 Renan sagt über Johannes den Täufer: »In den Zeiten, wo er taufte, zog er an die Ufer des Jordan, sei es nach Bethanien oder Bethabara auf das östliche Ufer, wahrscheinlich Jericho gegenüber, an einen Ort, der Änon genannt wird oder ›die Quellen‹, nahe bei Salim, wo es viel Wasser gab.« Und in der Anmerkung: »Alle Manuskripte haben Bethanien; aber da man kein Bethanien in diesem Landstrich kennt, hat Origenes vorgeschlagen, Bethabara an die Stelle zu setzen, und seine Verbesserung ist ziemlich allgemein angenommen worden. Die beiden Worte haben übrigens ähnliche Bedeutungen und scheinen einen Ort anzudeuten, wo es eine Fähre gab um überzusetzen.... Der heilige Hieronymus will Salem viel nördlicher legen, nahe bei Beth-Schean oder Scythopolis... Die Synoptiker bleiben sich darin einig, den ganzen Vorgang der Taufen des Johannes an das Ufer des Jordan zu verlegen. Die Vergleichung der Verse 22 und 23 des Kapitels III des Johannes und der Verse 3 und 4 des Kapitels IV desselben Evangeliums würde übrigens glauben lassen, daß Salim in Judäa lag, und darum in der Oase von Jericho, bei der Mündung des Jordan, weil man im ganzen übrigen Stamme Juda schwer ein einziges natürliches Becken finden würde, welches zum vollständigen Eintauchen einer Person brauchbar wäre.« *Das Leben Jesu*, 6. Kapitel.

59 »Das Volk hielt ihn für einen Propheten, und manche glaubten, daß er der wiedererstandene Elias sei.« Renan, *Das Leben Jesu*, S. 55.

Dem Pilger von Bordeaux hat man in der Richtung des *wadi el-charrar*, das den Jordan vom Osten speiste und wo die griechische Tradition vor allem Elias gedacht hat, einen Hügel als Ort seiner Himmelfahrt gezeigt. Antoninus (Geyer, S. 165) erkannte dort zudem den Bach Krith, wo Elias von den Raben gespeist wurde (1. Kön. 17, 3), ebenso wie die Quelle, an der Johannes taufte. In der Nähe hat man die Überreste einer Kapelle gefunden. – Heute zeigt man die Stelle im Westen. Dort hat man früh ein Johanneskloster mit einer Kirche errichtet, das sicher schon unter Justinian bestand und auch von der Madabakarte abgebildet wird.

Vielleicht aber hat Johannes an mehreren Stellen getauft. Joh. 3, 23 sagt: »Johannes aber taufte auch noch in Änon, nahe bei Salim, denn es war da viel Wasser.« Renan fragt sich, ob dieser Ort in der Nähe des Jordan lag. Er befand sich bei Jericho, sicher mit Blick auf die Stadt, aber wohl am anderen Ufer. Wenn sich die Überlieferung stattdessen auf das Westufer festgelegt hat, dann weil dieser Ort für die Pilger aus Jerusalem leichter zu erreichen war (erneut eine Art räumliche Anziehungskraft, deren Einfluß man in vielen Fällen beobachten kann). Dazu sollte allerdings gesagt werden, daß sich das Bett des Jordan auch verändert haben konnte.

Aber ist der genaue Ort wirklich von Bedeutung? Wer von der Allenby-Brücke den schlammigen, fahlen Jordan sieht, der kaum sichtbar zwischen Bäumen und Schilf dahin fließt, nur erkennbar, wenn er sich durch eine Biegung windet, dem scheint diese Kulisse für die Errettung Mose aus dem Wasser (selbst wenn sich die Szene am Nil abgespielt hat) ebenso angemessen wie für die Taufe Christi durch Johannes, so eindrücklich, daß man davon überzeugt sein muß, sie habe hier stattgefunden (wie es damals Chateaubriand, nur seinem Gefühl gehorchend, gewesen ist).

Chateaubriand reiste von Bethlehem geradewegs zum Toten Meer. Dies ist nicht der Weg, den der Pilger, in entgegengesetzter Richtung, damals zurücklegte. Er ging zunächst wieder nach Jerusalem. *Item ab Hierusalem euntibus Bethleem milia quatuor super strata in parte dextra est monumentum, ubi Rachel posita est, uxor Jacob. Inde milia duo a parte sinistra est Bethleem. Ubi natus est dominus Jesus Christus, ibi basilica facta est jusso Constantini; inde non longe est monumentum Ezechihel, Asaph, Job, et Jesse, David, Salomon, et habet in ipsa cripta ad latus deorsum descendentibus hebraeis litteris scriptum nomina super scripta.*

Zu Beginn seines *Leben Jesu* schreibt Renan: »Jesus wurde zu Nazareth geboren... und nur durch eine sehr künstliche Wendung gelang es der Legende, seine Geburt nach Bethlehem zu verlegen.«[60] Untersuchen wir also die topographischen Überlieferungen, die sich mit dieser Stadt verbinden. Es gilt hier wiederum anzumerken, daß der Pilger von Bordeaux zwar die kürzlich an diesem Ort erbaute Basilika gesehen hat, von dem man glaubte, daß er der Geburtsort Jesu sei, daß er aber davor und danach ausschließlich Orte jüdischer Tradition erwähnt.

In 1. Mos. 35, 19 wird gesagt, daß Rahel, Jakobs Frau bei der Geburt ihres Sohnes starb, »und wurde begraben an dem Wege (von Bethel) nach Efrata, das nun Bethlehem heißt«. Jakob errichtet einen Stein auf ihrem Grab. In Wirklichkeit, so Dalman, war das Grab durch einen Irrtum »aus der Gegend von Rama, nördlich von Jerusalem, hierher verschlagen worden. Man kann sich denken, daß, nachdem der ursprüngliche Ort des Grabes der Rahel, das benjamitische Ephrat, verschwunden war, das Ephrata Judas es sich nicht nehmen ließ, das Grab der Lieblingsgattin Jakobs sich anzueignen.«

»Daß im israelitischen Altertum nur eine Zisterne das beste Wasser von Bethlehem spendete, zeigt der Wunsch Davids, der sich in Adullam, wo es doch an erreichbarem Quellwasser gar nicht fehlte, danach gesehnt hat, ›aus der Zisterne von Bethlehem, die am Tore ist‹, zu trinken (2. Sam. 23, 15). Man zeigt seit dem 13. Jahrhundert als den ›Davidsbrunnen‹ eine Gruppe von drei ziemlich tiefen, im Fels liegenden Zisternen auf einem

60 »Bethlehem ist als Geburtsort Jesu von nicht wenigen in den Bereich der Sage verwiesen worden. Manche haben es dadurch retten wollen, daß sie das Bethlehem Juda mit dem Bethlehem Sebulons vertauschten, das 20 km nordwestlich von Nazareth liegt. » (Dalman, S. 61)

nördlichen Vorsprung des Bergrückens, auf dem weiter südlich Bethlehem liegt, wenn man von Norden kommt, noch etwa ½ km von der Stelle, wo man das alte Stadttor vermuten würde.« (Dalman, S. 33f).

»Wohl in der Gegend des Davidsbrunnens, nördlich von Bethlehem im Tale, fand man schon im 4. Jahrhundert eine andere Davidserinnerung, nämlich das Grab Isais und Davids (Eusebius, Hieronymus). Der Pilger von Bordeaux las damals dort an der Wand der unterirdischen Kammer sogar die hebräischen Namen von Asahel, Joab und Abisai, den Neffen Davids, aber auch von Isai, David und Salomo, so daß wohl auch jüdische Pilger das Grab besuchten. Im 6. Jahrhundert war da eine Kirche ›zum heiligen David‹ erbaut.« (vgl. *Antoninus*, Geyer, S. 178).

»Es wurde offenbar angenommen, daß nach der Zerstörung der Königsgräber in Jerusalem David und Salomo hier im Grabe ihrer Vorfahren bestattet worden seien, und auch das Grab des unbekannten Vaters des Asahel wurde an demselben Ort vermutet.«

Dalman zufolge wird man ursprünglich »Gräber, die dem alten Bethlehem angehörten, für das Grab Isais gehalten haben. Uns wären sie nur spätere Denkmäler des Ahnherrn der Königsfamilie von Jerusalem und des Joseph (Marias Mann).« Mit anderen Worten muß man annehmen, daß diese Denkmäler von den ersten Christen errichtet wurden, weil es ihnen, im Glauben, Jesus sei in Bethlehem geboren, ganz natürlich schien, daß die Gräber jener, durch die er mit Joseph verbunden war und die ihn als Messias darstellten, ebenso dort gelegen sein mußten.

Diese Ortsbestimmungen würden also mit jener »großen, ganz unwillkürlichen Verschwörung« (Renan) zusammenhängen, die bald um Jesus entstand und ihn als Nachkomme Davids auszuweisen versuchte. Und tatsächlich beruhen sie auf einer ausreichend gesicherten jüdischen Überlieferung, wenn es denn richtig ist, daß eben dort, in der Nähe Bethlehems, wo sich in unseren Tagen die Geburtskirche erhebt, die Stätte vermutet werden kann, »an welcher Samuel einst jenes Opfermahl veranstaltete, bei dem man Isais jüngsten Sohn, den man von den Schafen holte, in der Mitte seiner Brüder salbte (1. Sam. 16, 13).« (Dalman, S. 35)

Wir werden uns später noch eingehender mit dem Davidsgrab befassen, das die Christen im 14. Jahrhundert an der Stätte des Abendmahls oder doch ganz in der Nähe finden – wie wenn sie zunächst von der Geburt in Bann gezogen worden wären, um sich dann dem Abendmahl zuzuwenden, das der Passion vorausging. Und hinter dieser neuen Ortsbestimmung werden wir dann erneut eine jüdische Tradition entdecken, die seit dem 9. Jahrhundert (vielleicht auch einiges früher) bezeugt ist, von den Arabern aufgenommen wurde, und schließlich auch von den Christen. Vielleicht war es damals nicht mehr zwingend, Bethlehem als Geburtsort anderweitig zu stützen.

Die Basilika wurde dann auf Geheiß Kaiser Konstantins, genauer seiner Mutter Helena, von 326 an errichtet (Eusebius, *Vita Constantini*). Sie hat der Pilger 333 gesehen. Den Annalen des Patriarchen Eutychius (10. Jahrhundert) zufolge hat Justinian diese Kirche zerstören und um 540 durch eine größere ersetzen lassen. Vincent und Abel sind überzeugt, daß das Schiff und die Ecken des Querschiffes noch aus der ersten Entstehungszeit der Kirche stammen.

Aber folgen wir dem Pilger erneut, begleiten wir ihn bis ans Ende seiner Reise. *Inde Bethasora milia XIIII, ubi est fons, in quo Philippus eunuchum baptizavit.*[61] *Inde Terebintho milia VIII. Ubi Abraham habitavit et puteum fodit sub arbore terebintho et cum angelis locutus est et cibum sumpsit, ibi basilica facta est jussu Constantini mirae pulchritudinis.*

61 Die Apostelgeschichte (8, 26) sagt: »die Straße, die von Jerusalem nach Gaza hinabführt und öde ist.« Es ist *bet sahur*, ein wenig westlich von der Straße, die nach Hebron geht. – »Als die Aufnahme von Heiden in die christliche Gemeinde zu einer der entscheidenden Fragen wird, fand man dafür einen hoch bedeutenden Gewährsfall. Man hat Philippus im Verlaufe dieser ganzen Begebenheit so dargestellt, als handelte er allein aufgrund einer göttlichen Eingebung. Jene Taufe auf Geheiß des Heiligen Geistes an einem wohl kaum jüdischen und offensichtlich unbeschnittenen Mann (ein Eunuch aus Nubien), der sich erst wenige Stunden zuvor zum Christentum bekehrt hatte, war von überragendem dogmatischem Stellenwert. Daraus unterdessen zu schließen, daß die ganze Geschichte vom Verfasser der Apostelgeschichte völlig frei erfunden wurde, scheint uns allerdings gewagt«, Renan, *Les Apôtres*, S. 159.

Inde Terebintho Cebron milia II. Ubi est memoria per quadrum ex lapidus mirae pulchritudinis, in quo positi sunt Abraham, Isaac, Iacob, Sarra, Rebecca et Lia.[62]

Diese Stelle läßt sich mit einem Auszug aus dem Bericht des Petrus Diakonus (Geyer, S. 110) vergleichen, den der Verfasser allerdings selbst (um 1137) von Beda (Anfang 8. Jahrhundert) abgeschrieben hat. Beda seinerseits bezieht sich auf einen Unbekannten. »Etwa 24 Milien von Jerusalem, nahe Hebron, befindet sich eine Quelle, aus der Philippus, der Apostel und Evangelist, einen Eunuchen der Königin Kandake getauft hat. An dieser Stelle, die sich Terebinthe nennt und an der Abraham drei Engel erschienen, gibt es drei Brunnen Abrahams mit gutem Wasser und zwei Höhlen, die er bewohnte; ein Altar wurde dort errichtet und davor steht eine Kirche. Nicht weit von dort befindet sich der Berg, auf den Abraham die Engel führte, die nach Sodom gingen. Auf dem Hebron selbst ist das Haus Davids, von dem noch ein Teil (das *cubiculum*) steht. Nicht weit von Hebron, 300 Schritte entfernt, an einer Stelle, die Abramiri genannt wird, findet man das Haus Jakobs, wo eine Kirche ohne Dach gebaut wurde. 50 Schritte von dort ist das Grab Kalebs. Und auch der Weinberg von Abramiri, in dem sich eine Höhle (*spelunca*) befindet: hier ruhen die Leiber der elf Söhne Jakobs. Die Gebeine Josephs sind getrennt davon, in einer eigenen Kirche bestattet.« (Abel und Vincent)[63]

Wir befinden uns hier im Land der alten Juden, der Patriarchen, im Lande Abrahams, Isaaks, Jakobs, Josephs. Es sind jüdische Erinnerungen, die sich die Christen zu eigen gemacht haben, an die sie durch Kirchen erinnern, es ist derselbe Vorgang, der aus David und Moses Heilige gemacht hat. Man lese nur die *Peregrinatio* der Ätheria, als sie die Hänge des Sinai, des Horeb, des Nebo emporstieg: auf jedem dieser Berge gab es

---

62 Theodosius (530): De Hierusalem usque ubi baptizavit domnus Philippus eunuchum... Inde usque Terebintum, quod appellatur ilex Mambre... De Terebinto usque ad speluncam duplicem, ubi requiescunt patriarchae ... de spelunca duplice usque in Cebron ubi habitavit sanctus David septem annis, quando fugiebat ante Saul, Geyer, S. 139.

63 Vgl. auch Vincent, Mackay und Abel, *Hébron, le Haram El-Khalil, Sépulture des patriarches*, Paris 1923.

Klöster und Kirchen, und die Christen gingen dorthin, um zu beten, lasen die ersten Bücher des Alten Testaments. Für das Christentum ist es die Anfangszeit seiner Ausbreitung, die Zeit seiner Eroberungen. Und es ist dabei immer noch tief dem Judentum verpflichtet: das christliche Gedächtnis scheint nur im jüdischen Gedächtnis Wurzeln schlagen zu können.

Aber es gibt ein ganzes großes Gebiet, in dem der Pilger nicht gewesen ist: Galiläa, Nazareth, der See Genezareth. Beziehen wir uns auf das, was Theodosius, zwei Jahrhunderte später, im Jahre 530 sagt: *De Samaria usque in Sebastea... ubi domnus Johannes decollatus est. De Sebastea usque in Scitopolim milia XXX; ibi domnus Basilius martyrizatus est. De Scitopoli usque ad mare Tyberiadis milia XXIIII, ibi domnus Jesus Christus pedibus ambulavit. De Tyberiade usque Magdale, ubi domna Maria nata est, milia II. De Magdale usque ad septem fontes, ubi domnus Christus baptizavit apostolos, milia II, ubi et saturavit populum de quinque panibus et duobus piscibus. De septem fontibus usque in Capharnaum milia II. De Capharnaum usque Bethsaida milia VI, ubi nati sunt apostoli Petrus, Andreas, Philippus et filii Zebedaei.*[64] In diesem Bericht finden wir nur noch christliche Erinnerungen.

Wir können uns nun vom Pilger von Bordeaux verabschieden.[65] Dank der Hinweise, die er uns gegeben hat, aber auch aufgrund dessen, was er nicht erwähnt (selbst wenn er nicht alles berichtet haben mag, was er gesehen und gehört hat, kann doch seine Auswahl der heiligen Stätten nicht ohne Bedeutung für uns sein) sind wir nun über eine Topographie der Heiligen Stätten in Kenntnis gesetzt, wie sie sich den Christen in Jerusalem und Palästina zu dieser Zeit darbot. Über Orte, die andere nach ihm zu Gesicht bekamen, können wir nichts Genaues sagen: gut möglich, daß es sie noch gar nicht gab, daß es sich

64 In der *Peregrinatio Sanctae Paulae* (404) ist erwähnt ein »lacum Tiberiadis navigante Domino sanctificatum et solitudinem in qua multa populorum milia paucis saturata sunt panibus et de reliquiis vescentium repleti sunt cophini duodecim tribuum Israel«, Tobler und Molinier, *Itinera hierosolymitana*, S. 38.

65 Er kehrte zurück über Nicopolis, Cäsarea, Mazedonien, Patras, setzte über das Meer nach Brindisi, gelangte von dort nach Benevent, Capua, Rom und Mailand, die letzte Stadt, die er erwähnt.

um spätere Ortsbezeugungen handelte. Die Christen suchten nach den Spuren jener Ereignisse, von denen in den Evangelien berichtet wird. Und sie fanden sie eng verbunden mit Überlieferungen des Alten Testaments: entweder boten diese jenen eine Stütze, oder sie lagen an ihren Wurzeln, oder aber rein jüdische Überlieferungen schoben sich selbst in den Blick der christlichen Aufmerksamkeit. Gerade sie, die jüdischen Überlieferungen, schienen vielfältiger und lebendiger zu sein, tiefer in Vergangenheit zu tauchen.

Dies Zeugnis, der Bericht des Pilgers von Bordeaux, wird niedergeschrieben in einem entscheidenden Augenblick, als sich Konstantin gerade zum Christentum bekehrt hatte und – zweifellos in Übereinstimmung mit seinen Wünschen – auf dem Konzil von Nicäa (325) die Einheit des kirchlichen Dogmas verfügt wurde.[66] So entstand, wie Renan sagt, jener »Wechsel der Politik, der unter Konstantin die Rollen umkehrt und aus der freiesten und freiwilligsten religiösen Bewegung einen offiziellen Kultus macht, welcher, dem Staat unterworfen, nun seinerseits zum Verfolger wird.« Für uns, die wir einer Erfahrung des kollektiven Gedächtnisses nachzuforschen versuchen, konnte kaum etwas kostbarer sein. Es bringt uns dieser Bericht seinen Ursprüngen am nächsten, in eine Zeit, als sich die Überlieferungen in der Tat noch durch eine Art unwillkürliche Bewegung entwickeln. Dank dieser Handschrift und den Veränderungen, wogegen wir sie vergleichen können, läßt sich sehr genau erkennen, was an späteren Traditionen den Prägestempel des Künstlichen, eines ordnungstiftenden religiösen Geistes trägt.

Nach dieser ausführlichen Übersicht über das Gelände sollten wir uns aber einigen Entwicklungen genauer zuwenden, die man über lange Zeit nachverfolgen kann und von denen wir hier nur einen ersten Anfang vor uns haben.

---

66 »Wenn Konstantin 334 so darauf drängte, daß der (religiöse) Friede wiederhergestellt würde, dann weil er wollte, daß die Feiern des folgenden Jahres zu einer Art Apotheose werden sollten: das dreißigste Jahr der Krönung des Machthabers hatte mit der Einweihung der Grabeskirche zusammenzufallen«, Piganiol, *L'empereur Constantin*, 1932, S. 190.

Zweites Kapitel

Bethlehem

Trois rois en campagne – Qui vont plus vite que le vent
Dessus la montagne – A Bethléem.
Ce qui leur fait peine – C'est qu'ils ne savent le chemin
L'étoile les mène – Vers le Dauphin.

Le premier qui entre – S'appelle le grand roi Gaspar.
Le second qui entre – C'est Balthasar.
Puis vient le roi Maure – Avec ses yeux tout travérous.
L'enfant Jésus ploure – N'osent pas entrous.

Jésus leur fait signe. – Entrez donc sans cérémonie.

C'est pas la negrure, – Dit l'enfant, qui me fait pleurer,
Mais c'est l'imposture – Du vieux péché.

Ich erinnerte mich an dies alte provençalische Weihnachtslied, als ich Bethlehem besuchte.[67] Ich fuhr dorthin, aber was sieht man schon vom Wagen aus. Zur Geburtskirche sind wir über eine Wendeltreppe fünfzehn Stufen in die unterirdische Kapelle hinuntergestiegen, die sich unter dem Chor befindet. Sie ist unregelmäßig, weil sie den Stall und den Ort der Krippe umfassen soll. Der Raum ist in den Fels gehauen. Boden und Wände sind mit Marmor verblendet. Die Stelle der Geburt wird durch einen mit Einlegearbeiten aus Jaspis verzierten weißen Marmor bezeichnet und ist von einem silbernen Kreis in

67 Die drei Könige reiten nach Bethlehem. Sie kennen den genauen Weg nicht, aber der Stern führt sie zum Gottessohn. Kaspar und Balthasar treten vor, dann kommt der König der Mauren mit seinem finsteren Blick. Das Kind schluchzt, die Könige erschrecken und zögern. Jesus bedeutet ihnen, näher zu kommen. Denn nicht der Maure, so erklärt er, habe ihn zum Weinen gebracht, sondern der Gedanke an die Erbsünde des Menschen (A.d.Ü.).

Gestalt einer Sonne eingefaßt, um die herum man liest: *Hic de Virgine Maria Jesus Christus Natus est.*

Einige Schritte von dort, etwa in der Mitte des Raumes, geht man weitere zwei Stufen hinunter und findet ein in den Felsen getriebenes Gewölbe vor. Eine aus Marmor gefertigte Wiege zeigt die Stelle der Krippe an. Diese Krypta wird nur von Lampen und Kerzen erhellt. An die zehn italienische Franziskanermöche singen, kniend in tiefem Ernst, ein Lied oder eine Fürbitte. – Die Kirche ist zwischen Griechen, Armeniern und römischen Katholiken aufgeteilt. Nach dem, was uns ein Assumptionist erzählt, der uns begleitet, stand ein Streit um die Zurechnung des silbernen Kreises oder seines Ortes am Beginn des Krimkriegs...

Man weiß, daß weder im Evangelium des Johannes noch bei Markus von der Geburt die Rede ist.[68] Es ist Lukas, der sagt: »Da machte sich auf auch Josef aus Galiläa, aus der Stadt Nazareth, in das jüdische Land zur Stadt Davids, die da heißt Bethlehem, weil er aus dem Hause und Geschlechte Davids war, damit er sich schätzen ließe mit Maria, seinem vertrauten Weibe, die war schwanger. Und als sie dort waren, kam die Zeit, daß sie gebären sollte. Und sie gebar ihren ersten Sohn und wickelte ihn in Windeln und legte ihn in eine Krippe, denn sie hatten sonst keinen Raum in der Herberge. Und es waren Hirten in derselben Gegend auf dem Felde bei den Herden.« – Er spricht allerdings nicht von den drei Weisen, die dann bei Matthäus in den Vordergrund treten. – Bei Lukas wiederum wird den Hirten die frohe Botschaft von einen Engel des Herrn verkündet. Nirgendwo ist von einem Stern die Rede. Bei Matthäus werden die Weisen von einem Stern geführt. Von Hirten spricht Matthäus ebensowenig wie von einer Krippe.

»Bethlehem wäre nicht die Geburtsstätte des Weltheilandes, wenn es nicht die Heimat Davids wäre. Dieser Satz ist auch für denjenigen unbestreitbar, der die Erzählungen von Jesu Ge-

68 Die Feier des auf den 6. Januar festgelegten Geburtsfestes beginnt im 4. Jahrhundert in der christlichen Gemeinde Jerusalems, die sich um fünf Uhr abends in Bethlehem versammelte.

burt bei Matthäus und Lukas für Sage hält. Die Stadt Davids und die Geburtsstätte Jesu sind untrennbar.« (Dalman, S. 18).[69]

Bethlehem »ist nicht und war nie eine bloße Tochterstadt des nur 8 km entfernten Jerusalem. Gegen sein Gebiet war es abgeschnitten durch jene etwa in der Mitte zwischen beiden durch das Bergland laufende natürliche Scheidelinie zwischen Süd und Nord... Beides sind ursprünglich Grenzstädte, Vorposten, jenes von Norden her, dies vom Süden. Der Stamm Juda hatte in Bethlehem seine am weitesten nach Kanaan eingedrungene ›Tausendschaft‹. Sie war nach Mich. 5, 1 ›klein‹, aber doch von eigentümlicher Bedeutung. Es war nicht zufällig, daß König David da seine Heimat hatte.« (*Ibid.*, S. 21). »Juda war nicht die selbständige Größe, die es gegenüber Israel stets gewesen ist, ohne Bethlehem.« (*ibid.*, S. 27).

»Der Weg nach Bethlehem führt hinauf zum südlichen Rand der Ebene, wo bei dem jetzigen Eliaskloster die Natur eine leichte Überschreitung der begrenzenden Höhe erlaubt. Die Wasserscheide, welche bis dahin östlich neben der Straße hinzog, überschreitet sie hier und zieht dann auf ihrer Westseite weiter. Der Übergang bedeutet aber ein Verlassen nicht nur des Horizonts von Jerusalem, sondern des ganzen Gebietes, dem es angehört.« (Dalman, S. 20f)

»Die Höhe des Eliasklosters könnte der Baal von Perazim von 2. Sam. 5, 20 und der Berg von Perazim von Jes. 28, 21 sein, wo Gott sich vor David her gegen seine Feinde erhob als der Herr des Durchbruchs (in die Ebene von Rephaim)... Gott wurde Erlöser seines Volkes, ehe es einen Welterlöser gab, als David von hier aus die Philister in ihr Land hinunterjagte.« (*ibid.*, S. 21 und 22)

»Dieselbe Höhe, deren Gipfel als eine isolierte Kuppe abseits von der Straße liegt, ist zur Geburt Jesu in Verbindung gesetzt worden, als man kurz vor ihrer Überschreitung durch die

69 Alles Folgende aus dem Kapitel »Bethlehem, das Hirtenfeld und die Heimat Johannes des Täufers« von Dalman. – Mich. 5, 1: »Und du Bethlehem Efrata, die du klein bist unter den Städten in Juda, aus dir soll mir der kommen, der in Israel Herr sei, dessen Ausgang von Anfang und von Ewigkeit her gewesen ist.«

Straße links vom Wege einen Stein zeigte, den Maria gesegnet hatte, als sie auf ihrem Wege nach Bethlehem ihn als Ruheplatz benutzte. Dieser Stein wurde im Anfange des 6. Jahrhunderts in Jerusalem verehrt, wo er hinter dem Heiligen Grabe als Altar diente. Im 5. Jahrhundert sollte der Statthalter Urbicius ihn dahin gebracht haben (all dies nach Theodosius).[70] Möglicherweise war es derselbe große Stein, den man später für den alten Verschluß des Grabes Christi hielt und der jetzt in der Kaiphaskirche zu Jerusalem den Altar bedeckt. Am Platze des Steines wurde um 450 eine Marienkirche errichtet, bei welcher der heilige Theodosius wohnte, eher er das nach ihm benannte Kloster in der Wüste gründete.«

»In der Nähe dieser Kirche sah Antoninus um 570 an der Straße einen Wunderbrunnen, dessen nie versiegendes Wasser entsprang, um Marias Durst zu löschen.« Geyer, S. 178 (und irrtümlich mit dem Rahelgrab verknüpft wurde). »Die Kirche ist längst verschwunden. Aber der alte Name ›Sitz‹ (*kathisma*) haftet noch am nördlichen Abhang der Höhe in der Nähe eines alten Zürgelbaums an einer Zisterne neben der Straße, dem *bir kadismu*, von dem man seit dem 14. Jahrhundert erzählt, die Weisen hätten den Stern, der sie nach Palästina leitete, an dieser Stelle aufs neue erblickt und gemäß Matth. 2, 9 bis zur Geburtsstätte als Führer gehabt... Die Straße selbst ist das Denkwürdige, nicht ein Punkt daran, der vielleicht eine uralte Raststelle war, wie jetzt vorzugsweise auf der vollen Höhe die Zisterne vor dem Eliaskloster.« (*ibid*., S. 22 und 23)

»Bethlehem war Herdenbesitzerin, aber es rechtfertigte immerhin den Namen ›Brothausen‹, als es in der kleinen Fläche am Fuße seines Höhenzuges doch auch eine in dieser Gegend ungewöhnliche ebene und tiefgründige Feldflur besaß. Die Geschichte von Boas und Ruth in den Familienannalen des Davidshauses paßte nach Bethlehem (die Tenne des Boas lag nach Ruth 3, 3.6 unterhalb von Bethlehem, also wohl bei einem Felde, das nicht nahe der Stadt lag), aber ebenso wird es da nie an jungen Leuten gefehlt haben, welche wie der Hirte David

70 Theodosius (530): Dum domna Maria mater Domni iret in Bethleem descendit de asina et sedit super petram, Geyer, S. 148.

dem Löwen und Bären furchtlos entgegengingen (1. Sam. 17, 34ff) und auch den Menschen mit der Schleuder tödlich zu treffen wußten (ebenda, V. 49), die in der Wüste daheim waren und in ihren Schluchten und Höhlen Zuflucht fanden, wenn in der Heimat Gefahr drohte.« (Dalman, S. 25)

»Daß die Umgebung von Bethlehem wüstenwärts offen ist, bedeutet aber auch die Möglichkeit eines von hier nach Osten laufenden Verkehrsweges, der das Kidrontal oberhalb des Sabaklosters überschreitet und zum letzten Ziel die südlichste Furt des Jordan oberhalb des Toten Meeres hat. Dieser Weg ist auch biblisch, denn er kommt in Frage für den ›anderen Weg‹, den die Weisen für ihre Heimreise nach dem Morgenlande wählten (Matth. 2, 12), und wirklich hat die griechische Tradition es sich so gedacht, und ihr erstes Nachtquartier in eine Höhle unterhalb des Theodosiusklosters gelegt, welche sein Begründer ursprünglich bewohnt hatte. Auch damals war dies ein allgemein üblicher Weg.« (*ibid.*, S. 25).

Bevor man nach Bethlehem kommt, findet man, etwa 1½ km vor der Stadt, das Rahelgrab, das die Juden schon zur Zeit Jesu verehrten, und über dem Arkulf im 7. Jahrhundert eine Pyramide sah. »In der Nähe des Rahelgrabes haben apokryphische Evangelien den Ort der Geburt Jesu vermutet. Hier sei Maria von der Geburt überrascht worden, so daß sie eine Höhle aufsuchen mußte, in der dann die Hirten und später die Weisen das Kind begrüßten.« (Man hat also die außerhalb der Stadt liegende Höhle zu Bethlehem gerechnet). »Die Kindheitsevangelien sind, anders als die lokale Tradition vom Mariensitz, außerhalb Palästinas entstandene Legenden, welche die aus Palästina berichtete Geburt in einer Höhle durch das vorzeitige Eintreten der Geburt erklärlich machen wollen«, Dalman, S. 30f. (Eine Höhle mit solcher Tradition wird es wohl nie gegeben haben).

Cyrill von Jerusalem erwähnt um 350, daß bis vor kurzem, also bis zur Erbauung der Geburtskirche, die Gegend von Bethlehem bewaldet gewesen sei, und Hieronymus berichtet: »Das jetzt uns gehörende Bethlehem beschattete der Hain des Thamuz, das heißt, des Adonis, und in der Grotte, in der einst das Christuskind schrie, wurde der Geliebte der Venus beklagt.« (*ibid.*, S. 35)

»Es ist eine der ältesten Kirchen der Welt, die sich jetzt südlich von dem alten Bethlehem erhebt, freilich ihres Vorhofes beraubt, an der Vorderseite durch spätes Flickwerk entstellt und so eingebaut in Klöster, daß man sie nur von naheliegenden Dächern oder Türmen überschauen kann... Es ist zweifellos, daß Kaiser Konstantin, oder eigentlich seine Mutter Helena, von 326 ab hier eine Kirche bauen ließ, die der Pilger von Bordeaux um 333 besuchte. Daneben steht aber die Mitteilung in den Annalen des Patriarchen Eutychius (10. Jahrhundert), wonach Justinian diese Kirche habe zerstören und durch eine größere ersetzen lassen.« (*ibid.*, S. 36f). Sie wird auf der Madabakarte dargestellt.

»Nun war die Krippe nach dem Engelwort an die Hirten von Luk. 2, 12 das Kennzeichen der Geburt des Christus, der Herr ist.[71] Der Höhlen gab es wohl mehrere bei Bethlehem; daß gerade diese auch mit einer Krippe versehen war, galt sicher als bedeutsam. Noch zur Zeit des Hieronymus scheint die Krippe die eigentliche Stätte der Verehrung in der Grotte gewesen zu sein. Der erste, der in der Grotte Geburtsstätte und Krippe trennt, ist im 7. Jahrhundert Sophronius. Ihm folgt im gleichen Jahrhundert Arkulf.« (*ibid.*, S. 41)

»Hieronymus klagte, daß zu seiner Zeit eine silberne und

71 Dalman setzt sich eingehend mit der Frage auseinander, ob das Kind in einem Stall oder einer Höhle geboren wurde. »Aber man muß zugeben, daß im Orient, wo die Krippen fest am Boden oder in der Wand sitzen, Krippe und Platz des Viehs in notwendigem Zusammenhang stehen. Das gewöhnliche ist jetzt bei den Bauern, daß die Familie auf einer erhöhten Terrasse in dem einen Raum des Hauses wohnt, ißt und schläft, während das Vieh, besonders Esel und Rinder, unterhalb auf dem Fußboden nahe der Tür seinen Platz hat, der auch bis unter die Terrasse als ein niedriges Gewölbe fortgesetzt sein kann. So scheint es sich Lukas aber nicht zu denken, sondern er setzt den Ort der Krippe außerhalb der Herberge, also in einer besonderen Stallung voraus, wie man sie jetzt für die Kamele, seltener für die Schafe hat. Er nimmt an, daß diese Stallung leer war, wie es in der Zeit, in welcher die Schafe unter freiem Himmel übernachteten, natürlich ist. Dort also hat eine Krippe, die dann wohl erhöht an der Wand zu denken ist, als Lagerstatt des Kindleins dienen müssen... Die Möglichkeit kann nicht völlig ausgeschlossen werden, daß Lukas eine Erzählung von dem Kind in der Krippe mit einem Bericht von seiner Höhlengeburt durch die eingeschaltete Bemerkung von der seiner Mutter verschlossenen Herberge ausglich«, S. 45ff.

goldene Krippe das Original ersetzt habe, das er so gern gesehen hätte. Man sah also schon damals keine wirkliche Krippe mehr, sondern nur eine Felsstufe, von der man annahm, daß sie durch einen Lehmrand in eine Krippe verwandelt war. Diesen hatte man bei der Erbauung der Kirche beseitigt und durch einen kostbaren Kasten aus Gold und Silber ersetzt, der aber doch wohl den Blick auf den Felsboden der Krippe offen ließ. Seine Öffnung war es, in welche Sabinianus, wie ihm Hieronymus (*Epist.* 147) vorwirft, Liebesbriefe legte, die seine Geliebte, wenn sie davor kniete, finden sollte. Um 1172 war die Felsstufe mit Marmor verkleidet, aber drei Löcher in der Verkleidung erlaubten noch immer, den Fels der Krippe zu küssen. Jetzt ist auch das nicht mehr möglich.« (*ibid.*, S. 42f)

»Somit wird es dabei bleiben müssen, daß um 100 n. Chr. in der Kirche zweierlei Bericht über den Ort der Geburt vorhanden war. Nach dem einen geschah sie in einer Stallung, nach dem anderen war diese Stallung eine Höhle, welche die örtliche Überlieferung in Bethlehem östlich von der alten Stadt ansetzte, insofern im Einklang mit der Erzählung des Lukas, als es natürlich schien, daß Joseph nach vergeblichem Suchen einer Herberge am anderen Ende der Stadt sich einer Höhle zuwandte. In der westlichen Lesart ›Höhle‹ für ›Krippe‹ hat schließlich auch die Höhlentradition im Lukasevangelium (2, 7) Aufnahme gefunden.« (*ibid.*, S. 47f)

Der Palästiner Justin »sah darin eine Erfüllung der Weissagung von dem gerechten Könige, der in der hochgelegenen Höhle eines festen Felsens wohnen wird (Jes. 33, 16). Diese Höhle war dann zur Zeit des Origenes (um 248) die in Bethlehem für zweifellos gehaltene Stätte der Geburt.«

»Man erzählte aber im 4. Jahrhundert, daß die ehrwürdige Höhle von Bethlehem einmal schändlich entweiht war. Hieronymus und Paulinus von Nola erwähnen um 400 in ihren Briefen, daß Kaiser Hadrian dort die Verehrung des Adonis eingerichtet hatte. Das müßte um 137 n. Chr. geschehen sein. Manche wollen, daß die Verehrung des Gottes der jährlich sterbenden Vegetation an dieser Stätte das Alte gewesen sei, die Christen hätten Christus für Adonis eingesetzt. Nach dem oben

Gesagten konnte der Platz auf dem Osthügel wirklich von jeher gottesdienstlich geweiht gewesen sein. Aber so wie wir das alte palästinische Christentum kennen, würde alter Thamuzdienst die Christen eher davon abgehalten, als sie veranlaßt haben, die Geburt des Heilands in jene Höhle zu legen.« (*ibid*., S 48)

»Die Aussagen des Origenes und Cyrills klingen nicht so, als wäre die Stätte der Geburt Jesu ein Ort heidnischen Gottesdienstes. Es muß doch auch nicht so gewesen sein, daß die Höhlen der Mithras-Mysterien, deren Einfluß auf die palästinische Lokaltradition nicht geleugnet werden kann, die Höhlengeburt des Heilands nach sich gezogen hätten. Justinus Martyr war jedenfalls überzeugt, daß die Geburtsgrotte in Bethlehem die rechte Erfüllung des Prophetenwortes von dem in einer Felshöhle wohnenden Gerechten (Jes. 33, 16) bedeutete, während ihm die Höhlen der Mithras-Mysterien und die vermeintliche Geburt des Mithras aus einem Felsen das Zerrbild der Wahrheit vorstellten. Es könnte auch sein, daß Lukas das Kennzeichen der Höhle absichtlich verschwieg, damit nicht die Höhlengeburt Jesu den Heiden wie ein Mythus erscheine. » (Dalman, S. 48)

»War die Krippe nach Luk. 2, 7 außerhalb der Herberge zu suchen, so würde sich die Frage nach ihrem Ort am besten lösen, wenn sie sich in einer Höhle befand. Die Möglichkeit kann nicht völlig ausgeschlossen werden, daß Lukas eine Erzählung von dem Kind in der Krippe mit einem Bericht von seiner Höhlengeburt durch die eingeschaltete Bemerkung von der seiner Mutter verschlossenen Herberge ausglich. Einen deutlicheren Ausgleich von verschiedenerlei Nachricht vollzieht Pseudo-Matthäus, indem er 13, 1ff von der Geburt in der Höhle vor Bethlehem berichtet, Kap. 14 Maria am dritten Tag in einen Stall übersiedeln läßt, wo das Kind in eine Krippe gelegt wird, und 15, 1 am sechsten Tag in die Stadt Bethlehem.« (Dalman, S. 47)

Vom Herdenturm »sagt Hieronymus in seinem *Onomasticum*: ›Etwa tausend Schritt (von Bethlehem) entfernt ist der Turm Ader, was übersetzt wird Turm der Herde, der durch eine gewisse Weissagung im voraus die Hirten anzeigt, welche von der Geburt des Herrn Kenntnis erhielten.‹ Hieronymus hielt diese Örtlichkeit auch für das Migdal Eder, jenseits dessen Jakob nach 1. Mos. 35, 21 zeltete. Man meinte später die Fundamente des Hauses Jakob in der Nähe noch zu erkennen. Vor allem dachte Hieronymus dabei an Mich. 4, 8, wonach das alte Königtum der Tochter Zion zum Herdenturm kommt. Das ging in Erfüllung – meint er –, als die Geburt des neuen Königs beim Herdenturm zum erstenmal verkündigt wurde. Auch eine jüdische Tradition bezeichnete Migdal Eder als ›den Ort, von wo der König Messias am Ende der Tage offenbar werden wird.‹ (Targum I, 1, 1. Mos. 35, 21. Das beruht gewiß auf Mich. 4, 8, wo aber das Targum Migdal Eder auf den Messias als verborgenen deutet). Beim ›Herdenturm‹ war deshalb der rechte Platz für die Hirten in jener Nacht. Eine Örtlichkeit dieses Namens kannte man damals in der Ebene unterhalb von Bethlehem. Die Mischna (Schekalim VII, 4) erwähnt Migdal Eder als den Grenzort, zwischen dem und Jerusalem dreißig Tage vor einem Wallfahrtsfest ein gefundenes opferfähiges Tier, wenn männlich, als zum Brandopfer, wenn weiblich, als zum Heilsopfer bestimmt gilt... Erst vom 15. Jahrhundert ab taucht das Jakobshaus an der Bethlehemstraße, etwa bei *et-tantur*, auf.« (*ibid*., S. 53 und 54f)

»Auch die Erzählung des Lukas (2, 8ff) von den Hirten, welche in jener Gegend ›im Freien hausten und bei ihrer Herde Nachtwachen hielten‹, hat, spätestens bald nach der Erbauung der Kirche in Bethlehem, ihren festen Ort erhalten. Die heilige Paula stieg um 400 nicht weit von Bethlehem nach dem Turme Ader hinab, wo ›die Hirten des *Gloria in excelsis Deo* zu hören gewürdigt wurden.‹[72] Um 670 fand Arkulf im Osten eine Kirche mit den Grabdenkmälern der ›drei Hirten, welche eben in dieser Gegend von der Herrlichkeit des Herrn umleuchtet wurden.‹ Aus unbekannter Quelle berichtet Petrus Diakonus

72 S. Hieronimi, *Peregrinatio Sanctae Paulae* (404). Paula, aus vornehmer römischer Familie, brach 382 nach Palästina auf, lebte lange in Bethlehem und starb 404, *Itinera hierosolymitana latina*, Tobler und Molinier, S. 34. Sie erwähnt auch das Rahelgrab.

von einem großen, von Mauern eingefaßten Garten mit einer Höhle, deren Altar den Ort bezeichnet, wo der Engel den Hirten erschien. Der Hegumenos Daniel beschreibt um 1106 die Lage genauer: ›Einen Werst vom Ort der Geburt nach Osten zu am Fuße des Berges mitten in der Ebene‹ sah er über einer Grotte die Trümmer einer Josephskirche; die Ebene mit fruchtbaren Feldern und Olivengärten wurde *hagia poimina* (*poimina*), also ›Hirtenfelder‹ benannt. Die Hirtengrabkirche war zu einer Josephskirche geworden.« (Dalman, S. 49f)[73]

»Zur Priestertochter und Priestergattin Elisabeth steht jedenfalls Jesu Mutter in so engen persönlichen Beziehungen, daß sie sich veranlaßt fühlt, mit dem Geheimnisse der ihr angekündigten Geburt zu ihr zu flüchten. So kommt sie vorübergehend nach Judäa, ehe sie ihren ersten Sohn in Bethlehem gebar. Luk. 1, 39 wird von ihr berichtet, daß sie ›ins Gebirgsland‹ nach einer Stadt Judas gereist sei, um Elisabeth, die Gattin des Priesters Zacharias, zu treffen«, ebenso wie »im Protoevangelium des Jakobus Maria und Joseph aus Jerusalem für eine Zeit ins Gebirge gehen und Elisabeth sich mit ihrem Kinde ebendorthin begibt, wo ein sich spaltender Fels sie vor den Nachstellungen des Herodes schützt... Eine solche Gegend war wohlgeeignet, als Verbergungsort der Elisabeth zu dienen, die ihre verspätete Schwangerschaft nicht zeigen wollte (Luk. 1, 24f). Auf diese Weise läßt sich verstehen, daß die kirchliche Tradition seit dem 6. Jahrhundert den Ort der Elisabeth 6 km westlich von Jerusalem bei dem in einem Talkessel verborgen liegenden *en karim* gezeigt hat. Den Wohnort der Elisabeth und die Geburtsstätte des Johannes legte man zur Zeit des Pilgers Daniel (1106) in eine Höhle in der Nähe des Dorfes, die jetzt in der Johanneskirche gezeigt wird, das Versteck vor Herodes in eine Grotte westlich davon jenseits des Tales, heute in der Krypta der sogenannten Heimsuchungskirche.«

---

73 Aber da uns jede Anhaltsstelle fehle, sagt Dalman, »ist doch nicht zu verachten die Gemeinschaft mit den Tausenden von Christen, die seit dem 4. Jahrhundert hier bei den Ölbäumen der Hirtenkirche sinnend und sehnend den Weihnachtsgesang der Engel hörten.«

Lange Zeit wurde in Bethlehem auch das Grab Davids gezeigt, und wenn man Jesus in Bethlehem zur Welt kommen ließ, dann um die Geburt des Messias dorthin zu legen, wo sein Ahne selbst geboren wurde. Im folgenden Kapitel werden wir sehen, daß man in Jerusalem, an einer Stätte, die man für das Zion Davids hielt, den Ort des Abendmahls bestimmte, an dem später dann auch das Davidsgrab vermutet wurde. Man muß nun sehen, wie uns die Heilige Schrift jene Gestalt vorstellt, die einen derartigen Einfluß auf die Ortsbestimmung der evangelischen Ereignisse haben konnte.[74]

All dies geschieht tausend Jahre vor der Ankunft Christi. Samuel, alt geworden, setzt seine Söhne als Richter über Israel ein. Die Ältesten bitten ihn, einen König zu erwählen – ein entscheidendes Ereignis in der Geschichte des jüdischen Volkes.

Ein Mann vom Stamme Benjamin mit Namen Kisch hatte einen Sohn, der hieß Saul. Saul sucht mit einem der Knechte die Eselinnen, die Kisch entlaufen waren. Sie treffen Samuel. Der Herr hat Samuel die Ankunft Sauls tags zuvor angezeigt. Samuel gießt Öl auf das Haupt Sauls. Er bestimmt ihn zum König, wie das Los es gewollt hatte.

Saul herrscht zwei Jahre. Und der Herr, der Saul verworfen hatte, sendet Samuel zu dem Bethlehemiter Isai, denn er hatte unter seinen Söhnen einen zum König ausersehen. Samuel kommt nach Bethlehem. Isai führt ihm seine sieben Söhne vor, die er aber verwirft. »Und Samuel sprach zu Isai: Sind das die Knaben alle? Er aber sprach: Es ist noch übrig der jüngste; siehe, er hütet die Schafe. Da sprach Samuel zu Isai: Sende hin und laß ihn holen; denn wir werden uns nicht niedersetzen, bis er kommt. Da sandte er hin und ließ ihn holen. Er war bräunlich, mit schönen Augen und von guter Gestalt. Und der Herr sprach: Auf, salbe ihn, denn der ist's.« (1. Sam. 16)[75]

---

74 Zu David, dessen Geschichte die Überlieferungen Jesu trägt, hier noch eine frühe Bemerkung: »Jener Messias«, sagt Bossuet in seinem *Discours sur l'histoire universelle*, Teil II, Kapitel 4, »den man so oft als Sohn Abrahams verheißen hatte, mußte auch Sohn Davids und aller Könige Judas sein. Nur in Erwartung des Messias und seines ewigen Reiches hatte Gott David versprochen, daß seine Herrschaft in alle Ewigkeit bestehen würde.«

75 »In der unmittelbaren Nähe Bethlehems«, so Dalman, »müssen wir die Stätte vermuten, an welcher Samuel einst jenes Opfermahl veranstaltete, bei dem der Isais

Saul läßt David zu sich kommen. Immer wenn der böse Geist Gottes über Saul kam, nahm David die Harfe und spielte darauf. Saul wurde es leichter, und der böse Geist wich von ihm.

David und Goliath (1. Sam. 17).[76] »Als aber Saul sah und merkte, daß der Herr mit David war und daß seine Tochter Michal ihn liebhatte, da fürchtete sich Saul.« (1. Sam. 18). Saul verfolgt David. Saul ruht sich in einer Höhle aus, in der sich David versteckt hält. David schneidet heimlich ein Stück aus dem Gewande Sauls. Und ein zweites Mal liefert ihn Gott in seine Hände: David und Abischai finden ihn schlafend in seinem Zelt, seine Lanze in der Erde. Abischai will ihn mit der Lanze töten. Und David sagt zu Abischai: »Tu ihm nichts zuleide; denn wer könnte die Hand an den Gesalbten des Herrn legen und ungestraft bleiben?« (1. Sam. 24 und 26).

David zieht umher, in der Wüste von Engedi, bei Adullam und Siklag, ins Land der Philister. Als David sich in die Höhle von Adullam zurückgezogen hatte, kamen drei von dreißig Helden hinab zu David. Die Philister lagen in Bethlehem. Es ist die Zeit der Ernte. Erschöpft und vielleicht verzehrt von einem Durst nach der Heimat, der sich manchmal des Vertriebenen bemächtigt, entringt sich ihm ein Seufzer: »Wer will mir Wasser zum Trinken holen aus dem Brunnen am Tor von Bethlehem? Da brachen die drei Helden in das Lager der Philister ein und schöpften Wasser aus dem Brunnen am Tor von Bethlehem und trugen's und brachten's zu David. Aber er wollte es nicht trinken, sondern goß es aus für den Herrn und sprach: Das lasse der Herr fern von mir sein, daß ich's tue! Ist's nicht das Blut der Männer, die ihr Leben gewagt haben und hingegangen sind?« (1. Sam. 23, 15-17) – Wir haben oben schon vom Davidsbrunnen gesprochen.

---

jüngsten Sohn, den man von den Schafen holte, in der Mitte seiner Brüder salbte«, zweifellos in der Nähe der heutigen Geburtskirche.

76 Im Süden des Tals von Bethlehem wird »von der Natur ein Abstieg zum Küstenlande dargeboten... David ging auf diesem Wege nach dem Eichengrunde mit Brot und Käse, um dort Goliathkämpfer zu werden. » (Dalman, S. 25f).

Die Zauberin von Endor. »Siehe, in En-Dor ist ein Weib, das kann Tote beschwören.« Durch sie ruft Saul Samuel herauf, der ihm sagt, daß der Herr von ihm gewichen sei. (1. Sam. 28)

Nach dem Tod Sauls befiehlt David, daß man unter den Kindern Judas dies Lied lerne, das Bogenlied hieß: »Die Edelsten von Israel sind auf deinen Höhen erschlagen. Wie sind die Helden gefallen! – Sagt's nicht an in Gat, verkündet's nicht auf den Gassen in Aschkelon, daß sich nicht freuen die Töchter der Philister, daß nicht frohlocken die Töchter der Unbeschnittenen. – Ihr Berge von Gilboa, es soll weder tauen noch regnen auf euch, ihr trügerischen Gefilde; denn daselbst ist der Helden Schild verworfen, der Schild Sauls, als sei er nicht gesalbt mit Öl. – Der Bogen Jonatans hat nie gefehlt, und das Schwert Sauls ist nie leer zurückgekommen vom Blut der Erschlagenen und vom Mark der Helden. – Saul und Jonatan, geliebt und einander zugetan, im Leben und im Tod nicht geschieden; schneller waren sie als die Adler und stärker als die Löwen. – Ihr Töchter Israel, weinet über Saul, der euch kleidete mit kostbarem Purpur und euch schmückte mit goldenen Kleinoden an euren Kleidern. – Wie sind die Helden gefallen und die Streitbaren umgekommen.« (2. Sam. 1)

»Und es begab sich, daß David um den Abend aufstand von seinem Lager und sich auf dem Dach des Königshauses erging: da sah er vom Dach aus eine Frau sich waschen; und die Frau war von sehr schöner Gestalt. – Und David sandte hin und ließ nach der Frau fragen, und man sagte: Das ist doch Batseba, die Tochter Eliams, die Frau Urias, des Hethiters.[77] – Und David sandte Boten hin und ließ sie holen. Und als sie zu ihm kam, wohnte er bei ihr; sie aber hatte sich gerade gereinigt von ihrer Unreinheit. Und sie kehrte in ihr Haus zurück. – Und die Frau ward schwanger und sandte hin und ließ David sagen: Ich bin schwanger geworden.« – David läßt Uria umkommen, indem er heimlich befiehlt, ihn in der Schlacht schutzlos zu lassen. – »Sobald sie aber ausgetrauert hatte, sandte David hin und ließ

77 Bei Matthäus wird dann Bathseba mit Ruth und Rahab im Stammbaum Jesu auftauchen.

sie in sein Haus holen, und sie wurde seine Frau und gebar ihm einen Sohn. Aber dem Herrn mißfiel die Tat, die David getan hatte.« (2. Sam. 11)[78]

Die Geschichte von Amnon, einem der Söhne Davids (2. Sam. 13), der verzweifelt die Schwester Absaloms, die schöne Thamar liebt, die auch er seine Schwester nennt. Amnon gibt vor, krank zu und läßt sie zu sich kommen, daß sie ihm einen Kuchen bereite. Thamar kommt ins Haus Amnons, ihres Bruders; er aber lag zu Bett. Und sie nahm den Teig und knetete ihn und bereitete ihn vor seinen Augen und backte die Kuchen. Er sagt zu ihr: Bringe die Krankenspeise in die Kammer, damit ich von deiner Hand nehme und esse. Und er tat ihr Gewalt an. »Und Amnon wurde ihrer überdrüssig, so daß sein Widerwille größer war als vorher seine Liebe. Und Amnon sprach zu ihr: Auf, geh deiner Wege! Sie aber sprach zu ihm: Daß du mich von dir stößt, dies Unrecht ist größer als das andere, das du an mir getan hast. Aber er wollte nicht auf sie hören.« Zwei Jahre später hatte Absalom Schafschur, und läßt Amnon während eines Festmahls von seinen Dienern töten.

Heerführer Joab erwirbt Gnade für Absalom. Der aber läßt sich in Hebron zum König ausrufen und zieht in Jerusalem ein. David flüchtet und »ging den Ölberg hinan.« – Auf den Rat Ahitofels »machten sie Absalom ein Zelt auf dem Dach, und Absalom ging zu den Nebenfrauen seines Vaters vor den Augen ganz Israels.« Absalom setzt Amasa an Joabs statt über das Heer ein. – Schlacht. Absalom bleibt mit seinem Haupt in den Zweigen einer Eiche hängen. Joab, gegen den Willen Davids, tötet ihn, indem er ihm drei Stäbe ins Herz stößt. (2. Sam. 14 bis 18)

Ganz Israel fällt von David ab, der bei den Stämmen Judas bleibt. Joab gewinnt Israel wieder. – Eine Hungersnot. – Auf Saul und seinem Haus liegt eine Blutschuld, weil er die Gibeoniter getötet hat. David nimmt sieben Söhne Sauls und liefert

78 »Das *birket-esch-sultan* ist ein großes, von Suleiman dem Zweiten (1520-1566) wiederhergestelltes Bad, das schon zuvor bestand. Die etwas einfältige Topographie, die zur Zeit der Türkenherrschaft verbreitet war, erkannte darin das Bad Bersabeas oder Bathsebas, der Frau des Uria, die sich Waschungen unterzog, wenn sie nicht das Glück hatte, die Aufmerksamkeit Davids auf sich zu ziehen.« (Vincent, 996)

sie den Gibeonitern aus, die sie auf dem Berg hängen. Und David nimmt die Gebeine Sauls und seines Sohnes Jonathan und läßt die Gebeine der Gehenkten auflesen und mit den Gebeinen Sauls seines Sohnes Jonathan im Lande Benjamin, im Grab seines Vaters Kisch bestatten. (2. Sam. 21)

»Dreißig Jahre war David alt, als er König wurde, und regierte vierzig Jahre. Zu Hebron regierte er sieben Jahre und sechs Monate über Juda, und zu Jerusalem regierte er dreiunddreißig Jahre über ganz Israel und Juda. – Und der König zog mit seinen Männern vor Jerusalem gegen die Jebusiter, die im Lande wohnten. Sie aber sprachen zu David: Du wirst nicht hereinkommen, sondern Blinde und Lahme werden dich abwehren. – David aber eroberte die Burg Zion; das ist Davids Stadt. So wohnte David auf der Burg und nannte sie ›Stadt Davids‹. – Und Hiram, der König von Tyrus, sandte Boten zu David mit Zedernholz, dazu Zimmerleute und Steinmetzen, daß sie David ein Haus bauten.« (2. Sam. 5)

Renan fragt sich, weshalb David, statt in Hebron, im Süden Bethlehems zu bleiben, aus dem viel weiter im Norden gelegenen Jebus die Hauptstadt seines Reiches machen wollte. »Hebron war eine hethitische Stadt, Zentrum einer alten Kultur, deren Erbe der Stamm Juda in mancher Hinsicht gewesen ist. Es war die unbestreitbare Hauptstadt Judas, eine Stadt von hohem religiösen Charakter, voller Erinnerungen und Traditionen. Es gab große öffentliche Bauwerke, gutes Wasser und ein großes und wohlbestelltes Bad. Hier fand die Vereinigung Israels statt. Es war völlig natürlich, daß Hebron die Hauptstadt des neuen Königreiches wurde. Allerdings lag es in erheblicher Entfernung von den Stämmen des Nordens.«

»Es ist nicht leicht zu sagen, was David dazu bewog, eine Stadt zu verlassen, die so alte und so offensichtliche Rechte besaß, für eine Bruchbude wie Jebus, die ihm noch nicht gemäß war. Es ist wahrscheinlich, daß er Hebron zu ausschließlich judäisch fand. Es ging darum, die Ehre der verschiedenen Stämme, vor allem Benjamins, nicht zu verletzen. Es bedurfte also einer neutralen Stadt, die keine Vergangenheit hatte. Dies ist zweifellos, was David daran hinderte, an eine Hauptstadt in seiner Heimat Bethlehem zu denken. Der von den Jebusitern besetzte Hügel lag genau an der Grenze zwischen Juda und Benjamin, und er lag sehr nahe an Bethlehem.«

David bringt dorthin die Bundeslade. Er tanzt vor ihr. Als David dann in sein Haus kommt, »ging Michal, die Tochter Sauls, heraus ihm entgegen und sprach: Wie herrlich ist heute der König von Israel gewesen, als er sich vor den Mägden seiner Männer entblößt hat, wie sich die losen Leute entblößen! David aber sprach zu Michal: Ich will vor dem Herrn tanzen, der mich erwählt hat vor deinem Vater und vor seinem ganzen Hause, und ich will noch geringer werden als jetzt und will niedrig sein in meinen Augen; aber bei den Mägden, von denen du geredet hast, will ich zu Ehren kommen.« (2. Sam. 6).

Nach all dem sollte man das Ende des Kapitels noch einmal lesen, welches David, dem König Jerusalems in Renans *Histoire du peuple d'Israël* gewidmet ist: »Kaum einer, der weniger fromm gewesen zu sein scheint, kaum einer der Diener Jahwes, der weniger Gespür für das besaß, was schließlich die Zukunft dieses Glaubens bedeuten mußte: Gerechtigkeit. Doch es bedurfte des Gründers von Jerusalem und des Stammvaters eines eng mit dem Werke Israels verschwisterten Herrschergeschlechts. Dies ist es, was ihn für spätere Legenden bestimmte. Aber man nähert sich nie ungestraft, selbst nicht in mittelbarer Weise, jenen großen Dingen, die dem Geheimnis des Werdens der Menschheit entspringen.«

»Der Halsabschneider von Adullam und Siklag nimmt immer mehr die Züge eines Heiligen an. Er wird Verfasser der Psalmen sein, der heilige Sänger, das Vorbild des zukünftigen Erlösers. Fast notwendig mußte Jesus zum Sohne Davids werden! Die Evangelien sind an unzähligen Stellen durch die Vorstellung verfälscht, das Erdendasein des Messias müsse die Züge des Lebens Davids wiederholen![79] All die frommen See-

79 Hier Davids letzte Worte: »Es spricht David, der Sohn Isais, es spricht der Mann, der hoch erhoben ist, der Gesalbte des Gottes Jakobs, der Liebling der Lieder Israels: Der Geist des Herrn hat durch mich geredet, und sein Wort ist auf meiner Zunge. Es hat der Gott Israels zu mir gesprochen, der Fels Israels hat geredet: Wer gerecht herrscht unter den Menschen, wer herrscht in der Furcht Gottes...« (2. Sam. 23)

len, wenn sie sich an jener Verzweiflung und Schwermut ergötzen, wie sie die schönsten Bücher der christlichen Liturgie bewahrt haben, werden sich in inniger Seelengemeinschaft mit einem Räuber wähnen. Die Menschheit wird durch das Zeugnis Davids, der sich darum nie scherte, an eine letzte Gerechtigkeit glauben, und die Weisheit einer Sibylle, die es nie gegeben hat. *Teste David cum Sibylla*! Oh göttliche Komödie.«

Und dennoch ist Bethlehem eine der größten Gemeinden der Welt, wie mich der dortige Pfarrer, ein netter italienischer Franziskaner, während unserer Heimreise auf dem Schiff unterrichtet. Überall auf der Welt gibt es Gläubige, die zur Gemeinde Bethlehems gehören wollen. Die meisten werden hier wohl nicht an David, sondern eher an die Geburtsgrotte und die Krippe des Heilands denken. Sie wissen nicht, daß sich Grotte und Krippe in Bethlehem deshalb dort befinden – daß es die Erinnerung an den Bethlehemiter David ist, die sie dorthin führt.

Drittes Kapitel

Abendmahlssaal und Davidsgrab

»Das Heiligtum, welches heute als Abendmahlssaal verehrt wird, faßt verschiedene Erinnerungen zusammen: Einsetzung der Eucharistie, Ausgießung des Heiligen Geistes, Ruhestätte der Jungfrau, ohne von den vielen daran angeschlossenen Ortsbezeugungen zu sprechen... In den Schriften des Neuen Testamentes sucht man allerdings vergeblich nach irgendeinem Hinweis auf den Tod Mariens, wie übrigens auf den ganzen Rest dieses traditionellen Vorstellungskreises. Es hat ihn die christliche Frömmigkeit recht früh schon selbst geschaffen, sei es durch eine mehr oder weniger gelehrte Auslegung der Schrift, sei es durch jene gefühlsmäßige Wahrnehmung bestimmter religiöser Gleichklänge zwischen seinen einzelnen Bestandteilen, die er nun am selben Ort ihrer Verehrung zusammenführte.« (Vincent, 421).

Das an dieser Stelle errichtete Denkmal hat viele Wandlungen erlebt. »Doch über die Zeiten hinweg blieb eine Gegebenheit, die sich allen Veränderungen derart widersetzt zu haben schien, als folge sie einer unumstößlich notwendigen Tradition: es ist die Teilung der Kirche in zwei übereinander liegende Geschosse... Die erste Kirche, jene, die schon unter Hadrian bestand, war sehr klein, aber schon sie verfügte über ein Obergeschoß... Im 4. Jahrhundert wurde hier dann eine größere Kirche errichtet... Sie hatte, wie die vorhergehende, ein höher gelegenes Stockwerk... Am Ende des 11. Jahrhunderts lag auch sie in Trümmern. Die Kreuzfahrer bauten sie wieder auf.« Anhand von Beschreibungen aus dem 12. Jahrhundert wissen wir, daß diese Kirche wiederum in einen unteren und einen oberen Abschnitt gegliedert war.[80] Im Verlauf des 13. Jahrhunderts

80 In der lateinischen Handschrift des Markusevangeliums, dem sogenannten »afrikanischen« (nach Bobiensis, aus dem 4. oder 5. Jahrhundert), wird stattdessen

stürzten die Bauten des Sionsberges ein. Die Franziskaner, 1342 mit dem Schutz des Heiligen Grabes betraut, errichteten diese Kirche bald aufs neue, »und gaben ihr, abgesehen von einigen Veränderungen aus späterer Zeit, jene Gestalt, die sie bis heute hat: das *nebi daud* (Grab des Propheten David), das ebenfalls zwei Stockwerke umfaßt. Das untere Geschoß, zusammengefügt aus alten Gebäuderesten, ist in zwei Säle unterteilt: der eine... gilt als der Saal der Fußwaschung; der andere, kleinere... stellt das angebliche Grab Davids vor. Das obere Stockwerk gliedert sich erneut in zwei Abschnitte: einen oberhalb des Davidsgrabs... man legte hier seit der Zeit der Franziskaner die Ausgießung des Heiligen Geistes fest. Der andere wird heute Abendmahlssaal genannt.« (Vogüé, S. 322f).[81] Es sind also recht alte Überlieferungen, die dort das letzte Abendmahl bezeugen und den Versammlungsort der Apostel nach der Auferstehung.[82]

---

eine Unterkellerung (*subterranaeum*) erwähnt. Den Abendmahlssal stellt man hier als eine Art Krypta oder Katakombe vor (Alfaric, *L'évangile selon Marc*, S. 185, Anm. 1).

81 »Noch zur Kreuzfahrerzeit stieg man hier auf dreißig Stufen hinauf zu einem von vier Gewölben und einer Kuppel überdachten Raum, in welchem der Ort des Abendmahls und nach hinten der Ort der Geistesausgießung gezeigt wurde, während das Fußwaschen im Untergeschoß geschehen sein sollte«, Dalman, S. 335.

82 »Unser Wissen beschränkt sich hier darauf, daß der Heiland sein letztes Passahfest im Obergemach eines in der Stadt Jerusalem stehenden Hauses feierte, das entweder einem der mehr oder weniger ausgesprochenen Jünger Jesu oder einem ganz besonderen Unbekannten gehörte. Und die alten Kommentare erwecken den Anschein, als sei der Abendmahlssaal ein zufällig und einmalig gewählter Ort gewesen, dessen Aufgabe dadurch erfüllt war.« (Vincent, S. 444).
»Nirgends wird angedeutet, daß der spätere Sammelort der Jünger Jesu in Jerusalem (Luk. 24, 33, nach Apg. 1, 13 ein Obergemach) der Söller (Mark. 14, 15; Luk. 22, 12) des Abendmahls war, auch nicht, daß jener Sammelort sich immer wie Apg. 12, 12 im Hause der Mutter des Johannes Markus befand. Absichtlich hat Jesus bei der Wahl des Ortes von allen persönlichen Beziehungen abgesehen, doch wohl um während des Mahles vor den Feinden sicher zu sein, vielleicht auch, damit der ›Verräter‹ nicht vorher darum wisse. So kam es, daß für das Haus des Mahles auch nachher jeder Anhalt zur Feststellung fehlte. Aber kein Zweifel besteht, daß die Christen im 4. Jahrhundert überzeugt waren, südlich vom römischen Jerusalem einen Bau zu besitzen, der in die Zeit der Apostel zurückreichte und im Oberstock ihren ersten Versammlungsort enthielt.« Der Pilger von Bordeaux sagt nichts von einer Sionskirche. »Aber um 370 kennt sie Ätheria als den Ort der Erscheinungen Jesu nach der Auferstehung und der Geistesausgießung. Für die Stätte der Einsetzung des Abendmahls hat man sie damals noch nicht gehalten, weil am Gründonnerstag die Kommunion dort nicht statthatte, sondern ›hinter dem Kreuze‹, also auf Golgotha..., in Ermangelung eines dafür besser pas-

Hierhin wird auch die Wahl des Matthias gelegt und die Ausgießung des Heiligen Geistes am Pfingsttage. Gleichwohl »ist der Ort des Abendmahls und der Versammlung der Apostel nach der Auferstehung... ebensowenig gesichert wie die Bezeugung des Hauses der Apostel in Jerusalem.« (Vincent, S. 448) Wir müssen nun also untersuchen, wie die Überlieferung solche Lücken oder besser Leerstellen gefüllt hat.

Dabei haben wir drei Fragen in den Blick zu nehmen. Zunächst: seit welcher Zeit hat man den Ort des Abendmahls (und vielleicht auch den Aufenthaltsort der Apostel) an diese Stelle gelegt? »Bei ihrer Rückkehr in die Heilige Stadt, die sie um 70 verlassen mußte, suchte die Gemeinde Jerusalems zweifellos nach einem Ort, an dem sie öffentlich zusammenkommen konnte. Es ist einigermaßen verständlich, daß sie den Aufenthaltsort wieder in Besitz zu nehmen trachtete, welcher die Erinnerung an ihre Ursprünge aufbewahrte und den so viele wundersame Begebenheiten geheiligt hatten. Die lokale Tradition, so ausgeprägt, daß man ihre Spuren zurückverfolgen kann, bestätigt nicht nur die Möglichkeit, sondern auch die Richtigkeit dieser erneuten Inbesitznahme. Die Plünderung der Stadt nach ihrer Eroberung scheint für sie keinerlei Schwierigkeiten aufzuwerfen: in der Oberstadt, die von den Römern zuletzt genommen wurde, mußte eine Häuserzeile der allgemeinen Zerstörung entgangen sein, eben dort, wo sich das kleine Gotteshaus befand, das an jener Stelle errichtet wurde, an der die Apostel nach der Himmelfahrt Wohnung genommen hatten.« (Vincent, S. 448)

Pater Vincent verweist auf eine Schrift des heiligen Epiphanius, die uns berichtet, daß Hadrian siebenundvierzig Jahre nach der Zerstörung Jerusalems, also im Jahre 117, nach Palästina kam: alles lag in Trümmern, außer jener kleinen Häusergruppe... »Genau dort, sagt Epiphanius, wurde sie (die Kirche)

---

senden Ortes. Aber noch im gleichen Jahrhundert bezeichnet Peter von Sebaste die Sionskirche mit ihrem Obergemach als den Ort des Abendmahls (nach Vincent-Abel, 2, S. 453), und um 460 findet am Gründonnerstag wenigstens eine Nachtfeier seiner Einsetzung dort statt. Seit dem siebenten Jahrhundert ist die Überzeugung allgemein, daß diese Kirche den Ort des Abendmahls in sich schließe«, Dalman, S. 334f.

erbaut, also im Sionsviertel, das der Zerstörung ebenso entkam wie die Wohnhäuser um den Sionsberg und sieben Synagogen, die auf Sion vereinzelt dastanden wie Hütten, von denen eine noch bis in die Zeit des Bischofs Maximonas und des Kaisers Konstantin bestand, wie jene Hütte im Weinberg, von der die Schrift spricht.«, *ibid*., S. 474. Der Pilger von Bordeaux hat diese Synagoge noch gesehen, deren Verschwinden mit der Errichtung der Hagia Sion, der christlichen Sionskirche zusammenfällt.[83] Dennoch »war im 4. Jahrhundert der Ort des letzten Abendmahls bei der Sionskirche von der Gemeinde Jerusalems offensichtlich nicht eindeutig bestätigt. Man suchte eine Versammlungsstätte der Jünger am Ölberg. Von verschiedenen Seiten her entsteht allerdings zur selben Zeit eine Bewegung zugunsten der Bestimmung des Abendmahls bei Sankt Sion. Sie wird durch die Lehre Peter von Sebastes im 4. Jahrhundert klar bezeugt.«[84]

Hat man also den Abendmahlssaal auf den großen Hügel gelegt, weil man damals, oder auch schon etwas früher, wie

83 Die *Histoire de l'état présent de Jérusalem* von Abbé Mariti muß im Jahr 1767 verfaßt worden sein. Chateaubriand führt beiläufig dies Buch an, scheint es aber nur oberflächlich zu kennen. Abbé Mariti ist ein überaus kritischer Geist, ganz 18. Jahrhundert. Es ist deshalb um so bemerkenswerter, daß er der Festlegung des Abendmahlssaals auf dem »Zionsberg« weitgehend zuzustimmen scheint. »Was nun den tatsächlichen Sitz des Palastes Davids an diesem Ort angeht, so ist uns diesbezüglich keinerlei Zeugnis überliefert, und ich erachte alles, was man uns dazu sagt, als erst kürzlich entstanden. Auch das Grab des Königs, das man uns als noch erkennbar versichert, verdient keinen allzu langen Aufenthalt. Viel erwiesener scheint, daß dies tatsächlich der Ort ist, an dem unser Herr sein letztes Abendmahl feierte... Nachdem die Christen die Heilige Stadt nie verlassen hatten, mußten sie ganz selbstverständlich jene Stätte im Gedächtnis behalten haben, an der sich früher der Abendmahlssaal befand.« Und er berichtet nach Epiphanius, daß Hadrian Jerusalem bis auf die Grundmauern geschleift vorfand, mit Ausnahme einiger weniger Bauten und einer kleinen christlichen Kirche, dort, wo sich die Jünger nach der Auffahrt des Heilands auf dem Ölberg versammelten und zum Abendmahlssaal hinaufgingen, S. 197.

84 Noch im 8. Jahrhundert allerdings behielt man, »trotz der fast einhelligen Befürwortung der Ortsangabe des letzten Abendmahls in Sankt Sion, die Mitternachtsmesse am Gründonnerstag im Martyrion der Grabeskirche bei, zu der man den Verrat des Judas und die Wahl des Matthias, dann die Einsetzung der Eucharistie nach Paulus und den Evangelien verlas... Die Kirche Jerusalems blieb aber der Sionskirche am Abend des Osterfestes treu, mit der Lesung des Erscheinens Jesu vor seinen Jüngern nach der Auferstehung und des Zweifels des Thomas, ebenso treu wie der Stelle, die im selben Heiligtum die große nächtliche Prozession des Pfingstfestes beschloß«, *ibid*., S. 458.

beim Pilger von Bordeaux, glaubte annehmen zu müssen, daß dieser Hügel das alte Zion oder die Stadt Davids gewesen sei? In der Tat mußte das Zion Davids im Süden der Akra und des Tempelplatzes gelegen haben, im Bereich der Unterstadt, die man den Ophel nennt. Dahin haben auch viele Archäologen ihre Aufmerksamkeit gerichtet, als sie den Osthügel nach der königlichen Nekropole absuchten, welche die biblischen Schriften in der Stadt Davids erwähnen. Dalman glaubt in der Tat, daß zwei kürzlich aufgefundene Gewölbe die letzten Reste der Gräber der Könige Judas seien, »in denen Jesu großer Ahnherr, David, als erster bestattet wurde.« (S. 330) Er erklärt die christliche Ortsbestimmung Zions auf dem großen Hügel im 4. Jahrhundert so: man war offensichtlich überzeugt, »daß die Zionsburg Davids mit den bei der geflissentlichen Zerstörung Jerusalems durch Titus stehengelassenen Türmen des Herodespalastes zusammenhänge. Schon Josephus hatte durch Zusammenstellung der Oberstadt mit der ›Burg‹ Davids dazu Anlaß gegeben (*Jüdischer Krieg* IV, 5).« Das würde beweisen, daß die Juden selbst seit der Zeit des Josephus nicht mehr wußten, wo diese Burgfestung stand. – Auch Vincent glaubt, daß das erste Zion beim Ophel gelegen habe.

Eine zweite Frage: wie hat man mit diesem Ort des Abendmahls andere christliche Erinnerungen verknüpft? Nach dem Feuer, das die Perser 614 gelegt hatten, ließ Modestus die Sionskirche wieder errichten. Man zeigte dort, in einem Winkel (nach Epiphanius im Nordwesten, im Südwesten nach Arkulf) die Stelle, an der Maria verschied (Mariengrab): aus dem Hause des Markus oder Jakobus wurde die Sionskirche im 7. Jahrhundert zum Haus des Apostels Johannes, und infolgedessen jener Ort, an dem Maria die letzten Jahre ihres Lebens verbrachte und starb. »Unter dem Eindruck der Apokryphen übernimmt das 8. Jahrhundert diese Lösung als die selbstverständlichste Sache der Welt.«[85] Und »seit dem 4. Jahrhundert befindet sich

85 »Die brennende Marienfrömmigkeit des Mittelalters erklärt hinreichend, weshalb die Erinnerung an ihr Grab (*dormitio*) schließlich die große Kirche erfüllte und ihr im Westen die offizielle Bezeichnung Sancta Maria in Monte Sion gab.«

dort die Geißelungssäule«.[86] Zudem zeigte man hier den Pilgern auch die Dornenkrone, einen Felsen, auf dem der heilige Stephanus gesteinigt wurde, und das Becken, in dem der Herr den Jüngern die Füße wusch.

Aber wir wollen uns vor allem mit einer dritten Frage beschäftigen. Im 10. oder 11. Jahrhundert taucht die erste Erwähnung eines dortigen Davidsgrabes auf, eine sehr eigenartige Geschichte. Denn hier sieht man, wie eine zunächst von den Christen geschöpfte und wieder fallen gelassene Überlieferung von den Muslimen aufgenommen und gegen sie ins Feld geführt wird. »Es ist wirklich erstaunlich«, sagt Pater Vincent, »daß die eigenwillige Annahme, welche seit langen Jahrhunderten (seit dem 4. Jahrhundert) Stadt und Palast des königlichen Propheten in die Oberstadt gelegt hatte, dort derart spät bei seiner Grabstätte angelangt ist.[87] Liest man nicht in 1 Kön. 2, 10, daß sich David zu seinen Vätern legte *und wurde begraben in der Stadt Davids*, und in Apg. 2, 29, daß Petrus von David sagt: Er ist gestorben und begraben und sein Grab ist bei uns bis auf diesen Tag?« (Vincent, S. 457)

Nur verlegte eine andere Überlieferung, ausgehend von der Annahme, die Davidsstadt sei mit Bethlehem gleichzusetzen,

---

86 »Weil sie angeblich zu den Überresten des Kaiphaspalastes gehörte, zog diese Säule, aus gelblichem Kalkstein mit roten Einsprengseln, in denen schlichte Gemüter die Blutspuren Jesu wiedererkennen wollten, bereits die Aufmerksamkeit des Pilgers von Bordeaux auf den christlichen Sionshügel. Man ließ sich hier kaum durch den Umstand beirren, daß die Geißelung nicht beim Hohenpriester, sondern bei Pilatus stattgefunden hatte... Abgesehen von den Blutspuren waren noch die Umrisse des Gesichts, der Brust und der beiden Hände des Heilands zu erkennen, die er im Stein hinterlassen hatte. Als man (um 340) nicht weit von dort die Sionskirche errichtete, wollte man natürlich einem solch hoch verehrten Gegenstand Herberge bieten.« (Vincent, S. 454)

87 »Die Verlegung Zions vom Osten in den Westen des Tyropöon konnte umso leichter geschehen, als manche zu Beginn der christlichen Zeit dachten, daß das hohe Viertel auf dem Westhügel der Stadt von David den Namen einer Burg oder *phroyrion* erhalten hatte. Nun war es aber nach der Bibel Zion, das dieser König als Herrschaftsstätte und Festung wählte. Sion mußte also der davidischen Festung notgedrungen bei ihrer Wanderung folgen. Deshalb zeigen die Pilgerführer seit dem 4. Jahrhundert, vielleicht sogar schon früher, den Reisenden an der Sionsmauer als Palast oder Turm Davids die Grundfesten eines herodianischen Turmes auf dem Westhügel, dank einer Verwechslung, die bis auf den heutigen Tag besteht.« (*ibid.*, S. 449)

das Grab in die Geburtsstadt Jesses, eine Überlieferung, die bis ins 14. Jahrhundert reichen wird.

Und noch eine gegenläufige Auffassung, die es zu tilgen galt: jene über Gethsemane, die von einigen arabischen Verfassern zwischen dem 7. und 16. Jahrhundert unserer Zeitrechnung vertreten wurde. Ein Schreiber der Hegira aus dem 1. Jahrhundert, Wahib, der von Moudjir ed-din angeführt wird, behauptet, daß »David in der unter dem Namen *djismanieh* (Gethsemane) bekannten Kirche im Tal östlich von Jerusalem bestattet ist.«

Nun erwähnen aber zwei Schriften, die eines Arabers und dann eine fränkische Chronik, deren Kenntnisse ohne Zweifel auf einen griechischen Mönch zurückgehen (Vincent, S. 457, Anm. 4, und S. 461), im 11. Jahrhundert das Davidsgrab bei Sankt Sion. Nachdem die Kirche von den Kreuzfahrern wiedererrichtet worden war, verschwindet diese Erinnerung allerdings, sicher unter dem Einfluß der bethlehemitischen Tradition. Die Pilger jedenfalls erwähnen sie nicht. »Aber um 1173 erzählt einer der Frommen Jerusalems, Rabbi Abraham, dem Benjamin von Tudela, daß etwa fünfzehn Jahre zuvor während Bauarbeiten, als man Steine aus einer alten Mauer entnahm, um die Sionskirche wiederherzustellen, ein Grab gefunden wurde... Man sprach von einer Grabplatte, Zepter und Krone, geheimnisvollen Truhen, von einem Ächzen und furchtbaren Stimmen... Der Rabbiner zweifelte keinen Augenblick, daß dies das Grab des Hauses David gewesen sei. Aber, so fügt er hinzu, der Ahnherr habe es verschlossen und den Blicken der Menschen bis auf den heutigen Tag verborgen.« Diese Legende brachte vielleicht irgendeinen gewöhnlichen Fund mit dem Stillschweigen über das angebliche Davidsgrab seit der Wiedererrichtung der Kirche durch die Kreuzfahrer in Verbindung. In jedem Fall aber »fand die Bezeugung des Davidsgrabes an der Stätte des Abendmahls bei den Christen in Orient und Okzident vor Mitte des 13. Jahrhundert kaum Befürworter. Auch die meisten Muslime teilten bis ins 15. Jahrhundert diese Auffassung nicht.«

Derweil kommt das Davidsgrab im 14. Jahrhundert bei den Christen wieder zu Ehren, unmittelbar neben dem Abendmahlssaal, zu jener Zeit, als man eine »zunehmende Aufgliederung der christlichen Ortsbestimmungen sieht.« Weder die Juden noch die Muslime folgen zunächst dieser Überlieferung der Unbeschnittenen. Vom Jahr 1335 an wird das Untergeschoß des Abendmahlssaals in zwei Räume aufgeteilt. Im unteren östlichen Saal wird dann endgültig die Grabstätte Davids und der auf ihn folgenden Könige gezeigt.

Und wir können nun sehen, wie sich die lange Zeit mißtrauischen Juden und Muslime verunsichern lassen. Im 15. Jahrhundert sind schließlich viele überzeugt, daß das Davidsgrab tatsächlich dort liegt und entrüsten sich bei dem Gedanken, daß es sich in den Händen von Christen befindet. Zur Mitte des 16. Jahrhunderts verwandelt die muslimische Ordnungsmacht, unter dem Vorwand, es habe jüdische Beschwerden gegeben, die Kapelle des angeblichen Grabes in eine Moschee. Die Türken vertreiben die Franziskaner von der Stätte des Abendmahlssaals und reinigen den Ort von seiner Beschmutzung durch die »Polytheisten«.

Bis heute bestehen diese beiden Traditionen nebeneinander fort. Die apokryphe Legende vom Davidsgrab, welche von den Christen schnell vergessen, dann wiederentdeckt und endlich verworfen wurde, haben die Muslime übernommen. Unter einem Vorwand an die Stelle ehedem einer christlichen Erinnerung geweihten Kirche verlegt, ist sie seitdem geräuschlos vorgedrungen und hat endlich den ganzen Platz eingenommen: ihr gelang es, die christlichen Traditionen auszulöschen, sie verwandelte die Kirche in eine Moschee und schuf dort eine totenähnliche Atmosphäre.[88] Die Christen kommen heute in die benachbarte Mariengrabkirche, um Erinnerungen wachzurufen, die mit dem Abendmahlssaal in Verbindung stehen: entgegen aller historischen und archäologischen Kenntnisse ist dies für sie die Kirche, an die sie sich nun knüpfen.

88 Heute kann der Abendmahlssaal wieder besucht werden. Wir sind in diesen oberen Raum jener alten, zu einer Moschee gewordenen Kirche hinaufgestiegen, der vor allem aufgrund seiner ungeheuren Kahlheit bemerkenswert ist.

Zwei armenische Kirchen auf dem Sion, die erste in der Nähe des Abendmahlssaals, die zweite im Innern der Stadt, zeigen nach einer alten Überlieferung die Stelle des Hauses des Kaiphas und des Hohenpriesters Hannas an. Die Kirche am Kaiphaspalast heißt nun Erlöserkirche.[89] Sie steht in der Mitte eines Klosterhofes. Eine kleine Kapelle an ihrer Südseite glaubt man über dem Ort erbaut, an welchem Christus seine letzte Nacht verbrachte und ein letztes Mal erniedrigt wurde. Die Bezeugung dieses Ortes geht auf das 4. Jahrhundert zurück: *In monte Sion*, sagt der Pilger von Bordeaux, *paret ubi fuit domus Caiphae*. »Der Name dieser beiden Kirchen findet sich in allen Berichten des Mittelalters.« (Vogüé, S. 330)

Weder die Evangelien noch Josephus ermöglichen es uns, das Haus des Hohenpriesters Kaiphas und den Ort zu bestimmen, an dem der Apostel Petrus weinte.[90] Das erste Zeugnis, das uns überliefert wäre, ist dann der Bericht des Pilgers von Bordeaux. Ausgrabungen der Assumptionisten haben die Straße freigelegt, *die von* Siloa zum Gipfel des Westhügels *aufsteigt* (*ex eadem*, sagt der Pilger, *ascenditur Sion*): befindet sich dieser Ort nun aber am Hang oder ganz oben auf dem Hügel? In jeden Fall außerhalb des Römerlagers, also der gegenwärtigen

---

89 Die Erlöserkirche befindet sich im Besitz der Armenier. Eine recht gute Beschreibung dazu findet sich bei bei Mariti, S. 188ff. In den Altar des Presbyteriums sind zwei Stücke eines Steins eingearbeitet, von dem man sagt, sie seien Teile jener heute zerbrochenen Steinplatte gewesen, die das Grab Christi verschloß, und worauf sich der Engel nach seiner Auferstehung niederließ. Mariti bemerkt, daß weder Eusebius noch der heilige Hieronymus sie erwähnen, ebensowenig wie Beda (8. Jh.) und der Mönch Bernhard (9. Jh.), weder der arabische Geograph Nubius (1151), ein sonst sehr genauer Beobachter, noch Phocas (1177). Marino Sanuto, ein Autor aus dem 14. Jahrhundert, spricht zum ersten Mal von ihr und nennt sie Erlöserkirche: er beschreibt auch die dem heiligen Petrus geweiht Kirche, welche zu Füßen von Sankt Sion liegt. – Die Kaphaiskirche (Erlöserkirche) »liegt auf der Höhe der alten Oberstadt von Jerusalem, des wichtigsten Stadtteils zur Zeit Jesu«, Dalman, S. 350.

90 »Einen vom Hause des Hohenpriesters verschiedenen Ort der Verurteilung Jesu durch die Juden setzt Lukas (22, 66f) voraus, wenn bei ihm Jesus von dort in die Versammlung des Ältestenrates des Volkes geführt wird. Mit diesem Ort hat sich die christliche Tradition niemals beschäftigt, wahrscheinlich, weil man wegen des abweichenden Berichts der anderen Evangelien dabei nur an einen Raum im Hause des Kaiphas dachte. Man hätte sonst Grund gehabt, nach Josephus das Rathaus der höchsten jüdischen Behörde unterhalb des Heiligtums bei der von dort nach der Oberstadt führenden Brücke, also da zu suchen, wo jetzt der moslemische Gerichtshof (*el-mehkame*) Jerusalems sein Haus hat«, Dalman, S. 349f.

Mauer. Daß hier auch die Geißelungssäule steht, erklärt sich »durch die Neigung, ins Haus des Hohenpriesters alle Schmähungen und Peinigungen Christi zu verlegen, die der Kreuzigung vorausgingen, überhaupt die Geschehnisse im Haus des Kaiphas mit denen im Prätorium zu vermischen« (Vincent, S. 484), eine Eigentümlichkeit, auf die wir noch zurückkommen werden. Die Petruskirche wird nur 530, bei Theodosius und im *Breviarius de Hierosolyma* erwähnt. Theodosius legte fünfzig Schritt Abstand zwischen die Sionskirche (den Abendmahlssaal) und die Petruskirche. Das Haus des Kaiphas wäre somit in nächster Nähe der Abendmahlsstätte gelegen. Es ist deshalb einigermaßen bemerkenswert, daß der Pilger von Bordeaux, der den Palast erwähnt, nicht über den Abendmahlssaal spricht. Hat der Kaiphaspalast den Abendmahlssaal an sich gezogen?

»Die räumliche Nähe des Aufenthaltsortes des Hohenpriesters und des Obergemachs, in dem sich die Jünger aus Furcht vor den Juden einschlossen«, sagt uns Pater Vincent, »war eine Frage, die sich denjenigen nicht stellte, die stattdessen am Ölberg die Erscheinungen des Auferstandenen vermuteten. Jene aber, die sich an Zion hielten, fanden dies durchaus zulässig... die Tradition hat sich jedenfalls ohne Mühe an diese Nachbarschaft gewöhnt. Daß man aus dem Abendmahlssaal das Haus des Joseph von Arimathäa, des Nikodemus, des Johannes Markus oder des Herrenbruders Jakobus, oder auch von Johannes, Sohn des Zebedäus gemacht hat, nichts widersprach sich hier. Die Apokryphen und ihre Exegeten haben sogar versucht, einleuchtende Erklärungen für diese Nähe zu liefern. Die *Acta Pilati* (ein Apokryph aus dem 4. oder 5. Jahrhundert) lassen uns um die Zeit der Himmelfahrt an einem vergnügten Festmahl teilhaben, das Nikodemus in seinem Hause zu Ehren des Joseph von Arimathäa gibt, zu dem auch die Ältesten, die Leviten und die Hohenpriester geladen sind, unter ihnen Hannas und Kaiphas. Nach der Didascalia Addai (4. Jahrhundert) wohnten die Söhne der Priester Hannas, Kaiphas und Alexander Jesu Unterweisung der Jünger bei und kamen dann in der Nacht zu ihnen, um ihnen ihren Glauben an Christus als Sohn Gottes zu bekennen. Der heilige Epiphanius läßt Jakobus, den Herrenbruder, in eine Priesterfamilie einheiraten... Der heilige Hieronymus gibt zu verstehen, daß der Evangelist Johannes gar in die Priesterkaste aufgenommen wurde... Am verwegensten die Chronik des Hippolytos von Theben (7./ 8. Jahrhundert): sie legt die Bekanntschaft von Johannes und Kaiphas auf den Tag, an dem zwischen ihnen eine Abmachung getroffen wurde, aufgrund derer des Zebedäus Sohn dem Hohenpriester die Habe des Galiläers vermachte und im Gegenzug ein Haus in Jerusalem erhielt (die Sionskirche, deren Grund dem Hohenpriester gehörte). Der Verfasser der *Vita B. Virginis* (Anfang 9. Jahrhundert) sagt, daß Kaiphas im Jahr der Passion den Wohnsitz des heiligen Johannes teilte.« (Vincent, S. 485f).

All diese Beziehungen zwischen den Aposteln und dem Hohenpriester sind sicher höchst befremdlich. Gerade die zuletzt angeführten Verbindungen lassen sich zwar durch die Nachbarschaft der beiden Orte erklären. Vielleicht aber ist diese Nähe auch zunächst durch die Überlieferung entstanden, deren Widerhall die spätere tatsächliche Nachbarschaft der Stätten dann wäre. In jedem Fall, so schließt Pater Vincent ganz richtig, »folgt aus all diesen Angaben, einige übrigens in Zeitgenossenschaft mit den ersten Bezeugungen des Kaiphashauses, daß man nicht diejenigen dafür verantwortlich machte, welche die heiligen Stätten zeigten, sondern die Nähe von Abendmahlssaal und Kaiphaspalast völlig natürlich erschien. Weil wir uns aber notwendig nach diesen Angaben zu richten haben, besteht hier keine Notwendigkeit, all dies einer Prüfung zu unterziehen oder uns darüber zu wundern, daß die Schriften fast immer diese beiden Heiligtümer zusammen erwähnen und manchmal so weit gehen, sie auf seltsame Art und Weise ganz ineinander aufgehen zu lassen.«

Es ist der Kaiphaspalast, in den die Synoptiker die drei Verleugnungen des heiligen Petrus legen, und hier weint er auch, als er den Hahnenschrei hört. Nun hat man aber diese beiden Erinnerungen verdoppelt und an zwei verschiedenen Orten gezeigt: die Verleugnung Jesu bei Kaiphas, nordwärts in der

Nähe des Abendmahlssaals;[91] Petri Reue und Tränen am östlichen Abhang des Hügels, an der Straße, die geradewegs vom Sionsberg nach Siloa führt. »Die Kirche der Tränen des Heiligen Petrus, die nach den verheerenden Verfolgungen des 11. Jahrhunderts auch die Belagerung von 1099 überlebte, erfreute sich im Mittelalter großer Beliebtheit. Selten vergaßen die Pilger *St. Petrus in gallicantu* (gallicantu = Hahnenschrei) zu besuchen. Die Kirche überwölbte eine tiefe und dunkle Höhle, von der man sagte, daß der Apostel Petrus sich dorthin zurückgezogen habe, um zu weinen und die Bürde seiner Schuld zu erleichtern«, (Vincent, S. 490).[92] Im Jahr 1323 fällt sie in Trümmer. Jakobus von Verona findet 1335 keinerlei Spuren des Denkmals wieder, aber die Höhle zieht noch immer Pilger an. Zur Mitte des 15. Jahrhunderts verschwindet auch sie, die Tradition verläuft sich. »Ein dort aufgerichteter Stein, aus dem die Pilger kleine Stücke schlagen, ist die einzige Erinnerung.« Man sucht dann eine andere Höhle und findet sie im 17. Jahrhundert, als sie schließlich zugemauert wurde, noch eine weitere. Später allerdings weiß die Tradition nicht mehr, woran sie sich festhalten soll.

Nun ist es aber nach Pater Vincent sehr wahrscheinlich, daß die Assumptionisten, im Zuge ihrer fünfundzwanzig Jahre andauernden Ausgrabungen an der Ostseite des Zionsberges, die Stätte der »Tränen des Heiligen Petrus« wieder freigelegt haben.[93] Doch sie gehen noch weiter. Weil dort eine Felsaushöh-

91 In der Mitte des Hofes sieht man einen alten Orangenbaum, der von einer kleinen Mauer umgeben ist. Man behauptet, er sei gepflanzt worden, um die Stelle anzuzeigen, an der sich Petrus während jener Nacht inmitten der Schar der Diener wärmte, bevor er seinen Meister verleugnete, Luk. 22, 54-55, vgl. Mariti, S. 190.

92 Es ist zudem wahrscheinlich, daß dieser zweifache heilige Petrus nicht erst im Mittelalter erscheint, denn die Perser haben im Jahr 614 zwei Petruskirchen zerstört. Nach den Angaben bei Anastasius wäre die zweite eine Gründung des armenischen Königs aus dem 3. Jahrhundert gewesen, die man als »Seufzer des Heiligen Petrus« bezeichnete. Modestus ließ diese Kirche nach dem Abzug der Perser unter dem Namen der »Reue des Heiligen Petrus« wiedererrichten. Das *Typicon* der Anastasis, in dem die Feierlichkeiten der Karwoche ein halbes Jahrhundert vor den Kreuzzügen beschrieben werden, bezeugt dort einen Halt der Mitternachtsprozession am Gründonnerstag.

93 Wir haben sie 1927 besucht, geführt von einem Assumptionisten, der uns das angebliche Gefängnis zeigte, eine Art Zisterne, die in ihrem oberen Bereich einen

lung entdeckt wurde, die durch eine Öffnung mit dem Hof eines Hauses verbunden ist und sich in diesem Haus eine Ansammlung jüdischer Gewichte und Maße fand, meint Pater Germer-Durand glauben zu müssen, daß es dort »eine Art von Eichamt gegeben hat, und daß dies jüdische Haus, in dem man Geschirr, eine Vorratskammer, eine Mühle, eine Küche gefunden hat, nicht irgendein Haus war, sondern das eines Amtsträgers. Von dort zum Haus des Kaiphas ist es nicht weit.«[94] Die Aushöhlung wäre dann ein Gefängnis gewesen, in dem Christus jene Nacht verbrachte, die seiner Verurteilung bei Pilatus vorausging. Wir verweisen auf die Einwände, die Pater Vincent gegen diese Schlußfolgerungen ins Feld führt (*ibid.*, 505). Hier ist nur anzumerken, daß sich die Erinnerung an die »Tränen des heiligen Petrus« heute wieder bemüht, an jene andere Erinnerung der Verleugnung und des Kaiphashauses anzuknüpfen, von der sie früher getrennt war.

Durchlaß zu einem Hof besitzt. In diesem Hof befindet sich ein Pfeiler, an den Jesus gebunden worden sein soll, um ihn zu geißeln. Ganz in der Nähe führt ein wunderbar erhaltener jüdischer Weg vorbei, der ins Kidrontal hinabsteigt. Es scheint, daß auf der Einfassung der Zisterne ein Hahn dargestellt gewesen ist. Der Grund, auf dem diese Ausgrabungen durchgeführt wurden, gehört den Assumptionisten.

94 Dazu noch eine weitere Deutung der hebräischen Inschrift über einem monumentalen Türsturz, der kürzlich eine Beziehung zum Tempel nachgesagt worden ist, deren Entzifferung allerdings die allzu grob verfahrenden Instandsetzungsarbeiten auf diesem Gelände verhinderten: Germer-Durand jedenfalls vermittelt sie den Eindruck, »daß hier ein Ort war, an dem man Opfergaben hinterlegte, um ein Vergehen ungeschehen zu machen, und daß dieser Bereich den Priestern vorbehalten war«, *ibid.*, S. 540.

Viertes Kapitel

Der Richtsaal des Pilatus

Die Evangelien berichten uns, daß, nach der letzten Versammlung des Sanhedrin bei Kaiphas in der Morgendämmerung, die Priesterfürsten und ihr Gefolge Jesus zum Prätorium führten, dem Sitz des römischen Prokurators Pilatus. Dort wird sich dann eine der dramatischsten Szenen der Passion abspielen. Wenn es nun gelänge, den genauen Ort des Prätoriums zu bestimmen, dann wüßte man, von wo aus Jesus seinen Weg nach Golgotha nahm. Doch es gibt kaum eine Frage im Rahmen dieser Geschichte, die schwieriger zu beantworten wäre. Wir werden hier im Verlauf der Jahrhunderte mehreren Überlieferungen begegnen, die einander widersprechen und denen am Ende ein ganz unterschiedliches Schicksal beschieden war.

Heute geht man davon aus, daß sich das Prätorium nur an zwei, allerdings weit voneinander entfernten Stellen befunden haben könne: entweder wäre es der Herodespalast auf dem Westhügel der Stadt gewesen, der an die Festung im Süden des Jaffatores angrenzte. Die Mehrzahl der Gelehrten folgt mittlerweile dieser Auffassung.[95] Es gibt auf der anderen Seite aber

95 Das glaubt auch Dalman. »Im Widerspruch zu all diesen Annahmen (die das Prätorium in die Festung Antonia an der Nordwestecke des Tempelplatzes legen) steht die einzige Mitteilung des Josephus (II, 14, 8) über den Wohnsitz der römischen Prokuratoren. Gessius Florus benutzte dafür den befestigten Palast des Herodes an der Nordwestecke der Oberstadt, der mit einem ›Lager‹, also einer größeren Kaserne verbunden war... Vor seinem Eingang an der Stadtseite fanden Verhandlungen mit dem Volke statt, wofür ein *bema* dort errichtet wurde. Auch Pilatus trat einmal auf einem *bema* dem Volke gegenüber, wahrscheinlich an derselben Stelle. Hier also wäre Gabbatha zu vermuten«, S. 356. Ein stummes Zeugnis dieser Ereignisse ist noch vorhanden: der Unterbau eines der drei Türme an der Nordseite des Herodespalastes, den man bald Davidsturm genannt hat. Nach Josephus ließ Titus ihn stehen, wohl deshalb, weil er nicht in der Verteidigungslinie des römischen Jerusalem stand, S. 357, Anm. 1. Man versteht auch, daß die christliche Tradition an diesen Herodesturm nicht anknüpfte, nachdem schon frühzeitig der Name Davids den des Herodes ersetzt hatte. Stattdessen hielt man ihn für den Ort, an dem David seinen Palast gehabt (so der Pilger von Bordeaux) und den Psalter gesungen haben sollte, Dalman, S. 358.

auch gewichtige Gründe, das Prätorium mit der Antonia, der Festung gleichzusetzen, die Herodes an der Nordwestecke des Tempelplatzes erbauen ließ. Dies ist sind die beiden bis heute bestehenden Überlieferungen.[96]

Doch »die ersten Zeugnisse haben das Prätorium weder bei der Antonia noch beim Königspalast gesehen... Das Prätorium wurde in byzantinischer Zeit, also vom 4. Jahrhundert an, nicht in der Oberstadt wie der Palast des Herodes, noch auf dem kleineren Hügel gezeigt, auf dem die Antonia früher stand, sondern zwischen diesen beiden Vierteln angesetzt, im Tyropöon, das bis zur Westseite des *Haram-esch-Scharif* reicht.« Aber an welcher Stelle? Man weiß es nicht.[97] Jedenfalls hat man nach Vincent diese Überlieferung als irrig anzusehen. »Die völlige Zerstörung der Antonia durch die Römer, der Wiederaufbau der Stadt durch Hadrian und die lange römische Besatzung in der Umgebung das Königspalastes erklären diese erste Bestimmung der heiligen Stätten.«

---

96 Dies ist auch die für Renan gültige Überlieferung: »Die Diener banden Jesus und führten ihn auf die Prätur des Herodes, die mit dem Antonia-Turm verbunden war.« In der ersten Fassung (Manuskript von Ghazir) heißt es: »zur Prätur (den alten Palast des Herodes), nahe dem (Vorplatz des) Tempel(s) und dem Turm Antonia« (die Abschnitte in Klammern sind in die anfängliche Fassung eingefügt). In der geänderten Fassung: »der mit dem Antonia-Turm verbunden war, an dem Platze, wo noch heute das Serail des Pascha von Jerusalem ist.« Es handelt sich also tatsächlich um die Festung des Herodes und nicht um den Palast, der sich auf dem Westhügel befand, Prosper Alfaric, *Les manuscrits de la »Vie de Jésus« d'Ernest Renan*, Paris, 1939, S. 299.

97 Der wahrscheinlichen Stelle der Sophienkirche folgend (man zeigte dort um 450 nicht nur den Richtstuhl des Pilatus, sondern auch einen hohen Stein, auf dem Jesus seine Fußspuren hinterlassen hatte und ein Bild des Heilands), nahm man entweder das alte Rathaus Jerusalems, im Tal unmittelbar unterhalb des Tempelplatzes, als jenen Ort an (bei der vom Heiligtum nach der Oberstadt führenden Brücke, »also dort, wo jetzt der moslemische Gerichtshof (*el-mehkame*) sein Haus hat«, Dalman, S. 350), oder den Ostrand des Hügels der Oberstadt, »wo sich nach Josephus der Palast der Hasmonäer befand, der der Herodesfamilie verblieb, als der Herodespalast am Westrande von den Römern beansprucht wurde. Daß Pilatus da residiert haben soll, ist nicht anzunehmen... Der Irrtum der Tradition, der vielleicht auf den Aussagen der Juden Jerusalems beruht, kann damit zusammenhängen, daß man eben diesen Palast für den eigentlichen Palast des Herodes hielt und ihn deshalb auch als Sitz des römischen Prokurators betrachtete, oder damit, daß man das Prätorium der Römer mit dem Rathause der Juden zusammenwarf«, Dalman, S. 359.

Die Assumptionisten allerdings, die dieser ersten Überlieferung folgen, glauben »das Prätorium bei der Klagemauer, nahe dem moslemischen Religionsgericht, der *mekhame*, vermuten zu müssen, an jenem Ort, zu dem die vom Davidsturm absteigende Straße durch das Kettentor auf den Tempelplatz führt.« (*La Palestine*, S. 107). Pater Vincent bemerkt, daß sich zur Stützung dieser Annahme wenigstens die Nähe des Jeremiasbrunnens anführen ließe, dessen genaue Stelle man nicht kennt, der sich aber nicht weit davon befinden müsse.

Hier sollte man kurz verweilen. Denn es ist sehr gut möglich, daß der Ursprung dieser Tradition sich in der Tat aus der Verbindung von Prätorium und Jeremiasbrunnen ergeben konnte. »Früh schon mußte der mystische Hang der Jerusalemer Priesterschaft das Prätorium, Zeugnis der Verurteilung Jesu, mit dem schlammigen Brunnen in Verbindung bringen, dem der Prophet entstieg, eine Art Vorbild des leidenden Christus, wie es die Kommentare immer wieder bemühen. Es ist offensichtlich, schreibt ein Exeget über das 38. Kapitel des Jeremias, daß der König Zedekia den Tod des Propheten ebensowenig wollte wie Pilatus den des Meisters der Propheten, den Tod Jesu. – Und sie warfen ihn in die Zisterne. Der Prophet wird zum Vorbild des Mysteriums Christi, der von Pilatus in die Hände der Juden gegeben wird, in den düsteren Hades hinabsteigt und von den Toten aufersteht, nach dem Vorbild des Propheten, der einer tiefen Zisterne entsteigt; oft spricht die Schrift vom Hades als einer Zisterne, *lakkos*.« (nach Fragmenten, die Olympiodorus zugerechnet werden, 6. Jahrhundert, Vincent, S. 573). Und so könnte es sein, daß ein Brunnen mit stehendem Wasser, der in den Augen der Stadt und auch der Fremden den berühmte Jeremiasbrunnen darstellte, den ursprünglichen Anhalt gab, um den Ort des Prätoriums festzulegen. Durch eine mystische Verbindung wäre dann diese Überlieferung entstanden. – Zumindest heute ist das Tyropöon fast vollständig zugeschüttet: man hat dort, mehr als zwölf Meter unter der Erde, Töpferwaren aus frühchristlicher Zeit gefunden.

Tatsächlich aber »haben wir keinerlei archäologische Überreste, deren Zugehörigkeit zu jenem byzantinischen Prätorium völlig gesichert wäre. In Ermangelung dessen müssen wir uns damit begnügen, das Heiligtum... auf unsicherem Grund wiederherzustellen.« (Vincent, S. 575)

Die über dem Ort des vermuteten Prätoriums lange von Justinian erbaute Sophienkirche wird bis ins 9. Jahrhundert erwähnt. Im 11. Jahrhundert, als der christliche Kultus nicht mehr öffentlich ausgeübt werden konnte, faßte man die Geschehnisse, welche die Verurteilung Jesu begleiteten, Geißelung und Dornenkrönung, am Fuße des Kalvarienberges zusammen.

Eine derart verworrene Lage mußte auch die Kreuzfahrer ratlos machen. Der Verfasser der *Gesta Francorum* schreibt kurz vor 1109: »Es ist nicht leicht zu sagen, wo die Geißelung Jesu Christi, die Dornenkrönung, die Verspottung und andere Pein, die er für uns erdulden mußte, stattgefunden haben, weil die Stadt seither so viele Male zerstört wurde.«

Das erklärt, weshalb man hier im Mittelalter zwei verschiedenen Überlieferungen folgen konnte. Die eine verknüpft Erinnerungen an die Geißelung mit denen an Kaiphas, mit der Umgebung der Sionskirche, in der sich im 4. Jahrhundert die Geißelungssäule befand, der Stein, auf dem Jesus stand, und die Dornenkrone. Geschah dies, weil man irgendwann diese beiden Stätten verwechselt hat?[98] Wohl deshalb hat man im 12. Jahrhundert auf den Trümmern der Peterskirche, zwischen

98 Pater Meistermann erinnert daran, daß »die italische Version der Bibel, die seit dem 4. Jahrhundert in Vercelli aufbewahrt wurde, behauptet: man führte alsdann Jesus zu Kaiphas in das Prätorium: *ad Caipham in praetorium* – während der ursprüngliche Text von Kaiphas, *a Caipha*, ins Prätorium sagt. Der heilige Augustinus, selbst im Besitz einer Abschrift des Evangeliums von Vercelli, stellte alle möglichen Vermutungen an, um zu erklären, weshalb Pilatus im selben Hause wohnte wie der Hohepriester. Der ehrwürdige Beda und andere westliche Exegeten ebenso. Angesichts des offensichtlichen Widerspruchs zwischen dem lateinischen Text und der lokalen Tradition vermeiden es Arkulf, Willibald, Bernhard und selbst Beda Venerabilis in seinen *Heiligen Stätten*, vom Prätorium zu sprechen. Nach der Eroberung Jerusalems durch die Franken 1099 zeigt einer der ersten Geschichtsschreiber der Kreuzzüge im Jahr 1108 wie auch Daniel von Rußland den Ort des Prätoriums immer noch ganz unbestimmt im Westen des Teiches Bethesda und der Annenkirche. Danach aber, anhand der Textstelle *ad Caipham*, legen die lateinischen Schriftsteller den Palast des Prokurators auf den Zionsberg, auf dem schon die Peterskirche die Stätte des Kaiphashauses geweiht hatte.«

Abendmahlssaal und Stadtmauer, eine Pilatuskapelle errichtet. Auf dem Pflaster vor dem Portal sagt eine kreuzförmige Inschrift dem Pilger: »Dieser Ort heißt Lithostrotos, an dem der Herr verurteilt wurde.«

Aber, und dies ist die zweite Überlieferung, während all dieser Jahrhunderte haben die ortsansässigen Christen die heilige Stätte des Prätoriums bei der Antonia aufgesucht. »In dieser Gegend stellen wir um 1160 die Bezeugung eines Klosters fest, über dem Gefängnis, in dem Jesus, wie man sagt, die seiner Verhaftung folgende Nacht zugebracht hat, und so eine Haltestelle auf dem Weg nach Golgotha bezeichnete... Dieses Kloster, das man kaum besuchte, weil es nicht unmittelbar auf dem Weg lag, mußte allerdings das Empfinden des Reisenden stören, der dies alles schon am Zionsberg gesehen hatte.« Wurde vielleicht, um den Text, der *ad Caipham* sagt, mit der lokalen Tradition zu versöhnen, wie Pater Meistermann vermutet, das Haus des Hannas, des Kaiphas und das »Gefängnis«, in dem Jesus mißhandelt wurde, ganz unbestimmt in der Nähe der Festung Antonia angegeben?[99]

»Erst der heilige Thomas von Aquin († 1274) weist auf den Schreibfehler hin, der sich in die lateinische Fassung eingeschlichen hatte und stellt die Bedeutung der griechischen Urschrift, *a Caipha in praetorium*, wieder her. Mit Burchard (1283) erkannten die Lateiner, auch wenn sie weiterhin das Prätorium bei der Antonia besuchten, immerhin an, daß der

99 Diese im Osten gängige Überlieferung hat die Lateiner sehr gestört, denn es gab danach zwei Prätorien, zwei Häuser des Hannas, zwei Kaiphaspaläste und zwei »Gefängnisse«. Doch schließlich hat die Westkirche dies übernommen. »Eine topographische Karte Jerusalems, die nach Roericht im Jahre 1180 angefertigt wurde, das vor 1187 begonnene *Citez de Iherusalem*... und schließlich fast alle ursprünglichen Abhandlungen über die heiligen Stätten, zeigen unverändert das Prätorium bei der früheren Festung Antonia. Da entsteht eine neue, arabische Fassung, auf die sich der Statthalter Jerusalems im 15. Jahrhundert festlegt: das Prätorium lag zu beiden Seiten der Straße. 1335 schien der alte Bogen aus der Zeit der Aelia an das Prätorium angeschlossen gewesen. Er stellt den Lithostrotos, Gabbatha, die *curia Piliati* vor. Wie die Griechen glauben nun auch die Lateiner Pilatus in den Gemächern des ›Herrn von Hierusalem‹ ansässig und behalten dem Gebäude an der nördlichen Straßenseite die schicksalhaften Geschehnisse im Prätorium vor. Zwischen den beiden Teilen des Bauwerks hätte dann der alte Bogen eine angebrachte Verbindung geschaffen.«

Palast des Hannas, der des Kaiphas und das Gefängnis Christi auf den Zionsberg gehörten.« (Meistermann, *ibid.*)

In jedem Fall ist es bemerkenswert, daß eine alte und zählebige Überlieferung, die offensichtlich ein Jahrhundert vor der Ankunft der Kreuzfahrer erlischt, den Ort des Prätoriums in der Umgebung der Tempelmauer, zunächst im Tyropöon beibehalten hat. Später, nach einer Unterbrechung und als die Lateiner das Prätorium schon in den Südwesten Jerusalems, auf den Zionsberg gelegt hatten, erscheint diese Tradition erneut und sucht, zweifellos, weil das Tyropöon verschüttet war, das Haus des Pilatus weiter im Norden, nahe am Teich Bethesda, bei der früheren Festung Antonia. Diese Überlieferung beruht ganz augenscheinlich auf einem Zeugnis des Alten und nicht des Neuen Testamentes und verknüpft sich mit dem unterstellten Ort des Jeremiasbrunnens, also mit einer sehr alten und gerade nicht evangelischen Erzählung.

Während meines zweiten Aufenthaltes in Jerusalem Ende Oktober 1939 konnte ich in der Nähe des Konvents der Zionsschwestern den Ecce Homo-Bogen sehen, den Teich und den Lithostrotos. Den ganzen Morgen führte mich die Mutter Oberin, eine zupackende und kluge Bretonin, die selbst die letzten Ausgrabungen geleitet hatte. Der Ecce Homo-Bogen galt als der Ort, an dem Pilatus Jesus dem Volk zeigte. Man ist sich mittlerweile einig, ihn auf die Zeit Hadrians anzusetzen, und es ist seltsam, daß sich die Erinnerung des *Ecce Homo* an ihn gehängt hat. Der Teich ist ein 1868 entdecktes Wasserbekken, das vor dem Einlaß zu unterirdischen Gängen liegt: er erstreckte sich bis unter das Pflaster, den Lithostrotos, und war mit dem Teich Bethesda verbunden. Man hat dies alles im Verlaufe der Grabungen zwischen 1927 und 1932 freigelegt und eingehend untersucht. Es ist dort ein ganzes Labyrinth dunkler Gänge vorhanden, halb oder völlig zerstört, von denen einige unter den Tempelplatz einbiegen. Man kann sich ausmalen, daß, wenn man ihnen folgen könnte, bis in die Nähe der Überreste des alten jüdischen Heiligtums gelangen würde. Nirgendwo in Jerusalem hatten wir den Eindruck, der antiken Stadt so nahe zu sein. Vor allem seit den Belagerungen mußten all diese Mauern wohl zu Zeugen eigenartiger Geschehnisse werden.

Johannes sagt: »Von da an trachtete Pilatus danach, ihn freizulassen... Als Pilatus diese Worte hörte, führte er Jesus hinaus und setzte sich auf den Richterstuhl an der Stätte, die da heißt Steinpflaster (Lithostrotos), auf hebräisch Gabbata (im Sinne von erhöht, erhöhter Platz)«, Joh. 19, 12 bis 16.

Nun hat man tatsächlich das Pflaster eines Hofes von etwa 2 500 m^2 wiedergefunden, der als eine Art öffentliche Verbindung zwischen der Stadt und der Festung Antonia diente, über tiefen Becken angelegt, von schweren, prächtigen Pflastersteinen bedeckt und eingerahmt von hohen Bogengängen. »Genügt es nicht, auf das bloße Vorhandensein hinzuweisen«, sagt Pater Vincent im Vorwort zu *Le Lithostrotos d'après des fouilles récentes*, Paris, 1933, »daß sich in jedem christlichen Gedächtnis unwillkürlich die evangelischen Angaben dorthin fügen?« Hier, im Innenhof (»Die Soldaten aber führten ihn hinein in den Palast, das ist ins Prätorium...«, Mark. 15, 16), der solcherart zum Prätorium wurde, mußte Pilatus seinen Richterstuhl aufgestellt und so das Gericht eröffnet haben. Auf mehreren der Steine sind Spiele eingeritzt, mit denen sich die Wachen während Tagen und Nächten die Zeit vertrieben haben mußten: launenhafte Windungen zwischen Kreisen und Gittern.

Es hätte dort also eine bauliche Einheit der beiden Becken, der nördlichen Säulenhalle, die ihr Wasser von Bethesda erhielt, und dem gepflasterten Hof gegeben, die aus derselben Zeit stammen müßten. Man könne ihre Zerstörung durch »unzweifelhafte« Spuren der Belagerung von 70 bestimmen. Daher der Schluß, »daß all dies schon zur Zeit unseres Herrn bestand.« Die Ortsangabe des Gerichtes bei der Antonia würde dadurch also gestützt.

Die Mutter Oberin der Zionsschwestern erzählte mir, daß einige Monate zuvor Edouard Herriot, der sich nur einen Tag in Jerusalem aufgehalten habe, unbedingt darauf bestand, diese Überreste in Augenschein zu nehmen, und daß er tatsächlich gekommen war, angesichts der damaligen Unruhen umgeben von englischen Maschinengewehren. Selbst das Kloster war durch den Beschuß der Stadt bedroht: in den höheren Klassen, den oberen Stockwerken, von wo man einen unvergleichlichen Ausblick auf die Stadt erhält, mußten sich die Mädchen auf dem Boden zusammenkauern, während ganz in der Nähe Granaten einschlugen.

FÜNFTES KAPITEL

Die Via Dolorosa

»Ich kam um elf Uhr in den Konvent zurück, und ich verließ ihn erneut zur Mittagsstunde, um der Via Dolorosa zu folgen: so nennt man den Weg, den der Welterlöser vom Haus des Pilatus zum Kalvarienberg ging... Das Haus des Pilatus liegt in Trümmern... Jesus Christus, mit Ruten geschlagen, mit Dornen gekrönt, und gehüllt in einen purpurnen Umhang, wurde so den Juden vorgeführt: *Ecce homo*, rief der Richter aus. Und man sieht noch das Fenster, wo er diese denkwürdigen Worte sprach.«

»Hundertzwanzig Schritt vom Ecce Homo-Bogen zeigte man mir zur Linken die Überreste einer ehemals der Schmerzensreichen geweihten Kirche. Dies war der Ort, an dem Maria, zunächst von den Wachen verjagt, ihren Sohn mit dem Kreuze sah. Nirgendwo in den Evangelien wird diese Begebenheit erzählt: aber man stützt sich hier auf den heiligen Bonifaz und den heiligen Anselm. Bonifaz sagt, daß die Jungfrau wie tot zusammenbrach und kein Wort mehr zu sprechen in der Lage war: *nec verbum dicere potuit*. Anselm versichert, daß Christus sie mit den Worten *Salve Mater!* begrüßte. Nachdem man Maria zu Füßen des Kreuzes wiedertrifft, hat diese Erzählung der Kirchenväter alle nur denkbare Wahrscheinlichkeit für sich. Der Glaube steht in nichts den Überlieferungen entgegen: sie zeigen, an welcher Stelle sich die wunderbare und erhabene Geschichte der Passion in die Erinnerung der Menschen eingemeißelt hat. Achtzehn vergangene Jahrhunderte der endlosen Verfolgungen, der dauernden Umstürze, der sich immer weiter anhäufenden Trümmer haben die Spur einer Mutter nicht verwischen oder verdecken können, die um ihren Sohn weint.«

»Fünfzig Schritt weiter finden wir die Stelle, an der Simon aus Kyrene Christus half, das Kreuz zu tragen: ›Und als sie ihn abführten, ergriffen sie einen Mann, Simon von Kyrene, der vom Feld kam, und legten das Kreuz auf ihn, daß er's Jesus nachtrüge.‹«(Luk. 23, 26)

»Hier macht der Weg, der bisher von Osten nach Westen verlief, eine Biegung und führt nach Norden. Ich sah zur rechten Hand die Stelle, an der Lazarus der Arme lag, und gegenüber, auf der anderen Straßenseite, das Haus des bösen Reichen. ›Es war aber ein reicher Mann, der kleidete sich in Purpur und kostbares Leinen und lebte alle Tage herrlich und in Freuden. Es war aber ein Armer mit Namen Lazarus, der lag vor seiner Tür voll von Geschwüren und begehrte, sich zu sättigen mit dem, was von des Reichen Tisch fiel; dazu kamen auch die Hunde und leckten seine Geschwüre. Es begab sich aber, daß der Arme starb, und er wurde von den Engeln getragen in Abrahams Schoß. Der Reiche aber starb auch und wurde begraben. Als er nun in der Hölle war, hob er seine Augen auf in seiner Qual und sah Abraham von ferne und Lazarus in seinem Schoß.‹ Der heilige Chrysostomos, der heilige Ambrosius und der heilige Cyrill haben geglaubt, daß die Geschichte von Lazarus und dem bösen Reichen kein bloßes Gleichnis gewesen ist, sondern wirklich geschehen und allseits bekannt war. Selbst die Juden haben den Namen des bösen Reichen, den sie Nabal nennen, noch in Erinnerung.[100]

»Nachdem man an seinem Haus vorüber ist, hält man sich rechts und nimmt den Weg wieder in Richtung Westen. Eingangs dieser Straße, die den Kalvarienberg hinaufsteigt, traf Christus die weinenden Frauen: ›Es folgte ihm aber eine große Volksmenge und Frauen, die klagten und beweinten ihn. Jesus aber wandte sich um zu ihnen und sprach: Ihr Töchter von Jerusalem, weint nicht über mich, sondern weint über euch selbst und über eure Kinder.‹ Lukas.[101]

---

100 »Die Wegstelle des Kyrenäers wird heute nicht weit von einem schönen arabischen Haus festgelegt, das seit seiner Erbauung in der ersten Hälfte des 14. Jahrhunderts als das Haus des bösen Reichen gilt«, Vincent, S. 618.

101 »Nichts scheint beweglicher als die Ortsbestimmung der Begebenheit mit den Töchtern Jerusalems. Wir treffen sie bei St. Maria de Spasmo und dann am Gerichtstor an. Dann finden wir sie in der Nähe des Vorplatzes der Grabeskirche wieder. Nach 1350 wird dieser Vorfall zur Station des Kyrenäers zurückkehren, ohne daß damit die Ortswechsel ein Ende finden«, Vincent, S. 623.

»Hundertzehn Schritt von dort zeigt man die Stelle des Hauses der Veronika und den Ort, an dem die fromme Frau die Stirn des Erlösers trocknete.«[102]

»Nachdem man hundert weitere Schritte gegangen ist, kommt man an das Gerichtstor: dies war das Tor, durch welches die Verbrecher gingen, die man auf Golgotha hinrichtete.[103] Golgotha, heute innerhalb der neuen Stadt, lag außerhalb der Mauern des alten Jerusalem.«

»Vom Gerichtstor auf den Kalvarienberg zählt man an die zweihundert Schritt: hier endet die Via Dolorosa, die insgesamt wohl um eine Meile haben mag.«

So beschreibt Chateaubriand in seinem *Itinéraire de Paris à Jérusalem* die wichtigsten Stationen der Via Dolorosa. Was aber lehren uns die ältesten Überlieferungen darüber? Nicht allzu viel. Hier der bei Ätheria beschriebene Weg, dem der Passionszug im 4. Jahrhundert folgte. Von Gethsemane ging man die Stufen hinauf, die zum Osttor der Stadt führten. »Man folgte dem östlich der Aelia gelegenen Weg, der von einem großen Bogen überspannt wurde, welcher heute Ecce Homo-Bogen geheißen wird, und vorbei am Tetrapylon, dessen Überreste später den Namen Gerichtstor tragen werden.« Dies ist genau der Verlauf der heutigen Via Dolorosa. Allerdings »werden auf diesem Weg keine Erinnerungsstätten genannt.« Die Stelle des Kaiphaspalastes und die Trümmer der angeblichen Residenz des Pilatus, die man tatsächlich schon in dieser Zeit bezeugte, mußten sich also abseits des Weges befunden haben.« Es war also zunächst nur die kürzeste Strecke von Gethsemane zum Kalvarienberg. »Man hat nicht behauptet, den genauen Weg des gefangenen Christus nachzuvollziehen.«

Seit den Tagen, in denen das Haus des Kaiphas und des Pilatus mit einer Kirche versehen wurden, veränderte die Prozession ihren Verlauf (vom 8. Jahrhundert an, zu Ende der byzantinischen Epoche). Man geht von Gethsemane los, folgt dem

---

102 »Was diese letzte Station angeht (das Haus der Veronika), so scheint sie eher eine fremde Schöpfung zu sein als der örtlichen Tradition entsprungen«, *ibid.*, S. 620. Vgl. unten.

103 Vgl. unten.

Kidrontal bis an die heutige Südmauer und den Beginn des (durch die jüngsten Ausgrabungen freigelegten) Stufenweges, der von Siloa nach Sankt Peter (dem Kaiphashaus) auf den Zionsberg führt. Die nächste Station ist die Sophienkirche (das Haus des Pilatus), irgendwo in der Senke des Tyropöon, von wo aus man geradewegs zum Kalvarienberg hinaufsteigt – fast derselbe Weg, den man im Jahr 333 mit dem Pilger von Bordeaux zurücklegt. Wahrscheinlich ist, daß nach dem Verschwinden der Sophienkirche in sarazenischer Zeit die Stelle des Prätoriums am Lithostrotos des Kaiphashauses (nahe dem Abendmahlssaal) festgelegt wurde.

Im 9. Jahrhundert, als man die öffentliche Ausübung des Kultes untersagt hatte, schuf man am Fuße des Kalvarienberges mehrere Kapellen, die an die Passion erinnern, die nunmehr unzugänglichen Stationen des Kreuzweges ersetzen sollten.

Der Weg, den Jesus zur Kreuzigung ging, fand als solcher zunächst keine besondere Beachtung. Erst als in Europa die Jünger des heiligen Franziskus »aus der Nachempfindung der Leiden Jesu eine geistliche Übung« gemacht hatten, bemühte man sich, diesen Weg in Jerusalem aufzufinden und genau festzulegen. Der erste Pilger, bei dem sich dieses dem griechischen Christentum so fremde Verlangen ausdrückt, ist der Mönch und Prediger Ricoldus a Monte Crucis (1294). Er besucht Jerusalem, »damit das Gedächtnis des Leidens Christi fester in den Sinn eingeprägt werde.« Deshalb will er »den Weg gehen, welchen Christus mit dem Kreuze gegangen ist«, und dessen Stationen er dann schildert (Dalman, S. 364).

Im 12. Jahrhundert fanden die Lateiner jene zweifache Überlieferung vor, die das Prätorium entweder in der Oberstadt (nahe der Sionskirche), oder bei der Antonia (im Norden des *Haram*) bestimmten. Man hat sich hier dann zwei Wege Jesu vorgestellt. Die einen ließen ihn, ausgehend von der Sionskirche, der alten Stadtmauer folgen, die auf dem ehemals zwischen Gärten vor den Toren gelegenen Kalvarienberg endet. »Man erinnert an die Begebenheit mit dem Kyrenäer durch ein Fresko in der Kapelle des Prätoriums. In der Nähe des

Hospitals, gegenüber dem Vorplatz der Grabeskirche, bewahrten die Nonnen von St. Maria Maior die Erinnerung an die Begegnung Jesus und seiner Mutter, auf welche die griechische Liturgie lange Zeit Wert legte. (Diese traditionelle Stelle wurde der evangelischen Begebenheit mit den Töchtern Jerusalems, Luk. 23, 28-31, angefügt). Sie zeigten eine Kammer, in die man Maria auf Geheiß ihres göttlichen Sohnes einschloß, während er selbst zur Kreuzigung geführt wurde. Die Mönche von St. Maria Latina verehren dort ihrerseits den Zusammenbruch Mariens während der Kreuzigung.« Dies ist also die Abfolge der westlichen Via Dolorosa.

Doch »das östliche Viertel, in dem sich die Templer und Augustiner niederließen, hatte der Via Dolorosa von Sion bald eine eigene entgegenzusetzen.« Vielleicht, weil man das Prätorium in einer Umgebung haben wollte, in welcher der Statthalter der Kalifen seinen Sitz hatte, also nördlich des *Haram*, oder auch, weil »die Josaphatstraße, die auf dem natürlichen und geraden Weg von Gethsemane zum Kalvarienberg lag, die Straße der Gefangennahme und den Beginn der Via Dolorosa besser vorzustellen schien«. Möglicherweise, sagt Vincent, haben die in Bezetha zusammengedrängten einheimischen Christen damit »ein besseres Gespür bewiesen als die Zeugen des 4. Jahrhunderts«, angesichts all der Erinnerungen an die traurigen Vorfälle, die ihre Umgebung erfüllten. »Diese Gläubigen, die den Dienst im *Templum domini* versahen, sammelten um den Nordwesten des *Haram* alle ›wesentlichen‹ Begebenheiten. Es schien natürlich, daß Hannas und Kaiphas in der Nähe des Tempels gewohnt hatten, dessen Großpriester sie waren. Das Kloster des ›Gefängnisses Jesu‹ wurde in Erinnerung an die traurige Nacht in ihrem Palast geschaffen. Nicht weit von den Überresten, die von den Reisenden für das Haus des Pilatus gehalten wurden, erhob sich die sogenannte Geißelungskapelle.«

Nach der Rückeroberung Jerusalems durch die Muselmanen im Jahre 1187 hat man die Christen aus der unmittelbaren Umgebung des *Haram* verbannt. Aber »weil man ihnen nicht die Josaphatstraße versperren konnte, den mehr oder weniger einzigen Zugang von Osten her, haben sich entlang dieser Straße die Geschehnisse der Verurteilung Jesu und seines Ganges auf den Kalvarienberg entwickelt, während sich die Aufmerksamkeit der Pilger mehr und mehr vom Prätorium auf dem vermeintlichen Zionshügel abwandte. Man nutze die Gunst der Waffenruhe zwischen 1229 und 1244, um eine Kapelle zu errichten, welche die Griechen lange Zeit als das Haus des Kaiphas ansahen, und eine andere, die dem Andenken an die Begegnung des Erlösers mit seiner Mutter geweiht war. Man bemühte sich vor allem auch um eine Ortsbestimmung der beiden evangelischen Erzählungen über den Kyrenäer und die Töchter Jerusalems, in die dann einige apokryphe Angaben eingefügt wurden.«

»Die Ausgangsstelle der Kreuzesaufnahme bezieht sich auf eine Legende um den Teich Bethesda, über einen Stamm, aus dem man das Hinrichtungswerkzeug fertigte, eine Legende, die im 12. Jahrhundert recht weit verbreitet war. Nach der von Petrus Comestor festgehaltenen Fassung erkannte die Königin von Saba dies Holz im Haus des Libanonwaldes[104] und weissagte Salomon, daß man es verwenden werde, um jenen hinzurichten, dessen Tod das Ende Israels herbeiführen würde. Furcht befiel den König, und er ließ es genau dorthin bringen, wo man später den Teich Bethesda aushob, dessen Wasser daher seine Heilkraft bezog. Als es zur Zeit der Passion auf die Oberfläche des Teiches regnete, zog man den Stamm hervor, um daraus das Kreuz zu zimmern.« (Vincent, S. 613)

Eine Verbindung also von Vorstellungen zwischen dem Teich Bethesda, der mit der Geschichte Jesu schon vor der Passion verbunden war, und der Passion selbst. Man wollte durch diese kleine Erzählung den Teich mit dem angenommenen Kreuzweg verknüpfen, in dessen Nähe er liegt.

Nach den vielen Begebenheiten dieses Tages (die Mystiker bringen es auf neun) stieg Christus, beschwert mit dem Werkzeug seiner Hinrichtung, an einer Stelle in der Nähe der Annenkirche die Straße vom *bab sitti-mariam* hinauf, um von neu-

104 Gemeint ist der von Salomon erbaute Königspalast, 1. Kön. 7, 2-12.

em die Antonia zu erreichen, an der ihn Schmerz und Erschöpfung zwangen, inne zu halten und Atem zu holen (die ›Kapelle der Ruhe‹). Von dort bewegt sich der Zug zum Vorplatz des Tempels über eine heute verschwundene *scala sancta*, überquert ein »tiefes Pflaster«, das an den Lithostrotos bei Josephus erinnert, und erreicht einen Ausgang zum Kalvarienberg, die Porta Dolorosa. Nach der in der *Citez de Iherusalem*, XIX, vorgeschlagenen Topographie befanden sich zwei Haupttore in der westlichen Umfassungsmauer des Tempels: das eine auf dem Weg, der zum Davidsturm führt, die Schöne Pforte (*bab es-silsileh*), durch welche Jesus gewöhnlich ging, wenn er Jerusalem betrat; das andere, die Porta Dolorosa: durch sie verließ er die Stadt, um den Kalvarienberg hinaufzusteigen. Es scheint, daß sich die Patriarchen von Jerusalem nicht ausdrücklich für eine dieser Ortsbestimmungen entscheiden wollten. (Vincent, S. 613ff.)

Nachdem die mittelalterliche »Kapelle der Ruhe« unerreichbar geworden war und sich zudem nicht mehr auf der neuen Streckenführung befand, in die man sich aufgrund der Umstände geschickt hatte, wurde der Zusammenbruch Jesu unter dem Gewicht des Kreuzes mit dem Ecce Homo-Bogen in Beziehung gesetzt.[105] Man zeigt, eingelassen unter dem Architrav des großen Bogenganges, die beiden Steine, auf denen der Erlöser um Atem rang. Den frommen Vorstellungen gefiel es, solche Rastorte an alte Tore zu legen.

Aber wenn die Ausgangsstelle, wie man bald glaubte, in der Nähe des römischen Bogens war? Man mußte einen gewissen Abstand zwischen den Beginn des Weges und diesen Halt legen, und so setzte man sie in Beziehung zur Begegnung mit dem Kyrenäer bei der Kreuzung der alten Josaphatstraße und dem Talweg fest, dort, wo heute an die dritte Station erinnert wird. Die Rast wurde dabei in einen Sturz umgedeutet (Ricoldus und Jakobus von Verona), Vincent, S. 616.

»Mehr als jede andere Zeit ist das 13. Jahrhundert damit beschäftigt, die vom Erlöser gegangene Strecke zwischen dem

105 Es wurde bereits oben gesagt, daß man die Errichtung dieses Bogens heute in der Zeit Hadrians ansetzt.

Prätorium und dem Kalvarienberg festzulegen, einen Weg, den man seither genau zu kennen glaubt: die Pilgerberichte werden damals sehr viel ausdrücklicher.« Hier nun also die wesentlichen Stationen, »welche die fromme Andacht unter einer ganzen Reihe fallengelassener Erinnerungen entlang dieses Weges auswählen wird, um schließlich das zu schöpfen, was man den Kreuzweg nennt.« Übrigens »sehen wir uns dabei einem so ungestalten und wirren Tatsachenbestand gegenüber, daß fast keine der hier um 1350 festgehaltenen Begebenheiten mit ihrer entsprechenden heutigen Ortsangabe übereinstimmt«.

Beschränken wir uns darauf, aus den Beobachtungen Pater Vincents jene herauszugreifen, die für uns von allgemeinerer Bedeutung sind.

»Seit dem 8. Jahrhundert hat man sich Christus in einem Gefängnis am Fuße des Kalvarienberges eingeschlossen vorgestellt, während seine letzten Qualen vorbereitet wurden. Die volkstümliche Logik, die ein Gefängnis am Ende der Via Dolorosa fand, wollte auch eines an ihrem Beginn. Eine Rast, eine Unterbrechung zwischen dem Tragen des Kreuzes und der Kreuzigung erforderte, um des Ebenmaßes der Anordnung willen, ein Innehalten zwischen den Peinigungen im Prätorium und der Aufnahme des Kreuzes.«

Wenn dabei die Rast in einen Sturz umgedeutet wurde, dann deshalb, weil man sie, um einen gewissen Abstand zum Beginn des Weges herzustellen, zu der Begegnung mit dem Kyrenäer in Bezug setzte. Denn »die Hilfe des Kyrenäers setzte notwendig einen Zustand außerordentlicher Schwäche beim Verurteilten voraus.«

Eine kleine Kirche, die man im 13. Jahrhundert »Heilige Maria der Ohmacht« nannte, wurde dem Zusammenbruch (*tramorticio*) geweiht, der die Jungfrau beim Anblick ihres mit dem Kreuz beladenen Sohnes niedersinken ließ, einige brachten mit ihr auch die Töchter Jerusalems in Verbindung. »Diese St. Maria de Spasmo wurde als Nachbildung jener geschaffen, die man ein Jahrhundert zuvor in St. Maria Maior auf dem Weg durch die Oberstadt verehrte.«

Die Begegnung mit Veronika wird erst sehr spät auf der Via Dolorosa bezeugt.[106] Im 15. Jahrhundert, »angeregt durch eben diese Legende, welche sie so manches Mal haben dargestellt gesehen, schmückt die Einbildungskraft der Pilger die Erzählung von den Töchtern Jerusalems mit dem Ereignis des Abdrucks, des Heiligen Gesichts aus, zwischen der Ohnmacht Mariens und Simon von Kyrene, während sie, ganz nahe am Kalvarienberg, das Haus der Veronika ansiedelt...«[107] Es handelt sich dabei nach Pater Vincent, wie schon gesagt, eher um eine auswärtige Schöpfung als um einheimische Tradition.

»Das Gerichtstor sollte wohl nachweisen, daß sich der Kalvarienberg in früheren Zeiten außerhalb der Stadt befand... Mittelalterliche Ortsbeschreibungen haben diese Bezeichnung geprägt... Es schien ihnen logisch, ein Gerichtstor in der Nähe der Hinrichtungsstätte anzunehmen, das diese von der des Urteilsspruchs oder des Lithostrotos trennte... Später hat man den Namen anders gerechtfertigt. Der Ecce Homo-Bogen wurde in gewisser Weise als der Ort anerkannt, an dem der Urteilsspruch verhängt wurde, das Gerichtstor war seither nur noch die Stelle, an der er, in dem Augenblick, als man den Kalvarienberg erreichte, nochmals verlesen wurde.«

---

106 »Eine Legende aus dem 7. Jahrhundert erzählt, daß Veronika den kranken Tiberius durch einen Boten davon unterrichtet, im Besitz eines Linnens zu sein, auf dem der Erlöser sein Gesicht hinterlassen habe. Im 12. Jahrhundert taucht in Rom zum ersten Mal der Kult um das Grabtuch auf. Neu ist der Umstand, daß dieses Tuch Jesus während seiner Passion diente. Im 14. Jahrhundert legt Jakobus von Verona zwischen Annenkirche und den Teich Bethesda (nicht auf die Via Dolorosa) ›den Ort, an dem Christus sich der Veronika schenken wird, sein Gesicht, das sich jetzt in Rom befindet.‹ Es ist der Augenblick, als der Erlöser dem Kreuzestod entgegengeht... doch die endgültige Fassung der Begebenheit bleibt noch im Fluß. Veronika ging auf den Markt, um eines jener Tücher zu verkaufen, welches die Frauen sich über den Kopf legen – als sie Christus traf. Von Mitleid ergriffen und in Erinnerung an ihre Heilung durch den Herrn... Welch Wunder! Das Tuch trägt den Abdruck seiner Züge. So wird diese Erzählung schließlich in die Mysterien des 15. Jahrhunderts eingehen«, Vincent, S. 620.

107 »Seit es im ersten Drittel des 15. Jahrhunderts auftaucht, wurde das Haus der Veronika nicht verändert. Es ist ihm eine kleine Wendeltreppe mit einigen Stufen vorgebaut: diese Besonderheit war sicher nicht unbedeutend bei der Wahl jener Vorderseite des Gebäudes, die sich der in den Mysterien dargestellten Szene geradezu anbot und an der dem Volk das auf dem Grabestuch hinterlassene Heilige Gesicht gezeigt wird«, Vincent, S. 637.

Erst seit der Mitte des 15. Jahrhunderts beginnt man, die über den Weg verteilten Ortsangaben als Stationen zu bezeichnen. Der Begriff des »Heiligen Weges« benennt auf der anderen Seite einen von den Franziskanern um die Mitte des 14. Jahrhunderts geschaffenen Pilgerweg (*sanctus circulus*, *santissime cherche*, *saincte serche*): man unterstellte, daß Maria in den letzten Jahren ihres Lebens jeden Tag die durch irgendeine Handlung ihres Sohnes geheiligten Orte besucht hatte. Der Kreuzweg selbst wurde aber seit dem 15. Jahrhundert fern von Jerusalem erfunden, und so besteht er bis auf den heutigen Tag. Alvarez, ein Dominikaner aus Cordoba, gestorben 1420, der im Heiligen Land gewesen war, und dann eine Clarissa von Messina, gestorben 1491, waren die ersten, die jene Begebenheiten der Passion mit Denkmälern versuchten wiedererstehen zu lassen. »Nachdem er seine Aufzeichnungen während einer früheren Pilgerfahrt verloren hatte, zögerte Martin Kretzel nicht, eine zweite Reise zu unternehmen, um die kostbaren Maßangaben des Kreuzweges erneut zu sichern. Als er im Jahre 1472 nach Nürnberg zurückkehrt, läßt er dort eine Via Dolorosa nachempfinden, die an einem Haus des Pilatus, in der Nähe eines der Stadttore beginnt, und am Johannesfriedhof endet. Er betraut den Meisterbildhauer Adam Krafft mit der Ausführung von sieben Kreuzwegstationen... Die offensichtliche Absicht war, bei der heiligen Zahl Sieben anzugelangen, die so häufig im Kult der damaligen christlichen Devotion erscheint.« Doch erst Johannes von Löwen, der selbst nie im Heiligen Land gewesen war, »stimmte die im Jerusalem des 16. Jahrhunderts noch überall verstreuten Erinnerungsstücke aufeinander ab«, eine mystische und willkürliche Schöpfung, die aber den Holländer Adrichomius zu seiner Schrift *Jerusalem sicut Christi tempore floruit* von 1584 anregte. Und diese ungeheuer erfolgreiche, in viele Sprachen übersetzte Schrift wird schließlich »das klassische Handbuch der Heiligen Stätten bis ins 19. Jahrhundert.«

Die Mönche im Heiligen Land haben diese seltsam künstliche Konstruktion zunächst kaum wahrgenommen. Aber sie mußten wohl auch jene Pilger zufriedenstellen, die, »beseelt von dieser westlichen Anschauung, den Wunsch hatten, all dies in den Straßen Jerusalems genau so vorzufinden... Dem vielschichtigen und dabei so festgefügten Bild aus Löwen gelang es immer mehr, jene einfachen und immer im Fluß befindlichen Ortsvorstellungen zu ersetzen, wie sie sich in Jerusalem darboten. Dieser Wandel fand erst allmählich statt.« Aber er fand statt.

»Der Leser«, schließt Pater Vincent, »wird hier leicht feststellen können, in Folge welch zunächst tastender Versuche, mit welch legendenhaften Zutaten, unter welchem, oft fremdem Einfluß auf die ortsansässige Überlieferung die Via Dolorosa zu ihrem gegenwärtigen und vielleicht endgültigen Aussehen gelangt ist.« In der Tat finden wir kaum ein verblüffenderes Beispiel für eine solch systematische Topographie, die sich allmählich und unter bestimmten Bedingungen herausbilden konnte: nämlich daß ein ganz offenbar absichtvoll geschaffener Rahmen, dessen Anfang und Ende tatsächlich oder vermeintlich feststeht, die vorhandene Leere nach und nach mit früher verstreuten Erinnerungen oder Vorstellungen füllt, wie wenn sie unwiderstehlich von einer Schwerkraft angezogen würden. Evangelische Erinnerungen (Simon aus Kyrene, die heiligen Frauen), apokryphe Erinnerungen und Legendenbildungen (Veronika und das Heilige Gesicht), und all die vielen Dinge, die das weltumspannende, vor allem aber europäische Gedächtnis der Christenheit dazu Stück für Stück beiträgt. Auf der anderen Seite vervollständigt sich dies kollektive Gedächtnis auch, es ordnet und berichtigt sich entsprechend der Anforderungen an Logik und Symmetrie: spiegelbildlich angelegte Gefängnisse, Tore, Raststellen, der Versuch, die einzelnen Stationen ausgewogen zu verteilen, sie nicht zu sehr überhand nehmen zu lassen (daher die Zusammenfassung verschiedener Orte an derselben Stelle, oder mehrerer Begebenheiten, und in der Folge auch eine Verschmelzung der einen mit der anderen und die Verwandlung der einen in die andere), so daß etwa eine Rast Christi zum Sturz wurde, weil er gleichzeitig dem Kyrenäer begegnen mußte. Bis es so weit kommt, daß diese vielen Erinnerungen und Legenden in einen mystisch beseelten, künstlich geschaffenen Rahmen sich einfügen und ihren Beitrag zum heutigen Kreuzweg leisten.

Sechstes Kapitel

Der Ölberg

Im Jahre 1660 schreibt der Ritter von Arvieux (*Mémoires*, II, S. 177): »Die ganze Umgebung (des Berges) ist bemerkenswert wegen der wundersamen Begebenheiten, die dort stattgefunden haben. Ich glaube, daß man sie an diesem Ort versammelt hat, um den Pilgern und auch ihren Führern lange Wege zu ersparen.« Diese von Abel und Vincent angeführte Stelle, denen wir auch in diesem Kapitel aufmerksam folgen werden, sie vermittelt uns eine gute Vorstellung vom damaligen Stand der Dinge. Nun gilt es zu beschreiben, über welche Entwicklungsstufen man dorthin gelangte.

Nachdem er seinen Jüngern, die ihn auf die Schönheit der Tempelanlage aufmerksam gemacht hatten, ankündigt, daß von diesem Bauwerk nicht ein Stein auf dem anderen bleiben werde, macht sich Jesus mit seiner Gefolgschaft zum Ölberg auf und läßt sich dort in Sichtweite des Tempels nieder. Hier fragen ihn vier Jünger, Petrus, Jakobus, Johannes und Andreas (nach Markus): Sage uns, wann wird das geschehen und was wird das Zeichen sein... Die Antwort Jesu ist eine Offenbarung, eine Lehre vom Weltende, die bei Sonnenuntergang anhebt und bis spät in die Nacht andauert.

Bei Matthäus sagt Jesus: Seht zu, daß euch nicht jemand verführe. Dann kommen die Vorzeichen der Zerstörung Jerusalems, die Ankündigung der Verfolgungen, die große Bedrängnis, die Ankunft des Menschensohns, das Gleichnis vom Feigenbaum, die Mahnung zur Wachsamkeit. Die Lehre des *Pater noster* ist nicht Bestandteil dieser eschatologischen Rede. Matthäus fügt es in die galiläische Predigt ein. Markus gibt das Vaterunser überhaupt nicht wieder, sondern beschränkt sich auf die Wendung: *Pater vester qui in caelis est dimittat vobis peccata vestra*. Diese Unterweisung im Gebet geschieht beiläufig, auf dem Ölberg, am zweiten Tag nach dem Einzug nach Jerusalem. – »Irgendwann kam man ganz selbstverständlich dahin, die Lehre des Vaterunser auf den Ölberg zu legen, an eben jenen Ort, an dem Jesus für gewöhnlich seine Jünger unterwies.«

Die Erscheinungen des Auferstandenen werden zunächst in Jerusalem angesetzt (Erscheinung vor Kaiphas und den Zwölf), dann in Galiläa (Erscheinung vor den fünfhundert Brüdern), dann erneut in Jerusalem, vor Jakobus und sämtlichen Aposteln. Danach findet die Himmelfahrt statt. Die früheste Tradition hat auf dem Ölberg die letzte Zusammenkunft bezeugt, dort, wo Jesus vom Weltende sprach. Die Zusammenkunft war nach Lukas und der Apostelgeschichte ein gemeinsames Mahl. Das kanonische Ende bei Mark. 16, 14 verbindet mit einem Abendmahl die Himmelfahrt, welche Matthäus auf einen Berg in Galiläa verlegt. Deshalb wird man sich einen Berg in Galiläa nahe Jerusalem vorstellen, ihn dann mit einem der Gipfel des Ölbergs gleichsetzen, und alle Erscheinungen in Jerusalem oder seiner unmittelbaren Umgebung dort versammeln.

»Der Ölberg wurde für viele der biblische Berg schlechthin (Sach. 14, 4: Und seine Füße werden stehen zu der Zeit auf dem Ölberg, der vor Jerusalem liegt nach Osten hin),[108] und zog auf seinem Gipfel mehrere, noch flüssige und unbestimmte Überlieferungen zusammen. Der Pilger von Bordeaux zeigt uns dort die Verklärung, andere die Seligpreisung.«

Bevor Konstantin sich mit den heiligen Stätten in Palästina befaßte, wurde die Erinnerung an die Offenbarungsrede in eine Höhle gelegt, die sich in Richtung des Berggipfels öffnete. Einer Schrift von Eusebius folgend, ließ Helena dort eine freistehende Kirche errichten, oberhalb der Höhle nahe dem Gip-

108 Die wörtliche Deutung dieser Bibelstelle mußte nach Abel und Vincent für viele heißen, daß die Fußabdrücke Jesu im Boden zurückgeblieben waren. Seit den Anfängen hat man sie gezeigt, und bei der Ankunft der Kreuzfahrer glaubte man sie wiedergefunden zu haben, als man eine Erdschicht abtrug. Als die Muslime zurückkehrten, teilte man den Stein, der diese Abdrücke trug. Das Bruchstück mit dem Abdruck des linken Fußes wurde in die *Aksa*-Moschee gebracht, in der ihn die Imame heute noch ausstellen. Der Abdruck des rechten Fußes ist auf der Himmelfahrtskuppe zu sehen. Wie allen Besuchern hat man ihn auch uns gezeigt.

fel, nicht auf dem Gipfel selbst.[109] Weil man aber dachte, daß Jesus aus jener Höhle ging, um zu seinem Vater aufzufahren, trug dasselbe Bauwerk (vielleicht) eine Erinnerung an die Himmelfahrt ebenso weiter wie jene an die Unterweisung der Jünger. Allerdings spricht der Pilger von Bordeaux nur von dieser Unterweisung.

Es ist eigenartig, sagen Abel und Vincent, daß der genaue Ort der Himmelfahrt Jesu zunächst ohne Verehrungsstätte blieb. »Vielleicht wurde er nicht von allen anerkannt.« Doch die Erinnerung an Jesu Himmelfahrt wurde später vorherrschend. Ein eigenes Heiligtum hat vor 378 eine reiche und fromme Frau, Poimenia oder Pomnia (Petrus der Iberer, *Raabe*, S. 30) gegründet (bei Ätheria Inbomon oder Imbomon, von *en bomo*, auf dem Hügel).[110] Den Namen Eleona (*en Elaioni*, Ölberg) gab man der ersten Kirche und dem Berg selbst (er findet sich schon bei Ätheria).

Die Vermutung, sie sei einer der bevorzugten Aufenthaltsorte Jesu gewesen, verschaffte der Grotte eine weitere Erinnerung. Seit dem Ende des 4. und während des 5. Jahrhunderts hielt man sie allgemein für die Stätte des letzten Abendmahls, den Abendmahlssaal des Gründonnerstag. Am Abend des Gründonnerstag, sagt Ätheria, »gehen alle zur Eleona, zu jener Kirche, wo sich die Höhle findet, in welcher der Herr am gleichen Tage mit den Aposteln war.«[111] Dies Ritual hilft den Weg Peters des Iberers um 481 verstehen. Nachdem man ihn nach Gethsemane geführt hatte, steigt er zum »Abendmahlssaal der Jünger« und dann zur Himmelfahrtskirche hinauf. Dieser Ort des Abendmahls ist hier die Höhle der Eleona. Im Verlauf des

109 *Vita Constantini*, III, 41, Heikel, S. 95: »Denn eben dort, in genau dieser Höhle, nimmt die glaubwürdige Geschichte an, hat der Welterlöser seine Jünger in die Geheimnisse des Endes eingeweiht.«

110 »Das war keine Basilika, sondern ein runder, von Säulengängen umgebener Hof, in dessen Mitte natürlicher Erdboden die Stätte der Himmelfahrt bedeutete. Darin glaubte man Jesu Fußspur zu erkennen und bewunderte den ewigen Rasen, der hier stets zu sehen war«, Dalman, S. 283.

111 »In einer Zeit, in welcher es nur eine Ölbergskirche gab, konnte dies dahin führen, alles, was auf dem Wege nach dem Ölberge und an seinem Fuße geschah, dort zu verlesen... So konnte der Glaube entstehen, dem schon Ätheria Ausdruck verleiht, jene Reden seien wirklich auf dem Ölberge gehalten worden«, Dalman, S. 281.

6. Jahrhunderts verblaßt nun aber diese Tradition zugunsten von Gethsemane, deren Höhle für den Speisesaal Jesu und seiner Jünger gehalten wird. All diese Annahmen »verschwinden an dem Tag, an dem der Abendmahlssaal des christlichen Zion die allgemeine Zustimmung auf sich zieht.«

Theodosius zählt auf dem Ölberg vierundzwanzig Kirchen. In der Nähe der Grotte der Jünger befindet sich die Begegnungskirche, die sogenannte Ancona, wo man einen Stein mit dem Abdruck beider Schultern Jesu zeigt. Der Pilger von Piazenca ist verblüfft über die vielen Einsiedler, Männer und Frauen, die an den Hängen und am Fuße des Berges leben. »Auf dem Gipfel«, fügt er hinzu, »an dem Ort, an dem der Herr in den Himmel fuhr, sahen wir viele Wunder, unter anderem die Zelle der heiligen Pelagia, in der jetzt ihre Gebeine ruhen. Auf demselben Berg sind auch Jakobus, Zebedäus, Kleophas und viele andere Heilige bestattet.« (Geyer, S. 170)

Nach dem Einfall der Perser läßt Modestus die Himmelfahrtskirche und andere heilige Stätten wieder errichten, darunter auch die Eleona. – Bei seinem Anstieg auf den Berg bemerkt der Mönch Bernhard um 879 zwischen dem Ort des Gebetes Christi und der Himmelfahrtskuppe eine Stelle, an welche die Pharisäer die Ehebrecherin dem Erlöser vorgeführt haben sollen, obwohl Jesus den Evangelien zufolge damals im Tempel gewesen ist. Man zeigte sogar eine in Marmor gemeißelte Inschrift als diejenige, welche Christus mit seinem Finger auf den Boden schrieb, um die Pharisäer zum Gehen zu bewegen. »Die Erzählung von der Ehebrecherin beginnt in der Tat mit dem Rückzug Jesu auf den Ölberg, der ihm aber den Morgen ließ, um den Tempel aufzusuchen. Die Inschrift ist allerdings nicht das, was der unbedarfte Bernhard oder sein Führer denkt: sie umfaßt das *Pater noster*, das der Erlöser also mit seiner Hand in den Marmor geschrieben hätte.« (Vincent, S. 393) Diese Inschrift befand sich in einer Kirche, die zu Ehren des Johannes errichtet wurde.

Bei Ankunft der Kreuzfahrer im 12. Jahrhundert waren die von den Arabern in Trümmer gelegten Bauten keineswegs unkenntlich gewesen. Die Himmelfahrtskirche diente während der Belagerung 1099 als eine der Stätten, an denen die um Jerusalem ausgerichteten Feierlichkeiten abgehalten wurden. Auf lange Sicht war dann die Erinnerung der Himmelfahrt auf dem Ölberg vorherrschend geworden, wie jene an Mariae Himmelfahrt im Josaphattal. Die Eleona verlor ihren Namen und zum Teil auch ihre Daseinsberechtigung. Während sie weiterhin bestand, wurde der Kultus im erneuerten Heiligtum der Himmelfahrtskirche vollzogen. (Vincent, S. 400)

Am Ausgang der Himmelfahrtskirche stiegen die Pilger die fünfundzwanzig Stufen hinab, welche in die Grotte der heiligen Pelagia führten. Von dort gingen sie zu einer im Süden der Himmelfahrtskirche gelegenen Kapelle, einen Steinwurf entfernt, an der Biegung des Weges, der nach Bethanien führt. Hier, so sagte man, hat Jesus für gewöhnlich seine Jünger und die Leute aus der Stadt unterwiesen, die zu ihm kamen, und hier hat er auch das *Pater noster* gelehrt. Das an dieser Stelle von den Kreuzfahrern zwischen 1102 und 1106 errichtete Heiligtum ist nur eine bescheidene Kapelle.

Dies war »eine Ortsbestimmung, die vor der Ankunft der Kreuzfahrer erfolgte, also das Werk der einheimischen Christen. Im Gedenken des Volkes hat sich der Gegenstand der Unterweisungen Jesu etwas verschoben. Die Lehre von den letzten Dingen wurde durch jene des Vaterunser ersetzt, von dem man glaubte, es sei auf dem Weg von Jerusalem nach Bethanien entstanden. – Hier, sagt man, »sprach unser Herr das Pater noster und lehrte es den Aposteln (Wilhelm von Tyrus). Daher die Paternosterkirche.« (Vincent, S. 402)

»Aber die ursprüngliche Tradition war keineswegs abgerissen. Es ist zweifelsfrei, daß die von den Kreuzfahrern erbaute Paternosterkirche sich am Ort der Eleona befand. Das Vorhandensein der heiligen Grotte der Eleona ist dafür ein unbestreitbarer Beweis. Während unter dem Hauptaltar der Paternosterkirche eine Marmorplatte den eingemeißelten Wortlaut des Vaterunser den Pilgern zur Andacht darbietet, findet sich unterhalb des Chors derselben Kirche eine unterirdische Höhle, in der sich der Herr, so versichert man, oft aufgehalten habe, um seine Jünger zu lehren.« Und so hatte sich die Eleona in eine

Paternosterkirche verwandelt. »Die Verschmelzung der beiden Erinnerungen ist offensichtlich.« (Vincent, S. 402)

Nach der Eroberung Jerusalems durch Saladin nahmen die Araber den Ölberg wiederum in Besitz. Im Jahr 1200 stellt ein Muselmane den am Ort der Himmelfahrt errichteten Bau der Kreuzfahrer als Moschee wieder her. Das Wunder der Himmelfahrt Jesu kam seither im Islam zu Ehren. »Die *keniseth-esch-salik*, also das Himmelfahrtsheiligtum, taucht bei den arabischen Schriftstellern sehr häufig auf.« Doch die große Rundkirche, die dem Haus als Einfassung diente, verfiel langsam. (Vincent, S. 405)

Die schwer beschädigte Paternosterkirche wurde während der Waffenruhe von 1229 wieder errichtet. Um 1345 war dort erneut kaum mehr als das Pflaster unversehrt. Nun begann sich aber zur selben Zeit »die Legende von der Verfassung des Glaubenbekenntnisses der Apostel über die Erinnerung des Vaterunser zu schieben. Schon 1335 zeigt man in einer kleinen Nische, Höhle oder alten Zisterne den Ort, an dem die zwölf Apostel die zwölf Artikel des *Credo* verfaßten«. In den alten Ablaßkatalogen, die wir besitzen, ist das *Credo* immer neben dem *Pater* bezeichnet. Und im 15. Jahrhundert schlägt das *Credo*, in Ersetzung des *Pater*, welches in Richtung irgendeiner verfallenen Kirche am Westhang des Ölbergs abwandern mußte, auf den Trümmern der Eleona wurzeln, die damals ein »ganz trübseliger Ort« gewesen sein mußte. (Vincent, S. 407)

»Eine Schöpfung vom Galiläa des Abendmahls hält im 12. Jahrhundert den Vormarsch des Galiläa vom Ölberg auf (erwähnt im *Breviarius de Hierosolyma* aus dem 11. Jahrhundert), das noch bis zur Mitte des 13. Jahrhunderts warten mußte, um endgültig bestätigt zu werden. Perdicas von Ephesus legt Galiläa auf den Nordhügel des Ölbergs. Es ist dies ist eine legendäre Ortsbezeugung griechischen Ursprungs, die in der Ostkirche sehr beliebt war, der die Westkirche aber nur widerwillig folgte. Manche glaubten sogar Grund zu haben, eben dort das Dorf Kana zu vermuten.« (Vincent, S. 407)

»In dieser Hinsicht ist Galiläa nur ein Bruchstück des Auseinanderfallens der Erinnerungen, die mit der Eleona zusammenhingen«, weil man in die Reihe der galiläischen Begebenheiten auch die letzte Erscheinung stellt. »Ein anderes Bruchstück war dann der Ort, an dem Jesus die Vollendung der Zeiten offenbarte, und den die Lateiner und Griechen an verschiedenen Stellen der Bergabhänge suchten.« (Vincent, S. 408)

Derart, sagen Abel und Vincent, »verstreuten sich die Lehre vom Weltende, die Zusammenkunft Christi mit seinen Jüngern, die Einsetzung des *Pater*, wurden von ihren rechtmäßigen oder überlieferten Stätten durch solch abwegige und überflüssige Ortsangaben wie die Verfassung des *Credo* oder die Erinnerung an den heiligen Markus vertrieben.« (S. 408)

Bis zum Jahr 1530 blieb die Himmelfahrtskirche dann unverändert, doch um eben diese Zeit wurde sie vollständig zerstört. Der kleine Bau in ihrer Mitte entkam der Verwüstung erneut, so daß die Christen dort ihr Himmelfahrtsfest feiern können. – Und seltsamerweise kehren daraufhin, im 16. Jahrhundert, die Erinnerungen an die Eleona und das *Pater noster* an ihren ursprünglichen Ort zurück.

»Das *Credo* verblieb in den Trümmern der Kirche, die man hartnäckig Sankt Markus nannte. Dann wurde der genaue Ort der Verfassung des Glaubensbekenntnisses in einer seit langem ausgetrockneten Zisterne gezeigt. Ganz nahe an der Grotte des *Credo*, in dreißig Schritt Entfernung, auf einer ebenen Fläche, in den Trümmern einer Kirche, gaben die Führer, wahrscheinlich mit Blick auf die mittelalterlichen Quellen, die Stelle der Einsetzung des *Pater* an.« (S. 410)

»Uns so fanden sich die Lehre von den Geheimnissen des Endes und des Vaterunser erneut der tatsächlichen Geschichte des Heiligtums entsprechend zusammen. Doch nur für eine gewisse Zeit, denn als die schlimme Angewohnheit, die heiligen Stätten vervielfachen zu wollen, wieder Oberhand gewann, wurde die Ankündigung des Weltendes bald bei dem Schaft einer Säule und einem Olivenbaum im Westen der Himmelfahrtskirche gesondert angegeben. Diese neue Ortsbestimmung verlief sich dann mit dem Verschwinden des Säulenschaftes.«

Andere Heiligtümer am Ölberg, insbesondere Gethsemane, erlauben es uns zudem, den höchst eigenartigen Vorgang einer Vertauschung von Ortsbestimmungen zu verfolgen.[112]

Im 4. Jahrhundert unterscheidet die Überlieferung zwei Orte ganz eindeutig: die Stätte des Verrates durch Judas (und die Festnahme Jesu) und die des Gebetes des Erlösers (und seiner Todesangst, der sogenannten Agonie).

Hieronymus, der die Abhandlung des Eusebius über die heiligen Stätten in den Jahren 386 bis 391 übersetzt, sagt: »Gethsemane ist der Ort, an dem der Erlöser vor seiner Passion betete; es liegt am Fuße des Ölberges, *ad radices montis Oliveti*. Nun ist dort eine Kirche errichtet...« Die Gläubigen beteten also nicht mehr auf einem Feld unter freiem Himmel. Die Kirche wurde ganz ohne Zweifel unter Theodosius zwischen 379 und 390 erbaut.

Gethsemanei oder Ölkelter, der Ort, *topos* (Lukas, Johannes) war wohl ein bewirtschaftetes Grundstück außerhalb Jerusalems, *chorion* (Markus, Matthäus), in den lateinischen Fassungen, *praedium*, *villa*, *hortus* (Johannes). »Man kann sich also Gethsemane leicht als einen großen Olivenhain vorstellen, von einer Mauer getrockneter Ziegel umschlossen, der an einem seiner Enden ein Haus besaß, das eine Ölmühle überdachte. Nach den rabbinischen Anforderungen mußten die Bäume wenigstens fünfundzwanzig Ellen von der Stadt entfernt sein. Diese Gärten durften nicht in Jerusalem selbst angelegt werden, wegen des üblen Geruchs, den das auf die Grundstücke geworfene Unkraut und der sonstige Dung verbreitete, den man dorthin brachte... Der Garten Gethsemane

---

112 Die Episode in Gethsemane wird berichtet bei Matth. 26, 36, Mark. 14, 32 und Luk. 22, 39. Bei Joh. 12, 27 sagt Jesus einige Tage früher, nach dem Mahl bei Simon, zu seinen Jüngern: Jetzt ist meine Seele betrübt. Danach kommt eine Stimme vom Himmel, um ihn zu verherrlichen, die das Volk für Donner hält oder ein Engelswort. »Diese Szene ist mit der bei der Abfassung der Synoptiker unbewußt angewandten Kunst, die sie in der Anordnung der Erzählung oft Gründen der Schicklichkeit oder der Wirkung gehorchen ließ, in die letzte Nacht Jesu und auf den Augenblick seiner Festnahme verlegt worden. Wäre diese Annahme richtig, so könnte man kaum begreifen, daß Johannes, welcher der vertraute Zeuge eines solchen Vorfalls gewesen, ihn nicht in seiner umständlichen Schilderung des Donnerstagabends erwähnt hätte.« Renan, *Das Leben Jesu*, S. 180.

erfüllte von seiner Lage her all diese Anforderungen.« (Vincent, S. 303)

Die besagten Ereignisse spielen sich an drei verschiedenen, aber nahe beieinander liegenden Stellen ab: es ist erstens der Ort, an dem die acht Jünger innehalten, dann ein weiterer, an dem Petrus, Jakobus und Johannes beten sollen, und schließlich die Stätte, an dem das Gebet und der innere Kampf Jesu selbst sich zuträgt.

Der Verrat und die Festnahme kann sich, zumindest nach den Synoptikern, nicht weit von dem Ort abgespielt haben, an dem die drei Lieblingsjünger schliefen. Johannes läßt Jesus vor dem Verräter und der Gruppe gehen. Man sagt sogar, daß er den Garten an derselben Stelle verläßt, an der er ihn betrat. Dies sind die Angaben bei Johannes, der vor allem der frühen christlichen Tradition Jerusalems folgt.

Am Karfreitag ging man nach Ätheria an diese Stätte, um der Agonie zu gedenken, gegen 2 Uhr morgens, nachdem man von der Himmelfahrtskirche gekommen war. Von dort bewegte sich der Zug nach »Gessamani«, um hier die evangelische Stelle zu hören, welche die Festnahme des Erlösers beschreibt. »Wenn diese Stelle vorgelesen wird, gibt es ein solches Weinen, Jammern und Klagen, daß man es bis in die Stadt hört... Dann ziehen alle, groß und klein, mit dem Bischof zu Fuß in die Stadt.«[113]

Ad radices: hier finden sich in der Tat die alten Überreste einer Kirche. Umringt von den Gemüsebeeten der Franziskaner, inmitten eines Olivenhains, ist sie etwa hundert Meter von der Grotte in Nachbarschaft des Grabes der Heiligen Jungfrau

113 Cum coeperit esse pullorum cantus, descenditur de Imbomon (der Ort der Himmelfahrt) cum ymnis et aceditur eodem loco ubi oravit Dominus sicut scriptum est in evangelio: Et accessit quantum jactus lapidis et oravit, usw. *In eo enim loco* (der Agonie nach Lukas) *ecclesia est elegans*. Ingreditur ibi episcopus et omnis populus... legitur locus de evangelio ubi dixit discipulis suis: Vigilate, ne intretis in temptationem... Et jam inde cum ymnis usque ad minimus infans in Gessamani pedibus cum episcopo descendent... Legitur ille locus de evangelio, ubi comprehensus est dominus... Ex illa hora hitur ad civitatem pedibus cum ymnis, pervenitur ad portam ea hora qua incipit quasi homo hominem cognoscere, *S. Silviae peregrinatio*, Geyer, S. 86.

entfernt.[114] Was den Ort des Verrats und der Gefangennahme angeht, der von Ätheria als Gessamani bezeichnet wird, so scheint dort kein Denkmal errichtet worden zu sein.

Bei Theodosius (um 530) ist der Erinnerung an Gethsemane ein neues Element hinzugetreten: das Mahl Christi und seiner Apostel in einer Grotte, in der sich offenbar auch der Verrat abgespielt haben soll. »Dort ist das Josaphattal, wo Judas den Herrn verriet. Dort ist die Kirche Marias der Gottesmutter. Hier hat der Herr auch die Füße seiner Jünger gewaschen (Johannes) und abends gespeist. Es sind dort vier *accubita* (Sitzbänke), worauf sich der Meister inmitten seiner Apostel niederließ, und jeder dieser *accubita* war für drei von ihnen bestimmt. Jene, die heute dorthin kommen, nehmen in Andacht ihr Mahl ein, bei dem der Fleischverzehr verboten ist. Man entzündet an der Stelle Fackeln, an welcher der Herr selbst die Füße seiner Apostel gewaschen hat, weil der Ort in einer Grotte liegt. Zweihundert Mönche steigen heute dorthin hinunter.«[115] Dies Zeugnis wird von einem Unbekannten aus Piazenza bestätigt:[116] »Vom Ölberg kommend in das Tal von Gethsemane zu dem Ort, an dem der Herr ausgeliefert wurde und drei *accubita* sind, auf denen er sich niederließ, nahmen auch wir dort andächtig Platz.«

»Und so ist es offensichtlich, daß der Ort, welcher von der ursprünglichen Überlieferung für den Schauplatz des Verrats gehalten wurde, sich als in ein Heiligtum verwandelte Grotte wiederfand, an der die Kirche von Jerusalem in Erinnerung an die Festnahme Jesu Halt machte.« (Vincent, S. 305) Man glaubte, daß Jesus und sein Kreis dort oft ihr Mahl eingenommen

114 Es ist wiederum Theodosius, der an diesem Ort die Kirche der Jungfrau erwähnt: ibi est ecclesiae domnae Mariae, Matris domini. Die heilige Silvia spricht nicht davon. »Seit dem 3. oder 4. Jahrhundert«, sagt Pater Vincent, »berichten die Apokryphen, in denen sich die allgemeinen religiösen Überzeugungen ihrer Zeit widerspiegeln, daß die Gottesmutter im Garten von Gethsemane beigesetzt wurde, und daß sie am dritten Tage in den Himmel aufstieg... Schon vor dem Konzil von Chalcedon (451), vielleicht sogar vor dem in Ephesus (431), das den Marienkult so schnell verbreiten half, hatten die Christen über dem leeren Grab ein schönes Heiligtum errichtet.«

115 Theodosius, Geyer, S. 142.

116 Anonymus von Piazenza, Geyer, S. 170.

hätten. Eutychius von Konstantinopel (gestorben 582) legt nach Gethsemane ein anderes als das letzte Abendmahl, in dessen Verlauf der Herr die Füße seiner Jünger gewaschen hätte. Man zeigte in dieser Grotte die Tafeln und die Bänke Jesu und der Gemeinschaft der Apostel. »Diese Erfindungen haben zweifellos ihren Ursprung in den apokryphen Apostelgeschichten, in denen der Ölberg als Berg der gnostischen Offenbarung erscheint, als der bevorzugte Aufenthaltsort der Apostel, an dem sie ihr heiliges Wissen erhielten.« (Vincent, S. 308) Es ist gesichert, daß die Kirche des Gebetsortes Jesu, die Gethsemanekirche, im Jahre 614 von den Persern verwüstet wurde.

Wenn man Arkulf (um 670) liest (Geyer, S. 240), stellt man eine bedeutende Veränderung im Hinblick auf die Ortsbestimmungen bei Gethsemane fest. Einen in die Mauer der Kirche der Heiligen Jungfrau eingelassenen Stein zeigt man jetzt als den Ort, an dem Jesus in Gethsemane gebetet hat.[117] Die natürlichen Vertiefungen, die man an ihm bemerkt, werden zu Abdrücken der Knie des Heilands. Der Ort der Agonie und das Vaterunser rücken so in einzigartige Nähe zur Stätte des Verrats. Die Grotte wird nicht weit vom Grab der Jungfrau gezeigt, etwas weiter oben am Hügel. Die Pilger verehrten hier stets die Tische und Bänke, an denen Jesus und die Zwölf oft ihr Mahl eingenommen hätten. Es gibt dort einen Schacht hinter dem Sitzplatz Jesu, aus dem Geräusche kommen, von denen man glaubt, es sei das Flüstern der Seelen. Im Pflaster der Grotte befindet sich ein angeblich bodenlos tiefer Brunnen. »Die Folklore geht auch hier ihren eigenen Weg... Die Tische sind möglicherweise nur Steine der Ölpresse gewesen.« (Vincent, S. 309). Sie sind heute verschwunden, ebenso wie die steinernen Bänke. Wie zu Ende der vorangegangenen Zeit erhält das Grab der Jungfrau nun wieder den Vorrang vor allen anderen in der Umgebung. Ihr Grab befindet sich »im Hause Gethsemane selbst«.

117 Illam vident petram ad dextram parieti insertam supra quam Dominus in agro Gethsemani... flexis oravit genibus ante horam traditionis ejus, Adamnanus, Geyer, S. 240.

»Nachdem das Jahrhundert vorüber war, welches die Perser und Araber nach Jerusalem geführt hatte, erschien der Ort des Gebets Christi erneut am Ölberg. Im 8. Jahrhundert (*Haedoporicon* des Willibald) besaß dieser Ort eine Kirche. Der Mönch Bernhard legt die Szene des Gebets an den Hang des Berges. Aber weshalb vergaß man die Erinnerung der Agonie an diesen heiligen Stätten? Weshalb diese ausgesprochene Vorliebe für die Erzählung des Johannes, die dort eine göttliche Kraft unterstreicht, wo die Synoptiker Furcht und Niedergeschlagenheit eines Menschen zeigen? Fürchtete man, bei den vom Islam umworbenen Christen einen schlechten Eindruck zu hinterlassen, wenn man ihnen den inneren Kampf des Messias zeigte?« (Vincent, S. 312)

Hier gibt es verschiedene Hinweise auf eine Abweichung von der Überlieferung. »War sie nicht, bevor sie sich wieder *ad radices montis* festsetzte, zuvor an den Hängen des Berges umhergeirrt? Hat man in diesen bewegten Zeiten nicht einfach das Gebet des mit sich kämpfenden Christus in der Lehrkirche am Ölberg, der Ölbergsbasilika gefeiert? Die Liturgie läßt das glauben.« (Vincent, S. 312)

Seit der Belagerung von 1099, während des feierlichen Umzugs um die Befestigungsmauern vor dem letzten Angriff, haben die Belagerer zwischen der Himmelfahrtskirche und dem Abendmahlssaal nur am Grab der Jungfrau in St. Maria in Valle Josaphat Halt gemacht. Kein anderes Denkmal schien ihre Aufmerksamkeit für eine Andacht auf sich gezogen zu haben.«

Gleich nach der Befreiung Jerusalems von den Sarazenen ließen sich die Benediktiner beim Grab der Jungfrau nieder, dessen Schutz ihnen anvertraut wurde. Ihr Gebiet umfaßte unter anderem die Verratsgrotte und den Ort des verfallenen Heiligtums der Agonie, ad *radices montis*. »Alles in allem ist die verhältnismäßige Anordnung der Heiligtümer von Gethsemane im Hochmittelalter wieder so, wie sie im 4. Jahrhundert war. Weisen wir aber darauf hin, daß nach 1170 die Neigung bestand, den Verrat in den Garten neben den Gebetsort Jesu zu legen, eine Neigung, die durch die Synoptiker gestützt wurde.« (Vincent, S. 314)

Im 13. Jahrhundert gab es dort keine Veränderungen. Allerdings wurde die Grotte bis ins zweite Viertel des 14. Jahrhunderts als Kapelle angesehen. Doch sie endete als Stall und wurde zur gleichen Zeit wie die Erlöserkirche verwüstet. Wenn ihr auch der Name Gethsemane vorbehalten blieb, wurde sie doch gerade noch als der Ort begriffen, an dem Jesus und seine Jünger, eben vom Abendmahl gekommen, sich einige Augenblicke aufhielten, bevor sie den Garten betraten. Der Garten, einen Steinwurf von der Grotte entfernt, fügte in der Folge der Erinnerung an das Gebet Jesu, die er seit den Ursprüngen bewahrte, die des Verrats und der Festnahme hinzu, Jakobus von Verona, *Rv. Or. Lat.*, III, S. 198ff.

»Und so hatte die Westkirche aus der Grotte den Ort des Verrates abgezogen, der von der Ostkirche lange Zeit beibehalten wurde... Als die Grotte von neuem die Aufmerksamkeit der Führer und Pilger auf sich zog, hat man dort, anstatt die Stätte des Verrats wieder einzufügen, die der Todesangst Jesu festgelegt.« (Vincent, S. 315). Dies bedeutete eine völlige Vertauschung der früheren Ortsangaben.[118] Die alten Ablaßkataloge dieser Zeit erwähnen die Grotte, den früheren Ort des Verrats, in der Christus zu seinem Vater betete und Blut schwitzte, und den Garten von Gethsemane, den früheren Gebetsort, in dem Christus festgenommen wurde und den Judaskuß erhielt. So lautet noch immer die offizielle Theorie der Kustodie der Franziskaner im Heiligen Land.

118 »Diese umgekehrte Ordnung hält sich an die Vorstellung, die man sich vom Weg Jesu bei der Gefangennahme machte, dem Weg also, den Jesus vom Abendmahlssaal nach Gethsemane ging, und von Gethsemane in die Nähe des Abendmahlssaals. Man führte Jesus jene Straße entlang, die über die auf der anderen Seite des Absalomgrabs liegende Brücke ging. Ursprünglich ließ man ihn durch das Osttor der Stadt kommen: die Grotte zeigte sich hier zuerst, und nicht der Garten«, Vincent, S. 316, Anm. 8.

Siebentes Kapitel

Nazareth

Nazareth, so wurde behauptet, habe es zur Zeit Jesu noch nicht gegeben.[119] Vor den Evangelien jedenfalls ist es nie erwähnt worden. Nun besitzen wir allerdings ein Zeugnis des Epiphanius, auf das sich Dalman stützt: es wird dort berichtet, daß Nazareth bis zum 4. Jahrhundert n. Chr. eine rein jüdische Ortschaft gewesen sei. Epiphanius sagt weiter, daß er im Jahre 356 in Skythopolis Gast des *comes* Joseph von Tiberias gewesen ist. Dieser habe ihm erzählt, daß ihn Kaiser Konstantin damit betraut hatte, christliche Kirchen in den Städten und Ortschaften der Juden zu errichten, vor allem in Tiberias, in Diocäsarea, genannt Sepphoris, in Nazareth und in Kapernaum, wo dies bis dahin nicht möglich gewesen war, weil weder Griechen noch Samaritaner noch schließlich Christen dort willkommen waren.

Gesichert ist nur, sagt Dalman, daß unter Kaiser Konstantin, bestimmt vor 352, die erste christliche Kirche im bis dahin jüdisch gebliebenen Nazareth erbaut wurde. Es war dies das Werk eines Juden mit Namen Joseph, der sich zum Christentum bekehrt hatte und zum *comes* ernannt wurde. Hieronymus (*Epist. Paulae*) erzählt, daß Paula diesen Ort besucht habe, allerdings nicht über besondere Erinnerungsstätten spricht.[120] Nachdem die nazarenische Bevölkerung jüdisch geblieben war, ist es kaum wahrscheinlich, daß dort eine völlig neue christli-

119 Nach Cheyne (*Encyclopaedia Britannica*, Art. Nazareth) wäre der Name des Nazareners von einer vorchristlichen Sekte, die einen Jesus als »Retter« verehrte, auf die Christen übergegangen. Oder daß, wie Burrage meint, ein aus Jes. 11, 1 abgeleiteter Name für den Massias, *neser* oder *noser*, zu dieser Benennung der Christen geführt habe. Daraus sei dann erst der Ortsname Nazareth entstanden, der einer galiläischen Ortschaft verliehen wurde oder sie sogar erst ins Leben rief.

120 Sie sagt nur: Inde cito itinere percurrit Nazareth, nutriculam Domini, Cana et Capharnaum, signorum ejus familiares, *Itinera hierosolymitana*, Tobler und Molinier, S. 38.

che Tradition entstehen konnte. Wir haben also die Kirchen als Erinnerung an die Wohnstätte Marias und Josephs, haben die Höhlen mit der Quelle vor der Stadt als Überreste des Nazareths Jesu anzusehen.

Diese Schlußfolgerung ist nicht unbedingt überzeugend. Sie unterstellt, daß in einer jüdischen Gemeinde, für die Christus ohne Bedeutung war, die auch nicht eine Art Gemeindestolz dazu veranlassen konnte, das Gedenken an ihn und seine Familie wachzuhalten, über drei Jahrhunderte hinweg persönliche Erinnerungen bewahrt wurden, die etwa das Haus betreffen, in dem er wohnte. Jedenfalls steht nichts der Möglichkeit entgegen, daß diese Erinnerungen aus den Evangelien unter Konstantin nach Nazareth gebracht wurden, die im Gedächtnis seiner Bewohner zwar nicht die geringste Anhaltsstelle fanden, aber auch keine Hürden, um sich schließlich dort niederzulassen.

Wahrscheinlicher ist aber, daß es tatsächlich schon eine kleine Stadt dieses Namens gab, als die Evangelien verfaßt wurden. Denn wie hätten sie sich anders darauf beziehen können? Matth. 2, 23 sagt uns, daß nach dem Tod des Herodes Joseph, der in Ägypten war, auf Geheiß eines Engels nach Israel hin ging, »und kam und wohnte in einer Stadt mit Namen Nazareth, damit erfüllt würde, was gesagt ist durch die Propheten: Er soll Nazoräer heißen.«[121]

Allerdings ist nicht sicher, daß seine Lage, wenn es damals schon bestand, jene der gegenwärtigen Ortschaft war. Diese geht zumindest auf byzantinische Zeit zurück. Es findet sich dort eine schwache Quelle. Eine ergiebigere liegt weiter ent-

---

121 »Dahinter kann doch nur«, sagt Dalman im Verlauf einer langen linguistischen Diskussion (S. 61-67), »ein auf Jes. 11, 1 deutender Midrasch liegen, im Stile der jüdischen Begründungen der Messiasnamen durch Schriftstellen. Er wird gelautet haben: ›Der Messias heißt *neser*, weil gesagt ist: Und es geht ein Zweig hervor aus dem Stumpf Isais, und ein Sproß (*neser*) aus seinen Wurzeln wird Frucht bringen.‹ Das ließ sich griechisch nicht nachahmen und kam deshalb im Matthäusevangelium in eine uns befremdende Form.« Muß man deshalb annehmen, daß der Ortsname Nazareth einer galiläischen Ortschaft beigelegt wurde oder sie sogar, wie Burrage glaubt, erst entstehen ließ? Man kann über den Ortsnamen nur Vermutungen anstellen. Vor allem: wenn diese Stadt rein jüdisch war und blieb und dabei einen anderen Namen trug, ist kaum verständlich, daß sie es hingenommen hätte, ihn ändern zu lassen.

fernt im Talgrund. »Wer alte palästinische Ortslagen kennt«, so Dalman, S. 72, »würde das älteste Nazareth sich am liebsten auf dem Gipfel des Bergvorsprungs denken, unter welchem die schwächere Quelle hervorkommt.«

Als kleiner Grenzort, als jüdisches Dorf ohne besondere politische Bedeutung ist Nazareth selbst in unseren Tagen, sagt Renan, »ein köstlicher Aufenthalt, vielleicht der einzige Ort in Palästina, wo die Seele sich ein wenig erleichtert fühlt von der Bürde, welche sie inmitten dieser Verwüstung ohnegleichen erdrückt.« Auch wir haben uns dort vor zwölf Jahren aufgehalten und die Erinnerung an eine stimmungsvolle Landschaft mitgenommen, an eine heitere Natur, die leichte, köstliche Luft. Eine liebenswerte Anmut breitet sich hier über die Dinge und Menschen.

Die Kirche, welche den Ort der Verkündigung Mariens durch den Engel Gabriel (Luk. 1, 16) bezeichnete, bedeckte eine sehr unregelmäßige Höhle von etwa fünf auf fünf Meter. Man liest dort folgende Inschrift auf einem Altar: *verbum caro hic factum est*. »Die ersten sicheren Erwähnungen des Heiligtums finden sich bei Antoninus (um 570) und Arkulf (um 670), die erste Beschreibung erst beim Russen Daniel (1106), mit welchem Theoderich (1172) und Phocas (um 1177) übereinstimmen. Man stieg damals von Westen in die Krypta der Kirche hinab und fand da ostwärts den Standort des Engels Gabriel durch einen Altar bezeichnet, vor welchem der Sitzplatz Marias angezeigt wurde. Links davon war das Grab des Joseph oder auch der Wohnraum Jesu, rechts ein niedriger überwölbter Raum, der als Wohnort oder Geburtsort Marias gelten sollte. Der dafür zu Gebote stehende Raum ist schmal, würde aber doch eine 3 m breite Kammer erlauben. Mit dem Hause der Maria, welches am 9. Mai 1291 nach Dalmatien und von da am 10. Dez. 1294 nach Italien gewandert sein soll und als die Santa Casa di Loretto mehrfache Nachbildungen erfahren hat, hat weder das in Nazareth Vorhandene, noch das vor 1291 Geschilderte irgendwelche Ähnlichkeit. Der mit Tonnengewölbe und Kamin versehene hohe Raum von Loretto ist unpalästinisch.« (Dalman, S. 74f)

Eine kürzlich gefundene Treppe wird als ihr Eingang angesehen. Vielleicht, sagt Dalman, könnte man die jetzige Treppe absichtlich dahin gelegt haben, wo das Marienhaus hätte stehen müssen. Über eine erst 1624 angelegte Treppe gelangt man zu einer kleinen Grotte. Später hat sie das Volk, das sich vorstellte, daß sie stets mit dem Wohnhaus verbunden gewesen sei, die »Küche der Jungfrau« genannt. Mehrere Schriftsteller, vor allem in der Zeit der Kreuzzüge, glaubten, daß die Jungfrau in der heiligen Grotte geboren worden sei. Die Abhandlung *De Navitate B.M.V.*, in der erklärt wird, daß Maria damals in Nazareth gelebt habe, wurde damals für das Werk des heiligen Hieronymus gehalten, auch wenn es nur die Schrift eines frommen Fälschers ist. Die jetzige Verkündigungskirche wurde 1730 auf den Überresten der alten Basilika in Richtung der Verkündigungsgrotte erbaut. Man findet dort noch Säulen der ursprünglichen Kirche, die die Kreuzfahrer in ihrem Bauwerk wieder verwendet haben.

Arkulf ist der erste (670), der eine zweite Kirche in Nazareth erwähnt, in der Mitte der Stadt, die »Erziehungskirche« oder das Josephshaus, in dem Jesus aufgewachsen sein soll. Sie war über zwei durch Bogen verbundenen Gewölben errichtet, zwischen denen sich, wie er sagt, eine Quelle befand, deren Wasser alle Bewohner der Stadt von der Kirche aus schöpften. Nach Dalman hat Arkulf wohl irrtümlich aus einem Wasserbecken, das sich unter der Erziehungskirche befand, eine Quelle gemacht.

»Die erst seit 1620 sicher zu verfolgende Tradition vermutete hier die Erziehungsstätte Jesu, also das Wohnhaus Josephs. Man hat sich vielleicht die große durch den Felsengang zugängliche Zisterne als die Wohnstätte Josephs gedacht. Die kleinen Zisternen waren ihre Wasserbehälter. Sie erinnerten dann an das Wasserschöpfen des Jesusknaben, von welchem die Kindheitsevangelien berichteten (Pseudomatthäus Kap. 23, Thomasevangelium, lateinisch Kap. 9, griechisch Kap. 12), und das die Pilger sonst auch an der Stadtquelle oder gar in die als Wohnhaus des Joseph gedachte Verkündigungskirche legten.« (Dalman, S. 76)

Im 8. Jahrhundert wurde das Josephshaus oder die Erziehungskirche zerstört oder aber aus dem kanonischen Kult genommen. Dann aber wurde sie von den Kreuzfahrern wieder aufgebaut. Von dieser heute aus den Trümmern freigelegten Kirche bestehen die Mauern bis zu einer Höhe von zwei Metern. Es ist erstaunlich, daß sie die Pilger des 12. Jahrhunderts nicht erwähnt haben. (Abel und Vincent).

All diese Ortsbestimmungen sind also verhältnismäßig spät erfolgt. Das christliche Gedächtnis, das hier keine Überlieferung vorfand, hat sich dabei an ganz konkrete Einzelheiten, an physische Besonderheiten gehalten, um dorthin schließlich Ereignisse zu legen, deren Stätte es aufzufinden suchte. So hat etwa eine örtliche Sage, »die erst nachweisbar ist, seit um 1620 sich die Franziskaner in Nazareth niederließen, einen gewaltigen tafelförmigen Felsblock in der Nähe der ›neuen Quelle‹ als einen Tisch bezeichnet, an welchem Jesus mit seinen Jüngern gesessen habe.« Ebenso konnte man die Verkündigungsgrotte unter einem alten Haus gefunden haben. Und die Zisterne ist erst nach dem Bau der Erziehungskirche zum Wohnhaus Josephs geworden.

Die berühmten Grotten Jerusalems, des Ölbergs, Bethlehems konnten die Veranlassung sein, daß man sie auch an den Erinnerungsstätten in Nazareth nicht missen wollte (Verkündigungsgrotte, Zisterne der Erziehungskirche). Jener in der Heidenwelt verbreitete Glaube, der wollte, daß man sich der Gottheit insbesondere an unterirdischen Orten nähere, hat dann in Galiläa wie in Judäa die Suche nach den heiligen Stätten beeinflußt.

Von allen Erinnerungsstätten in Nazareth scheint aber die Synagogenkirche nach Dalman die wichtigste. An der jetzigen Marktstraße erhebt sich eine neuere, von den unierten Griechen als »Schule des Messias« bezeichnete Kapelle, an der überlieferten Stelle der Synagoge, in welcher der Herr eine Stelle von Jes. 61, 1.2 auslegte und auf sich bezog, und aus der er von seinen Mitbürgern gejagt wurde (Luk. 4, 14-31). Antoninus Placentinus erwähnt eine Kapelle im 6. Jahrhundert. Einige andere Pilger sprechen davon, ohne ihren genauen Ort anzugeben. Es ist nicht ausgeschlossen, sagt Dalman, daß sich zu Jesu Zeit die Synagoge an eben dieser Stätte befand (S. 77)

Was nun die Vorstellung betrifft, daß die Schule, in der Jesus lesen lernte, diese Synagoge gewesen sein müsse, so könnte sie sich ursprünglich von einem Balken hergeleitet haben, der einst eine Schulbank gewesen sein soll, und den kein Jude zu heben vermochte (erwähnt von Antoninus um 570).[122]

Die offenbar vor der alten Stadt gelegene Marienquelle, die wasserreichste der Gegend, ist seit 1100 verbürgt. Hier hat um 1106 Daniel eine Gabrielskirche besucht. Weshalb Gabriel? Phocas sagt, daß der Erzengel Gabriel Maria ein erstes Mal in der Nähe der Quelle erschien. Das fälschlicherweise Jakobus dem Jüngeren zugeschriebene apokryphe Evangelium berichtet, daß eine Stimme, als sie hinausging, um Wasser zu schöpfen, zu ihr sprach: Gegrüßt seist Du... Sie sah niemanden. Doch als sie wieder zu Hause war und purpurnes Leinen spann, zeigte sich der Engel und sprach: Fürchte dich nicht, Maria... Lukas berichtet stattdessen, daß der Engel zu jenem »Gegrüßt seist Du« anhob, nachdem er eingetreten war, also im Haus, in dem sich die Jungfrau befand. (Vincent) Hier ist also erneut eine Verdoppelung der Ortsbestimmungen entstanden, weil man zwei verschiedene Berichte desselben Ereignisses hatte, von denen das eine sich so darstellte, als sei es zweimal geschehen.

Man liest bei Luk. 4, 5, daß Jesus nach der Versuchung in der Wüste nach Nazareth ging, die Stadt, in der er aufgewachsen war, und am Sabbat in die Synagoge. Dort beklagte er, daß kein Prophet in seinem Vaterland für etwas gelte und sprach harte Worte. Da wurden sie von Zorn erfüllt und »standen auf und stießen ihn zur Stadt hinaus und führten ihn an den Abhang des Berges, auf dem ihre Stadt gebaut war, um ihn hinunterzustürzen. Aber er ging mitten durch sie hinweg.«

Auch den Ort dieses Ereignisses hat man gesucht, glaubte

122 Ibi sedit in sinagoga tomus in quo a, b, c, d habuit Dominus impositum. In qua etiam sinagoga posita est trabis ubi sedebat cum aliis infantibus. Quae trabis a christianis agitatur et sublevatu, Judaei vero nulla rerum ratione possunt agitare, sed nec permittit se foris tolli, Geyer, S. 161.

ihn gefunden zu haben und gedachte seiner. Schon um 800 sah man ein Meile von Nazareth entfernt an der Stelle, von der die Juden Jesus hinabstürzen wollten und er aus ihrer Mitte verschwand, eine Marienkirche. Später berichtete man öfter, daß diese Stelle im Süden der Stadt liege. Man erzählte, von dort sei Jesus jäh an den Abhang des gegenüberliegenden Berges versetzt worden, was den arabischen Namen *dschebel el-kafze*, »Berg des Absprungs« erklärt. Im Süden wird auch heute, gut zwei Kilometer von Nazareth, die Absturzstelle gezeigt, auf dem höchsten Vorsprung über der Ebene, 392 Meter über Meereshöhe und 60 Meter höher als das Tal von Nazareth. Von dort beherrschte man die Ebene von Jesreel.

Es gibt in Nazareth zudem eine Kirche, die man »Unsere Herrin des Erschreckens« nennt. Als die heilige Jungfrau erfuhr, so will es eine örtliche Tradition, daß die Juden Jesus mitgeführt hatten, um ihn den Abgrund hinabzustürzen, machte sie sich auf die Spuren ihres Sohnes und wurde von Schrecken erfaßt, als sie die Juden ohne ihn von der Absturzstelle zurückkommen sah. Seit mindestens elf Jahrhunderten haben die einheimischen Christen den überlieferten Ort durch eine Kirche und ein Kloster bezeichnet.

Im Jahr 1345 fand Niccolo de Poggibonsi dort noch eine Kirche frommer Benediktinerinnen. Die Leute aus der Umgebung erzählten, die Jungfrau habe sich damals gegen einen Felsen gestützt, der sie verbergen sollte. Man sieht noch die Stelle, also den Abdruck des Körpers, den der Fels angenommen hat. Dort befindet sich ein schönes Kloster mit einer Kirche in seiner Mitte, die Santa Maria della Paura. – Vom 15. Jahrhundert an besitzen wir eine Fülle von Zeugnissen über diese Begebenheit. (Abel und Vincent)

Maria, sagt Renan, »scheint sich, durch den Tod ihres Mannes in Nazareth heimatlos geworden, nach Kana, was ihr Geburtsort sein mochte, zurückgezogen zu haben. Kana war eine kleine Stadt, die zwei, zweieinhalb Stunden von Nazareth entfernt am Fuß der Berge lag... Hier scheint sich Jesus einige Zeit niedergelassen zu haben; hier verbrachte er wahrscheinlich einen Teil seiner Jugend, hier errang er seine ersten Erfolge.«

Kana in Galiläa lag nach aller Wahrscheinlichkeit an der Stelle von *chirbet kana*, 14 Kilometer nördlich von Nazareth. Von den Kreuzzügen bis ins 16. Jahrhundert unterlag die Gleichsetzung dieser Stadt Kana mit der des Neuen Testamentes keinem Zweifel (Saewulf 1103, Burchard 1283, Marino Sanuto 1321, Johannes Poloner 1421). Die beiden florentinischen Karten aus dem 12. und 13. Jahrhundert legen Sepphoris zwischen Kana und Nazareth. Willibald 726, Antoninus 560, Teodosius 530, die heilige Paula um 400 haben es besucht, obwohl aus den entsprechenden Angaben nichts Sicheres zu schließen ist.

Im 17. Jahrhundert taucht dann eine Abwandlung auf. Um das Jahr 1620 erwähnt Quaresimius noch, daß man in Nazareth und seiner Umgebung das Kana in Galiläa in nördlicher Richtung zeige, fügt aber hinzu, daß es nordöstlich von Nazareth ein *sepher Kana* gebe, in dem die Trümmer einer Kirche zu erkennen seien. Nach ihm beschreiben mehrere Pilger Kana im Nordosten von Nazareth, an der Straße nach Tiberias. Sie dachten dabei offensichtlich an das heutige *kefr kenna*. Zweifellos erfolgte dieser Umschwung unter dem Einfluß der nach hundertjähriger Unterbrechung christlicher Tradition im Jahr 1620 als Fremde in Nazareth eingezogenen Franziskaner. Das neue Kana lag an der für die Pilger angenehmsten Straße nach dem See Genezareth: sicher hat auch dies kräftig dazu beigetragen, dies Kana in den Vordergrund der Überlieferung zu rücken.

In *chirbet kana* glaubten Burchard und der Poloner einen unterirdischen Gewölbesaal wiederzuerkennen, in dem die Hochzeit von Kana stattgefunden habe, und eine Ecke, in der die sechs steinernen Wasserkrüge standen, von denen Joh. 2, 6 spricht. Um 570, vielleicht am selben Ort, berichtet Antoninus über ein Bett, das einem der Gäste jenes berühmten Hochzeitsfestes als Schlafstätte gedient haben sollte.

ACHTES KAPITEL

Der See Genezareth

Jesus, so sagt uns Renan, »kehrte immer wieder an sein vielgeliebtes Ufer von Genezareth zurück. Dort war der Mittelpunkt seiner Gedanken; dort fand er Glauben und Liebe.« Zwischen seinem Aufenthalt in der Wüste, in nächster Umgebung Johannes des Täufers, und seiner letzten Reise nach Jerusalem, von der er nicht mehr zurückkehren wird, hat er dort gelebt, hat dort seine Jünger erwählt, eine Schar von Anhängern um sich versammelt. In diesem kleinen Landstrich im Norden Galiläas hat er fast alle Reden gehalten, von denen berichtet wird, und die meisten seiner vielen Wunder gewirkt. Jene, die ihn gesehen haben, die mit ihm vertraut waren, die das Andenken an ihn bewahren konnten, die Zeugen seines Lebens, sie waren dort bei ihm, in der Hügellandschaft um den See Genezareth. Dennoch scheint sich, wie wir später sehen werden, die Aufmerksamkeit der christlichen Gemeinschaft nicht vornehmlich diesen Ufern und den Dörfern zugewendet zu haben, die doch am Tage seines Todes von seiner Gegenwart erfüllt sein mußten, scheinen diese Orte in der Erinnerung der ersten Christen nicht in den Vordergrund getreten zu sein, obwohl dies doch so naheliegend war.

»Fünf kleine Städte«, sagt erneut Renan, »von denen die Menschheit ebenso ewig sprechen wird wie von Rom und Athen«, auch wenn dies offensichtlich nur für zwei von ihnen gilt, »lagen zur Zeit Jesu auf der Strecke zwischen dem Dorfe Medjdel und Tell-Hum. Von diesen fünf Städten, Magdala, Dalmanutha, Kapernaum, Bethseda, Chorazin, ist nur die erste noch mit Gewißheit aufzufinden.«

Nun ist nach Dalman »die Lage von Kapernaum am Nordufer des Sees bei *tell hum* durch die Zeugnisse der Pilger vom 4. Jahrhundert ab hinreichend festgestellt, so daß jetzt kaum mehr Zweifel daran bestehen.« Was Bethsaida angeht, »so kannte auch die Tradition bis zur Zeit der Kreuzzüge zwischen Tiberias und Kapernaum kein Bethsaida, das vielmehr östlich von Kapernaum gefunden wird. Die Pilger besuchen von Tiberias aus nur die Speisungsstätte und Kapernaum nach Arkulf und Petrus Diakonus (Geyer, S. 273 und 112). Die Reihenfolge Tiberias, Magdala, Speisungsort, Kapernaum, Bethsaida wird durch Entfernungsangaben von Station zu Station besonders deutlich bei Theodosius (530) festgelegt. Sie findet sich aber auch noch bei Willibald (724-727), bei Theoderich (1172) und Johannes von Würzburg (1170). Zum ersten Mal erscheint bei Daniel (1106), dessen Angaben aber hier recht unklar sind, Bethsaida in der Nähe des Speisungsortes, und dies scheint später eine Zeitlang die herrschende Meinung gewesen zu sein, die auch Burchard (1282) und Poloner (1421) vertreten.«

Jenseits des Hügels von Kinnereth, am Nordufer des Sees, befindet sich eine ebene Stelle, die mit *heptapegon*, dem »Siebenquell« gleichgesetzt wird, ein Ausdruck, der seit der byzantinischen Zeit nachweisbar ist (Petrus Diakonus, wahrscheinlich nach Ätheria,[123] Theodosius, und im Griechischen Cyrill von Skythopolis und Epiphanius). Schon im 4. Jahrhundert zeigte man beim Siebenquell den Ort, an dem Jesus das Wunder der Speisung der Fünftausend geschehen ließ. Es gab dort früher eine Kirche. »Arkulf sah hier um 670 am Rande einer Quelle Säulen umherliegen, wohl von der Kirche, die nach Petrus Diakonus den Stein zum Altar hatte, den Jesus bei der Segnung des Brotes als Tisch benutzte, und von deren Mosaikfußboden Karge einen Rest mit dem Bild von einem Korb mit vier Broten und je einem Fisch auf beiden Seiten vorgefunden hat.«(*ibid.*, S. 146)

---

123 Ibidem vero super mare est campus herbosus, habens foenum satis et arbores palmarum multas et juxta eas septem fontes, qui singuli infinitam aquam emittunt, in quo campo Dominus de quinque panibus et duobus piscibus populum satiavit. Sane lapis, super quem Dominus posuit, est factum altarium, de quo lapide nunc frusta (in Stücken oder Teilen) tollunt venientes pro salute sibi et prodest omnibus. Juxta cujus ecclesiae parietes via publica transit, ubi Mattheus apostolus teloneum habuit. Inde in montem qui juxta est in specula, in qua ascendens beatitudines dixit Salvator. Non longe autem inde est synagoga quam Salvator maledixit, *Petrus diaconus*, Geyer, S. 113.

Weshalb hat man die Szene an diesen Ort gelegt? Zweifellos unter dem Einfluß einer Überlieferung, die für die Bergpredigt einen Hügel unmittelbar oberhalb der sieben Quellen wählte: die Bühne für den Lehrort und den Speisungsort.[124] Vielleicht war es einfach auch der Wunsch, den Pilgern die Erinnerung an ein bedeutendes Ereignis bei einer leicht zugänglichen Stelle greifbar werden zu lassen. Schließlich muß man aber auch in Erwägung ziehen, daß nach Joh. 21 die Erscheinung des auferstandenen Herrn von der Überlieferung an den Siebenquell gelegt wurde. Freilich wird dies erst um 800 ausdrücklich erwähnt, im *Commemoratorium de casis Dei*. Es gab damals in der Nähe des Seeufers an dieser Stelle eine Kirche, die den Zwölf Thronen (*Dodekathronos*) geweiht war, und man zeigte dort den Tisch, an dem Jesus mit seinen Jüngern gespeist hatte.[125] Ein anderes Heiligtum war das *Kastellion Heptapegon*, das, wie man sagte, an der Stätte der Brotvermehrung für die Fünftausend stand.

»Von da an ist öfters von den beiden heiligen Stätten am Siebenquell die Rede.[126] Daniel nennt 1106 nach dem Speisungsort eine Apostelkirche an der Stätte der Erscheinung. Burchard unterschied 1283 zehn Schritte vom Ufer einen damals von den Beduinen verschleppten Stein mit drei Fußeindrücken, auf dem Jesus stand, als er den Jüngern erschien, und unmittelbar

---

124 »Es nimmt nicht wunder, daß die Tradition für die Bergpredigt einen bestimmten Punkt in der Bergwelt von Kapernaum festgelegt hat... Hier ist gewiß die unmittelbare Nähe des ebenen Platzes nach Luk. 6, 17 bei dem Berge der Apostelwahl maßgebend gewesen.« Dort heißt es: Es begab sich aber zu der Zeit, daß er auf einen Berg ging, um zu beten... Und als es Tag wurde, rief er seine Jünger und erwählte zwölf von ihnen... Und er ging mit ihnen hinab und trat auf ein ebenes Feld. »Die einzige wirkliche Ebene in der Gegend von Kapernaum schien gemeint sein zu müssen. An ihrem Rande hätte der Redner gestanden«, Dalman, S. 167.

125 Der Verfasser des *Commemoratorium de casis Dei* wurde um 808 von Karl dem Großen damit beauftragt, eine Liste der Kirchen und Klöster in Palästina und der Zahl der Priester und Mönche zu erstellen, die dort ihren Dienst taten. Er sagt, daß er »nahe am See eine Kirche, die man zu den Zwölf Thronen nennt«, gesehen habe, »wo sich der Herr mit seinen Jüngern befand; dort ist eine Tafel (*mensa*), an die er sich mit ihnen setzte«, Tobler und Molinier, Bd. 1, S. 303f.

126 Vom 9. bis zum 12. Jahrhundert, nach Harun-al-Raschid, hatten sich nur wenige Pilger bis zu den Ufern des See Genezareth gewagt. Wir besitzen keinen Bericht aus dieser Zeit. Dies wird sich allerdings mit den Kreuzzügen wieder ändern.

am Ufer den Ort des Mahles mit ihnen, welcher *tabula* oder *mensa* genannt wurde.« (Dalman, S. 147)

Selbst wenn der Ursprung dieser Ortsangabe im Dunkeln liegen mag, kann man der folgenden Annahme von Dalman (S. 148) einige Wahrscheinlichkeit zubilligen. Nach Joh. 21 erschien Jesus nach seiner Auferstehung seinen Jüngern am Ufer des See Genezareth. Bei Mark. 14, 28 und 16, 7 hat Jesus seinen Jüngern erklärt, daß er sie nach seiner Auferstehung in Galiläa treffen wolle, wies also »sicherlich auf die altbekannte Stätte seines dortigen Verkehrs mit ihnen.« Nun hatten die fünf Erscheinungen des Auferstandenen, die Paulus vor der ihm selbst zuteil gewordenen in 1. Kor. 15, 5 kennt, »gewiß alle ihren Ort, den die Erzählung von ihnen nannte. Eine davon wird der von Joh. 21 entsprechen. So ist die Annahme erlaubt, daß die Tradition guten Grund hatte, gerade beim Siebenquell die Stätte der Erscheinung am See zu suchen.«

Paulus, das ist richtig, nennt die Orte in seinem Brief nicht. Dalman vermutet hinter dem Bericht des Paulus und der Evangelien eine mündliche, vielleicht örtliche Tradition, und nicht den umgekehrten Fall, nämlich daß diese Tradition nur Widerhall des bei Paulus und in den Evangelien Gesagten wäre: tatsächlich läuft die ganze Frage darauf hinaus. – Das christliche Gedenken selbst hat über die wundersame Brotvermehrung Zeugnisse erst seit Ende des 4. Jahrhunderts (nach Ätheria, falls die von Petrus Diakonus wiedergegebene Schrift von ihr sein sollte) hinterlassen.

Es wird hier nichts über die letzte Erscheinung Christi berichtet, deren Bestimmung an diesem Ort erst, wie schon gesagt, vom Jahre 800 an erwähnt wird. – »Die Speisung der Fünftausend gehört aber nicht an diese Stelle, von der aus nur $1^1/_3$ km zur Ortschaft am Feigenquell und $2^1/_3$ km nach Kapernaum zurückzulegen sind und also die Notlage nicht gegeben war, welcher die Speisung abhalf.«

Unmittelbar im Norden von *chirbet tell hum* (Kapernaum) bezeichnete im 9. Jahrhundert ein Steinblock mit einem darauf eingelassenen Kreuz die Heilung der blutflüssigen Frau (Matth. 9, 20ff).

De septem fontibus usque in Capharnaum milia II, sagt Theodosius (Gever, S. 138), und es ist dies eben *tell hum*. »Am Anfang des 4. Jahrhunderts war Kapernaum noch ausschließlicher Judenort, als *comes* Joseph dort eine Kirche bauen durfte. Nach Petrus Diakonus besuchte man dort das zur Kirche gewordene Haus des Petrus und stieg auf einer Treppe zu der aus Quadersteinen gebauten Synagoge hinauf.«[127] Antoninus (570) sagt: *Venimus in Capharnaum in domo beati Petri, quae est modo basilica*. Und Petrus Diakonus: *In Capharnaum ex domo apostolorum principis* (Petrus) *ecclesia facta est, cujus parietes usque hodie ita stant, sicut fuerunt*.[128] *Ibi paraliticum Dominus curavit. Illuc est synagoga, in qua Dominus daemoniacum curavit, ad quam per gradus multos ascenditur: quae synagoga ex lapidus quadratis est facta.* (Geyer, S. 112).[129]

Aber es ist vor allem die Synagoge, über die Fragen nach dem genauen Ort und der Glaubwürdigkeit seiner Bestimmung am leidenschaftlichsten ausgefochten werden. – Man findet bei *tell hum* ein sich über mehr als einen Hektar erstreckendes Trümmerfeld. »In einem nicht zu übersehenden Gegensatz zu den im ganzen dürftigen Trümmern steht die Ruine eines ansehnlichen Baus aus Kalksteinen, der mit seinem reichen spätrömischen Schmuck am See, ja im ganzen westlichen Palästina, nicht seinesgleichen hat. Seine Bestimmung zur Synagoge folgt aus der Ähnlichkeit mit anderen galiläischen Bauten derselben Art, welche jüdische Inschriften tragen.« (Dalman, S. 150)

Ist es der Neubau desjenigen Gotteshauses, in welchem Jesus einen Besessenen heilte (Mark. 1, 21ff, Luk. 4, 31ff) und

127 Pater Barnabé Meistermann, *Capharnaum et Bethsaïde*, danach eine Untersuchung über das Alter der Synagoge in *tell hum*, Paris 1921, S. 112.

128 Nach Dalman galt »ein Bau, der aus dem alten Kapernaum stammen sollte, als die Kirche an historischer Stätte... Dem byzantinischen Kapernaum gehören die Baureste an, welche Orsali aufgedeckt hat. Ein dreifaches Oktogon von etwa 25 Meter Durchmesser ist da in den Fundamenten erkennbar. Der Fußboden besteht nicht wie in der Synagoge aus Steinplatten, sondern aus Mosaik... in der Mitte ein Kreis mit der Darstellung eines Pfaus, dessen völlig ausgebreiteter Schweif den Körper fast ganz umgibt... Diese Kirche sank vielleicht frühzeitig in Trümmer.«

129 Diese von Petrus Diakonus wiedergegebene Stelle wird von Meistermann der heiligen Silvia von Aquitanien (Ätheria) zugeschrieben, die kurz nach der heiligen Paula, also nach 380, durch Galiläa kam.

den kraftlosen Arm eines anderen (Matth. 12, 9ff, Luk. 6, 6ff)? Hat er hier die vielen eindrücklichen Worte gesprochen, von denen die Evangelien später berichten? Renan besaß einen scharfen Blick dafür, wie sich vor allem dort seine Persönlichkeit gefestigt hatte, daß sie vor allem von dort ausstrahlte, zunächst auf den beschränkten Kreis der um den See angesiedelten Bevölkerung, dann nach Galiläa, später über diesen Flecken Erde hinaus. »Die Bevölkerung dieses schönen und fruchtbaren Landes war nur am Sonnabend vereinigt. Diesen Tag wählte er daher für seinen Unterricht. Damals hatte jede Stadt ihre Synagoge oder Versammlungsort. Das war ein rechtwinkliger, sehr kleiner Saal mit einem Eingang, den man mit griechischen Säulenordnungen schmückte. Die Juden, denen eine eigene Architektur fehlte, konnten ihren Bauwerken nie einen originellen Stil geben. Man findet die Reste einiger alter Synagogen noch in Galiläa. Sie sind alle von starkem und gutem Material gebaut; aber ihr Stil wird durch die Überladung mit Pflanzenverzierungen, Laubwerk und Gewinden, welche den jüdischen Denkmälern eigen ist, sehr kleinlich... So waren die Synagogen wirklich kleine unabhängige Freistaaten... Hier wurde ein enormes Maß an Leidenschaft verbraucht... Andererseits gewährte die einem jeden gelassene Freiheit, sich zum Leser und Erklärer des heiligen Textes aufzuwerfen, der Ausbreitung von Neuerungen große Erleichterung. Das war eine der mächtigen Streitkräfte Jesu und das gebräuchlichste Mittel, das er anwendete, um seinen theologischen Unterricht zu begründen. Er trat in die Synagoge ein; erhob sich zum Lesen; der Hazzan (ein angestellter Vorleser oder Diener) reichte ihm das Buch, er rollte es auf, und indem er die Parascha oder Haphtara des Tages las, zog er aus dieser Lesung irgendeine seinen Ideen entsprechende Entwicklung. Da es wenig Pharisäer in Galiläa gab, so nahm der Streit gegen ihn nicht den Grad von Erregtheit und Schärfe an, der ihn in Jerusalem bei seinen ersten Schritten zum Schweigen gebracht hätte. Diese guten Galiläer hatten niemals eine Sprache gehört, die so gut zu ihrer heitern Phantasie paßte.« Renan, *Das Leben Jesu*, S. 71ff). Hier also war das Feld, auf dem die Saat Jesu fruchtbaren Boden fand.

Wir selbst sind vor mehr als einem Jahrzehnt nach Kapernaum gekommen, über die Straße, die von Tiberias in Richtung Norden entlang des Westufers des Sees hinauf führt. Tiberias ist ganz talmudisch: ein trauriger, dunkler Ort, eine feindselige, schroffe, mürrische Bevölkerung. Der zunächst zwischen Bergen und See eingezwängte Horizont weitet sich bald zu einer fast lieblichen Ebene, von Zeit zu Zeit trifft man auf einen Bach, grüne Stellen, sieht aber auch ausgedörrte Flächen. Man begegnet Beduinen zu Pferde, gehüllt in dunkle Gewänder, die einem spöttische oder verächtliche Blicke zuwerfen: wie der böse Geist des von Renan geziehenen Islam, der »wie ein Hauch des Todes das von Jesus erwählte Gebiet verdorrt« habe. Es war während einer Reise im heißen Juni. »Wenn im Mai und Juni die Hitze im Schatten bis 38 und 40° Celsius steigt, wird die Arbeit bei Tage und der Schlaf bei Nacht schwer. Auf einer Fahrt über den See kann man dann fast umkommen vor Hitze, nachts haben manche das bis 29° warme Wasser zum Schlafen aufgesucht.« (Dalman) Keine kühlen Lüfte, die schon von den Bergen aufgehalten werden, lindern die glühende Hitze in dieser 200 Meter unter dem Meeresspiegel liegenden Senke.

Als wir aber am Franziskanerkloster ankamen, genossen wir in einem geräumigen Vorraum, der wohl ein Ruheort für die Mönche war, die dortige Frische. Nach einem Augenblick der Rast verließen wir das Kloster, um die Reste der Synagoge zu sehen, die man im Verlauf von Ausgrabungen entdeckt hatte. Ihre am schönsten bearbeiteten Steine waren gegen eine Mauer gelehnt, und es befand sich gerade eine Gruppe junger Leute dort, Studenten oder Lehrer der Hebräischen Universität, die dabei waren, diese Steinarbeiten zu betrachten, Arabesken, geometrische Formen, aber auch Umrisse von Pflanzen und sogar Tieren, die einige von ihnen abzuzeichnen versuchten. Auf unsere Frage, ob dies die Synagoge aus der Zeit Jesu sei, antwortete einer von ihnen: »Es ist sicher eine sehr schöne Synagoge. Aber sie stammt wohl aus dem 3. Jahrhundert nach Christus. Es gab dort früher vielleicht eine andere. Man müßte tiefer graben, um das festzustellen.«

Man bedenke, daß weder in Jerusalem noch in ganz Palästina irgendeine echte, gesicherte Spur vorhanden ist, welche die Anwesenheit Jesu bezeugte, kein Bauwerk, kein erhaltenes Haus, von dem man sagen könnte, daß er es betreten, auf das er seine Blicke gerichtet hätte, keine Mauer, an die er sich gelehnt hat, kein Stein, über den er gegangen ist. Denn welcher Besucher, selbst der noch so wenig bewanderte gläubige Christ, sieht die Abdrücke seines Körpers, seiner Füße, die man hier und dort zeigt, etwa seine Fußspuren an der Stätte der Himmelfahrt, heute nicht mit einigem Zweifel? Sicher gibt es vieles, das sich nicht verändert hat oder kaum verändern konnte, die Hügel, der wundervolle Blick auf das Tote Meer und das Land der Moabiter, den man von der Höhe des Ölbergs hat. Doch all dies reicht zu weit, ist zu namenlos und nicht nach menschlichem Maß. Was man finden, sehen und berühren will, was die Pilger während all der Jahrhunderte gesucht haben, sind doch jene Dinge, die dem von den Evangelien beschriebenen materiellen Rahmen am nächsten kommen, es sind die Gegenstände und Orte eines gemeinsamen Maßes des Menschen Jesus und unseres eigenen, die uns glauben machen, daß er etwas von sich auf dieser Welt zurückgelassen habe, die uns seine Gegenwart spüren lassen, Spuren, die aus einer Vergangenheit kämen, die für ihn Gegenwart gewesen ist.

Wenn aber die Steine und Pflaster, die Mauerstücke, die Treppenstufen und Verzierungen, die bildhaften Darstellungen, die man wiedergefunden hat, uns dabei helfen könnten, die Synagoge in Kapernaum, von denen die Evangelien sprechen, ganz handgreiflich wieder erstehen zu lassen, wenn dies tatsächlich ihre Überreste sein sollten, dann hätten wir wirklich gefunden, was wir suchten: zweifellos die Stätte einer Erinnerung, wenn dieser Ort, zumindest während der ersten Jahrhunderte der christlichen Zeitrechnung, tatsächlich besucht wurde, aber einer Erinnerung, die sich mit dem vermischte, wessen gedacht wird – weil dies dann das Gebäude wäre, in dem Jesus sich aufgehalten hätte, in dem er vor seinen Jüngern und den Galiläern gesprochen hätte, und sie sich wieder treffen und zusammensetzen konnten. Es wäre dies die einzig echte Verbindung zwischen der evangelischen Zeit und unserer heutigen Welt, über die wir noch verfügten.

Doch die Studenten der Hebräischen Universität hatten wohl recht. »Nach der sorgsamen Untersuchung der Baureste durch die Herren Kohl und Watzinger im Jahre 1905 im Auftrage der Deutschen Orientgesellschaft, ist der Bau erst um 200 n. Chr. errichtet worden.« Dabei werde als wichtigstes Argument gegen die Erbauung der Synagoge im 3. Jahrhundert geltend gemacht, »daß der zu jener Zeit in Galiläa herrschende Pharisäismus nicht zugelassen haben würde, daß eine Synagoge entstand, bei deren Schmuck Figuren von Zentauren, Putten, Löwen und Adlern vorkamen, wie es in *tell hum* der Fall ist.« Doch »nach rabbinischem Rechte mußte ein Schmuck mit Darstellungen von Tieren als erlaubt gelten. Die Zentauren konnten allenfalls auch als Tiere aufgefaßt werden, und die Guirlanden tragenden Putten hatten jedenfalls mit heidnischer Religion nichts zu tun. Grade im 3. Jahrhundert hat man begonnen, die Wände mit Bildwerken zu versehen, ohne daß der galiläische Rechtslehrer Jochanan Einspruch erhob.« (Dalman, S. 151f) Vielmehr hat man um 4. v. Chr. und dann wieder 66 n. Chr. die Darstellung von Lebewesen für gesetzwidrig erklärt. Nun sei allerdings die Synagoge aus der Zeit Jesu von einem heidnischen Zenturio für die Juden erbaut worden (Luk. 7, 5). »Aber eher könnte man sagen, daß die Synagogen von Galiläa, deren Ruinen wir kennen, mit ihrem bildlichen Schmuck aus einer Zeit der Herrschaft solcher Anschauungen schwerlich hergeleitet werden können.« (*ibid*., S. 152)

Dalman hat mit Recht über Kapernaum gesagt, daß man keinen anderen Ort in Palästina finde, an dem sich die Erinnerungen an die evangelische Geschichte derart häuften. Abgesehen von jenen, die sich auf die Synagoge und das Haus Petri richten, »befand sich innerhalb des Stadtgebiets das Haus des Centurio, dessen Diener Jesu Wort heilte (Matth. 8, 5ff; Luk. 7, 1ff; vgl Joh. 4, 46ff), und des Synagogenvorstehers Jair, wo Jesus dem toten Mädchen sein *talita kumi* zurief (Mark. 5, 41; vgl. Matth. 9, 25; luk. 8, 54), aber auch die Privatwohnung des Zöllners Levi, wo er seinen neuen Meister mit einem Gastmahl feierte. Dagegen stand sein Zollhaus, aus dem er berufen wurde (Matth. 9, 9ff; Mark. 2, 14ff; Luk. 5, 27ff), am ehesten draußen am Hafen der Stadt. Dort am Strande drängte sich das Volk, als Jesus vom Boot aus zu ihm in Gleichnissen von der Gottesherrschaft redete (Matth. 13, 1ff; Mark. 4, 1ff).« (S. 163) All dem hätte doch gedacht werden können, gedacht werden müssen. Man wundert sich, daß dieser Ort so lange verlassen blieb, daß erst in späterer Zeit und nur eine Kirche die vermutete Stelle bezeugte, an der das Haus des Petrus stand.

Es war also eine ausschließlich jüdische Gemeinde, als zu Beginn des 4. Jahrhunderts der *comes* Joseph das Recht erhielt, dort eine Kirche zu bauen. Bis zu dieser Zeit wußte man, daß die Juden dort weder Christen noch Samaritaner noch Heiden gewähren ließen. Welche Erinnerungen Jesu konnte man hier also bewahren? Zudem hatte man die so geringe Aufmerksamkeit für diese Stätte auch der Verdammung Jesu anzulasten (Matth. 11, 23): Und du, Kapernaum, wirst du bis zum Himmel erhoben werden? Du wirst bis in die Hölle hinuntergestoßen werden. Denn wenn in Sodom die Taten geschehen wären, die in dir geschehen sind, es stünde noch heutigen Tages. Doch ich sage euch: Es wird dem Land der Sodomer erträglicher gehen am Tage des Gerichts als dir. – So wenig sich das christliche Gedächtnis, wie wir gesehen haben, um den Tempel von Jerusalem bemühte, so völlig hat es sich, und offenbar aus demselben Grund, von jener Stadt abgewandt, über welche die Juden ihren Einfluß geltend gemacht und bewahrt hatten.

Nach Johannes (1, 44) stammten die drei Jünger Jesu, Philippus, Andreas und Petrus, aus dem Ort Bethsaida. »Die christliche Tradition schenkte ihm als der Heimat dreier Apostel Aufmerksamkeit.« Theodosius sagt um 530: *de Capharnaum usque Bethsaida milia VI, ubi nati sunt apostoli Petrus, Andreas, Philippus et filii Zebedaei* (Geyer, S. 138) Um 725 fand Willibald dort eine Kirche an der Stätte des Hauses des Zebedäus. Aber die Pilger scheinen Bethsaida immer seltener aufzusuchen. Weder Antoninus noch Arkulf sprechen davon, obwohl noch Theoderich im Jahr 1172 weiß, daß der Jordan zwischen Bethsaida und Kapernaum fließt, und eine Karte aus dem 12. Jahrhundert es richtig auf der Ostseite des Sees anzeigt. (Dalman, S. 176)

Dennoch ist Bethsaida mehrere Male in den Evangelien genannt. Dort beschreibt Lukas (9, 10ff) die wundersame Speisung. Markus (6, 34) sagt, daß nach der ersten Speisung Jesus seine Jünger in ein Boot steigen ließ, auf daß sie vor ihm nach Bethsaida hinüberfuhren, und 8, 22, daß er im Anschluß an die zweite wundersame Speisung nach Dalmanutha ging, ein Boot bestieg, bei Bethsaida ankam, wo er einen Blinden heilte. Es scheint, daß man hier Lukas und Markus nicht Recht geben kann. Die Tatsache, daß man das Speisungswunder ans andere Ufer legte, würde erklären, daß Bethsaida übergangen wurde.

Lesen wir nun noch einmal, was Renan über die Lokalisierung der fünf Städte Magdala, Dalmanutha, Kapernaum, Bethseda, Chorazin sagt:[130] »Das abscheuliche Dorf Medjdel hat ohne Zweifel den Namen und den Platz des Fleckens bewahrt, der Jesus seine treueste Freundin gab. Wahrscheinlich war Dalmanutha nahebei gelegen. Es ist nicht unmöglich, daß Chorazin etwas in das Land hinein lag gen Norden. Was Bethseda und Kapernaum betrifft, so verlegt man sie wirklich nur aufs Geratewohl nach Tell-Hum, Aïn-et-Tin, Khan-Minyeh, Aïn-Medawara. Tell-Hum scheint den Namen der Wahlheimat Jesu bewahrt zu haben (Tell ist vielen Dorfnamen angefügt und konnte so auch Caphar ersetzen). Ich bin (allerdings) geneigt zu glauben, daß Kapernaum bei Aïn-et-Tin lag, nahe am Kreuzwege im Felsen, und die monumentalen Ruinen von Tell-Hum uns Bethsaida vorstellen.« – Und er fügt in der Anmerkung hinzu: »Die Ruinen von Tell-Hum sind reichlich monumental für einen jüdischen Marktflecken. Sie passen sehr viel besser zu Bethseda (Renan hat diese beiden Sätze in der korrigierten Fassung seines Manuskripts gestrichen). Die Ausgrabungen bei Tell-Hum könnten vielleicht das Problem lösen; denn dort gibt es Überreste wahrhafter Denkwürdigkeiten, insbesondere einer Synagoge, die uns vielleicht auch Inschriften wird liefern können. (Wie schade! Sie haben nichts er-

130 Prosper Alfaric, *Les manuscrits de la »Vie de Jesus« d'Ernest Renan*, Paris, 1939, S. 161.

bracht. Und über die Entstehungszeit der Synagoge liegt man um zwei oder drei Jahrhunderte auseinander.)« Die Anmerkung endet mit: »Ich glaube jetzt: Bethseda = Tell-Hum; Kapernaum = Khan Minyeh. (Allerdings hat Renan auch diese Schlußfolgerung gestrichen...). Und, im Manuskript von Ghazin (erste Fassung), glaubt er, daß »Aïn-et-Tin (einem hübschen, engen und tief in den Fels gehauenen Weg, welchem Jesus gewiß oft gefolgt ist) wahrscheinlich Bethseda ist. Vierzig Minuten entfernt findet man einige elende Hütten: das ist wahrscheinlich Kapernaum...« Daher auch seine traurige Bemerkung: »Man sollte glauben, daß in der Topographie, wie in der Geschichte, eine tiefe Absicht die Spuren des großen Gründers verbergen wollte. Es ist zu bezweifeln, daß man jemals dazu gelangt, auf diesem von Grund aus verwüsteten Boden die Stellen fest zu bestimmen, auf denen die Menschheit seine Fußstapfen küssen möchte.« Ein seltsamer Widerspruch, daß sich eben da, wo Jesus den größten Teil seines Menschenlebens verbrachte, seine Spuren so vollständig verflüchtigen.

Schluß

Wir besitzen über die christliche Ortskunde vor dem 4. Jahrhundert keinerlei Kenntnisse. Dies ist umso bedauerlicher, als sich zweifellos in eben dieser Zeit viele solcher Erinnerungen herausgebildet und erhalten haben, auf die wir dann später stoßen. Was hätte uns nicht der Bericht eines Pilgers lehren können, der im 2. Jahrhundert durch Palästina gereist wäre? Stellen wir also zunächst einige Mutmaßungen an, versuchen wir uns vorzustellen, woran man sich damals erinnern, worauf sich das erste christliche Ortsgedächtnis beziehen konnte. Denn wir haben ja immerhin die Angaben aus den Schriften des Neuen Testaments, aus den Evangelien, und können dabei unterstellen, daß ihnen mündliche Überlieferungen zugrunde liegen. Der Pilger von Bordeaux hat sie gelesen. Seine Führer kannten sie. Waren vielleicht sie die ersten Stützen des christlichen Gedächtnisses, Leitfaden für seine frühen Versuche, sich der heiligen Stätten Palästinas zu vergewissern?

Die Evangelien scheinen ganz offenbar Frucht einer kollektiven, nicht zuletzt auch volkstümlichen Erinnerungsarbeit gewesen zu sein. Es sprechen dafür sowohl ihre Gemeinsamkeiten wie ihre Unterschiede. Man hat darauf hingewiesen, daß etwa Johannes nicht von Gethsemane spricht und Jesu Todesringen an andere Stelle legt. Er spricht nicht von Bethlehem. Er ist der einzige, der sagt, daß Jesus zunächst zu Hannas, dem Schwiegervater des Kaiphas geführt wurde.[131] Nur er berichtet von einer Auferstehung des Lazarus. Umgekehrt sagt er nichts über die Einsetzung der Kommunion: »Dies ist mein Leib...« Bei Lukas gibt es eine Sünderin, die im Hause eines Pharisäers Jesu Füße salbt. Bei Johannes ist es Maria aus Bethanien im Hause des Lazarus. Bei Markus und Matthäus schließlich eine

131 »Dieser Umstand, den man nur bei Johannes findet, ist der stärkste Beweis für den historischen Wert des vierten Evangeliums«, Renan, *Das Leben Jesu*, 24. Kapitel, Anm. 13.

Frau im Hause des Simon. Bei Matthäus erscheint Jesus nach seinem Tod den Jüngern ein einziges Mal, in Galiläa, auf einem Berg. Bei Markus und Johannes zeigt er sich ein erstes Mal Maria Magdalena, in der Nähe des Grabes. Bei Lukas und Johannes erscheint er den elf einmal in Jerusalem, allein bei Johannes ein zweites Mal, wiederum in Jerusalem. Nur Johannes zeigt ihn später nochmals am Ufer des See Genezareth, nicht, wie bei Matthäus, auf einem Berg. Die Erscheinung bei Emmaus gibt es nur bei Markus und Lukas. Und nur bei Lukas findet die Himmelfahrt in Bethanien statt. Es sieht alles danach aus, als ob es mehrere Fassungen gegeben habe, die sich in Einzelheiten unterscheiden, aber immer wieder aufeinander Bezug nehmen. Im Hinblick auf die Ortsangaben überwiegen allerdings die Gemeinsamkeiten. Durch alle vier Evangelien hindurch tritt, obgleich nicht unbedingt für die Reden Jesu, bei denen sich insbesondere Johannes deutlich von den anderen absetzt, so doch zumindest hinsichtlich der Orte und Ereignisse und ihrer Bedeutung, ein ähnlich allgemeiner Rahmen hervor. Hier schon gibt es also eine Erinnerung oder eine Gesamtheit von Erinnerungen, die von einer ganzen Gruppe geteilt werden.

Es ist übrigens nicht anzunehmen, daß man aufgrund der kurzen Zeit, die zwischen diesen Begebenheiten und den schon vor ihrer ersten Niederschrift kollektiv verfaßten Erinnerungen liegt, auch erwarten müßte, die Abweichungen, Fehler oder Auslassungen hätten sich dort unabsichtlich eingeschlichen. Wir können im Gegenteil mit einigem Recht sogar häufig den anderen Fall vermuten, daß sobald ein Ereignis stattfindet, welches der Erinnerung und Erzählung wert scheint, wenn also unmittelbare Zeugen dafür vorhanden sind, es umso wahrscheinlicher in mehreren Perspektiven gesehen und seine genauen Umrisse festzulegen umso schwerer wird. Und dies ist wohl vor allem so, wenn dies Ereignis ganze Gruppen von Menschen tief bewegt und leidenschaftliche Fragen aufwirft.

Was sind diese Zeugen, ihre Angaben, ihre Eindrücke wert, wenn sie vor und insbesondere nach einer solchen Begebenheit zu einer Gruppe gehören, die sie ihren eigenen Überzeugungen und Sehnsüchten gemäß zu rekonstruieren versucht? In dem Augenblick, da erzählt wird, was man gesehen hat, werden alle Nebensächlichkeiten beiseite gelassen, von denen man annimmt, daß sie für die Gemeinschaft ohne Belang sind. Und zweifellos aus diesem Grund fällt dann vieles dem Vergessen anheim. In jedem Fall bleiben diese Zeugen aber, wie gefügig sie gegenüber den Erwartungen der Gruppe auch sein mögen, die Schnittstelle zwischen einer wahrgenommenen Wirklichkeit und jener kleinen Gemeinschaft, die innerhalb einer größeren, vielleicht feindseligen, vielleicht gleichgültigen Gesellschaft besteht. Was aber geschieht nun, wenn sie aus ihr heraustreten, ihr fester Sinn ins Wanken gerät, wenn die Aufregung verhindert, genau zu hinsehen und alles aufzunehmen? Es wird eine ganz gefühlsbestimmte, dunkle und ungeordnete Sprache sein, in der sie sich ausdrücken.

Jede Zeugenschaft muß in der Tat diese widersprüchlichen Notwendigkeiten befriedigen: daß der Zeuge die Gruppe verläßt, wenn er sinnlich erfahrbare Tatbestände wahrnimmt, und wieder in sie eintritt, um diese zu berichten. Er muß sich fast schlagartig von äußeren Eindrücken frei machen und erneut als Mitglied der Gruppe denken und fühlen. Als Jesus gefangen genommen wird, ergreifen seine Jünger die Flucht. Allein Petrus folgt seinem Meister in einiger Entfernung. Die christliche Gruppe ist in diesem Augenblick gleichsam in Petrus zusammengedrängt. Aber vielleicht hat sie auch Petrus zeitweilig verlassen. Gewaltvolle, unerhörte Bilder drängen sich ihm auf, die ganz im Gegensatz zur Denkungsart der Jünger stehen, die man innerhalb der Gruppe weder zugeben noch begreifen konnte. Es ist ganz natürlich, daß er dabei fast vergißt, ein Jünger Jesu zu sein. Nur unter dieser Bedingung kann er das sehen und hören, was jeder andere wahrnimmt, der diese Ereignisse verfolgt. Er ist kein Jünger mehr, der Augen und Ohren verschließt, der, von welchem Gesicht auch immer heimgesucht, erfüllt von irgendeiner Erscheinung, jenseits des Menschen Jesus eine ganze Welt übernatürlicher, übersinnlicher Dinge wahrnähme.

Vielleicht ist dies auch der Hintergrund der Verleugnung Petri. Er verleugnet Christus nicht aus Verwirrung oder Böswilligkeit, sondern um Zeuge zu sein, um sehen und hören zu können, auf daß nicht Bestürzung, Verzweiflung und Empörung – die er allein schon verdrängen mußte, um nicht selbst verfolgt zu werden – seine Sinne eintrübten und verhinderten, das in sein Gedächtnis einzumeißeln, was Jesus im Hause des Hannas oder Kaiphas gesagt und getan hat. Denn dies war der einzige Augenblick, als Christus in den Händen der Juden war, in dem ihn seine Jünger nicht mehr hören konnten. Und dennoch sollten die Worte, die er sprach, seine Haltung vor dem Sanhedrin später in den Evangelien berichtet werden.

Hat man das Zeugnis Petri als solches verstanden? Doch Petrus, vom Zeugen wieder zum Jünger geworden, meinte vielleicht, etwas anderes gesehen und gehört zu haben, als die Jünger wünschten oder erwarteten, daß er berichte. Gibt es andere christliche Zeugen? Nur im Evangelium nach Johannes (18, 15) wird gesagt, daß ein weiterer Jünger, der dem Hohenpriester bekannt war, das Haus betrat und Jesus folgte. Jedenfalls ist der Bericht in keinem Evangelium derselbe. So läßt man Jesus vor Kaiphas in einem Evangelium das sagen, was er in einem anderen vor Pilatus sprach. Konnte Petrus dort, wo er kauerte, die Worte Jesu verstehen? Er hat vielleicht nur gesehen, wie man ihn hier mißhandelte. Es ist sehr gut nachvollziehbar, daß sich später in seinen Gedanken das, was Christus die Tage zuvor gesagt hatte, mit dem vermischen konnte, was er an eben diesem Tag sprach, daß sich zumindest diese Verwechslung bei den anderen Jünger einstellte, und Petri Bericht so abgewandelt wurde, daß er bald nicht mehr in der Lage war, seine eigenen Beobachtungen und das von der Gruppe Hinzugefügte auseinander zu halten.[132]

132 Renan sagt: »Der Sanhedrin war bei Kaiphas versammelt. Das Verhör begann; mehrere Zeugen erschienen vor dem Gerichtshof. Das verhängnisvolle Wort, das Jesus wirklich ausgesprochen hatte: ›Ich werden den Tempel Gottes zerstören und in drei Tagen wieder aufbauen‹, wurde von zwei Zeugen angeführt. Den Tempel Gottes lästern hieß nach dem jüdischen Gesetz Gott selbst lästern. Jesus schwieg und verweigerte, das angeschuldigte Wort zu erklären. Wenn man einer Erzählung glauben darf (Mark. 14, 62), hätte ihn der Hohepriester darauf

Die Evangelien geben nur einen Ausschnitt der Erinnerungen wieder, welche die Jünger vom Leben Jesu und den Umständen seines Todes bewahrt haben. In jedem Fall aber stellen sie das Wesentliche dessen vor, was im kollektiven Gedächtnis der christlichen Gruppe verblieben ist. Je weiter man sich von den Ereignissen entfernte, desto eher mußte die Gruppe das Bild, das sie von ihnen beizubehalten geneigt war, schärfen, umgestalten und vervollständigen. Während die Menschen sich für gewöhnlich einem Gegenstand nähern, um ihre Wahrnehmung zu überprüfen, war es hier offenbar nötig, daß sie sich von ihm entfernten, um eine kollektive Erinnerung über sie auszubilden.

Es ist leicht möglich, daß man sich zu Beginn, in den Jahren nach Jesu Tod, und vielleicht noch sehr viel länger, fast das ganze 1. Jahrhundert hindurch, kaum bemüht hat, alle Züge dieses Erinnerungsbildes zu bewahren, genauer festzuhalten. Die Ereignisse waren immer noch gegenwärtig. Man glaubte das Ende der Welt nahe. Jedenfalls läßt sich vermuten, daß wenn die christliche Überlieferung von den ersten Jüngern umgehend niedergeschrieben worden wäre, nicht die Ereignisse der letzten Tage ihr Mitte gebildet hätten, um die sich dann alles Übrige sammeln wird, um jenen hauptsächlichen, nahezu ausschließlichen Gegenstand der christlichen Aufmerksamkeit, der nach und nach alles in den Schatten stellte, was sich nicht unmittelbar mit ihm verband.

Vielmehr mußten die Gefährten Christi seinen gewaltsamen Tod als ein unvorhergesehenes Ereignis erfahren haben: er verlieh seinem Bild einige neue Züge, ohne es grundsätzlich zu verändern. Wer weiß, ob sich ihr Denken nicht, anstatt auf eben diese beklagenswerten und unerwarteten Geschehnisse abzuheben, durch die ihr Meister mit gewöhnlichen Verbrechern gemein gemacht, in der jüdischen Volksmeinung so herabgesetzt wurde, auf verschiedene Ereignisse der letzten Tage

---

beschworen, zu sagen, ob er der Messias sei; Jesus habe es bekannt und vor der Versammlung die nahe Ankunft seines himmlischen Reiches verkündet. (Der Mut Jesu, der entschlossen war zu sterben, erfordert das nicht; Einfügung im Manuskript). Wahrscheinlich wahrte er hier wie vor Hanan Stillschweigen«, Kap. 19, Alfaric, *Les manuscrits de la »Vie de Jésus« d'Ernest Renan*, S. 293.

oder noch weiter zurückliegende Begebenheiten gerichtet hätte, die noch nicht im Schatten des Kalvarienbergs lagen?

Galiläa, die Ufer des See Genezareth, dies war sein selbstgewählter Aufenthalt, bildete den Rahmen seines Wirkens, in dem sich Jahre seines Lebens abspielten. Dort ist er seinen Jüngern begegnet, hat sie ausgewählt und um sich geschart. Er fühlte sich unwohl in Jerusalem, wie ein Fremder. Er ging dort nur unter dem Zwang der Umstände hin, um seinen religiösen Verpflichtungen nachzukommen oder Pflichten, die ihm seine Sendung auferlegte, er nahm nicht ein einziges Mal innerhalb seiner Mauern Herberge, sondern bei Freunden oder Jüngern, an den Hängen des Ölbergs, in Bethanien. Viel mehr als an das Gericht des Sanhedrin, das Gericht des Pilatus, die Hinrichtungsstätte für Verbrecher, wohin sie ihm im übrigen vielleicht gar nicht begleitet haben,[133] wo sie ihn nicht gesehen hatten, mußten sie doch an andere Orte denken, an die Ufer des Sees, an denen sie ihm begegneten, an die Dörfer, wohin sie ihn begleiteten, an jene Gegend, in der er sich frei bewegen und um die Menschen werben konnte, ohne daß er und seine Jünger als Gesetzlose angesehen wurden.

Ein Bild des Lebens Christi, in das all diese Einzelheiten eingegangen wären und den ihnen zukommenden Stellenwert bekommen hätten, würde besser mit der Erinnerung der Ge-

133 »Die Rotte begegnete einem gewissen Simon von Cyrene, der eben vom Lande heimkehrte, und mit der ungestümen Weise von Besatzungstruppen zwangen sie ihn, den verhängnisvollen Balken zu tragen. Vielleicht gebrauchten sie dabei nur ein anerkanntes Fronrecht, da die Römer sich nicht selbst mit dem entehrenden Holz belasten durften. Es scheint, daß Simon später der christlichen Gemeinde angehörte. Seine beiden Söhne Alexander und Rufus waren unter ihnen sehr bekannt. Vielleicht erzählte er mehr als einen Umstand, dessen Zeuge er gewesen war. Kein Jünger war in diesem Augenblick bei Jesus.« Und im Augenblick der Kreuzigung: »Seine Jünger waren geflohen. Nichtdestoweniger erklärt Johannes, gegenwärtig gewesen zu sein und beständig am Fuße des Kreuzes gestanden zu haben.« Renan fügt allerdings hinzu: »Man kann mit größerer Sicherheit behaupten, daß die treuen Freundinnen aus Galiläa, die Jesus nach Jerusalem gefolgt waren und fortfuhren, ihm zu dienen, ihn nicht verließen. Maria Kleophas, Maria von Magdala, Johanna, Frau des Khuza, Salome und noch andere hielten sich in einer gewissen Entfernung und ließen ihn nicht aus den Augen«, Renan, *Das Leben Jesu*, Kap. 25, nach Matthäus, Markus und Johannes. Nur Lukas sagt: »Es standen aber alle seine Bekannten von ferne, auch die Frauen, die ihm aus Galiläa nachgefolgt waren, und sahen das alles«, Luk. 23, 49.

samtheit oder der Gesamtheit der Erinnerungen in Einklang stehen, die von ihm im Gedächtnis der Jünger zurückgeblieben waren, zumindest besser als die Überlieferung, wie sie sich später darstellt, jene, die sich in der »Passion« verdichtet. Von dem Augenblick an, als er, aus freien Stücken oder nicht, den Weg ging, der vom Sanhedrin, einem Gericht, zum Kalvarienberg, einer Hinrichtungsstätte führen mußte, hörte Jesus auf, seinen Jüngern zu gehören. Man wollte Rechenschaft darüber, was er gesagt und getan hatte, als er ihr Meister war. Aber dies Reden und Handeln wurde nun in Ausdrücke des Rechts gefaßt. Und er selbst wurde mit anderen Aufrührern gleichgesetzt, die schließlich die gleichen Prüfungen ertragen mußten, auf dieselbe Art hingerichtet wurden. Wie viel näher war er seinen Jüngern, und wie sehr viel stärker fühlten sie sich ihm vor der Gefangennahme verbunden, vor seiner erniedrigenden Zurschaustellung, öffentlichen Verurteilung und schmachvollen Hinrichtung!

Sicher neigen die Evangelien dazu, uns einen ganz anderen Eindruck zu vermitteln: wie wenn sein ganzes Leben nur eine Vorbereitung auf diesen Tod gewesen sei, wie wenn er sich ihnen schon früh angekündigt hätte. Aber vielleicht war es gar nicht die Gruppe der Jünger, die ihn gekannt und mit ihm gelebt hatten, welche die evangelischen Berichte verfaßt oder aber die Überlieferungen ausgearbeitet hat, die dann später in den Evangelien gesammelt wurden, sondern eine schon größere christliche Gemeinschaft, die ihn eben nicht gekannt hatte. Aus Gründen und unter Einflüssen, über die wir nichts wissen, deutete sie dies Leben als eine Vorbereitung auf jenen Tod, und sah in diesem Tod ein übernatürliches Ereignis, das nur die Voraussetzung seiner Auferstehung war. Was bedeuteten hier noch die Zeugnisse von Menschen, die Jesus nur im Leben begegnet, die seinem Tod nicht beigewohnt hatten, und selbst seine Auferstehung nicht bestätigen konnten? Der heilige Paulus, der Jesus nie gesehen hat, wird seiner Erscheinung mehr Bedeutung zumessen als allen Zeugnissen, selbst denen der Apostel. Er wird sich für einen Apostel mit mindestens demselben Recht halten.

Zumindest aber bedeuteten diese Zeugnisse nur so viel, blieb von ihnen nur das zu bewahren, was es ermöglichte, sie so zu vervollständigen und ihnen jenen neuen Sinn zu geben, wie man es später konnte, als eine größere christliche Gruppe genau diesen Sinn erwartete und verstand. Die individuellen Gedächtnisse, Bruchstücke eines früheren kollektiven Gedächtnisses, waren ohne Stütze, seit die Gruppe der Jünger nicht mehr in ihrer ursprünglichen Einheit bestand. Sie scheinen dunkel und wirr. Nach der Auflösung dieser Gruppe, in der Folge auch der Zerstörung Jerusalems, konnten sie bald nicht mehr einer neuen Deutung der materiellen Spuren des Lebens Jesu standhalten. All dies unter der Voraussetzung, daß es diese Spuren tatsächlich gegeben hat.

Die Orte, die nur die Jünger kannten, waren eben jene, an denen sie sich mit ihm trafen, an denen er sprach und Wunder tat wie andere Führer irgendeiner religiösen Gruppe. All diese Ereignisse waren zudem Bestandteil des damaligen Lebens, und es ist wahrscheinlich, daß die Jünger, wenn man sie um eine Beschreibung des Lebens Christi bat, jene Orte gezeigt haben, die uns nun aber nicht mehr bekannt sind, die wir nicht mehr auffinden können, weil sich keine Überlieferung mit ihnen verbindet. Es ist bemerkenswert, daß mit allen heiligen Stätten, die man in Jerusalem zeigt, irgendein außergewöhnliches, übernatürliches, im religiösen Sinne bedeutsames Ereignis in Zusammenhang steht: Gethsemane, da ihm nach Luk. 22, 43.44 »ein Engel vom Himmel erschien und ihn stärkte«, oder »sein Schweiß wie Blutstropfen wurde, die auf die Erde fielen«, das Heilige Grab, aus dem er auferstand, der Ölberg, von dem er in den Himmel auffuhr, an dem er den Aposteln nach seinem Tod erschien, verklärt wurde. Erst lange nach seinem Tod, nach der Zerstörung und dem Wiederaufbau Jerusalems, nachdem sich die lange versprengte Christengemeinde neu gebildet und vergrößert hat, besuchen die Gläubigen diese Stätten. Es ist der übernatürliche Christus, an den man erinnert. Hat man anzunehmen, daß die Jünger ihn an diesen Orten versucht haben wiederzufinden, seiner zu gedenken? Und sind sie denn, nach allem, was geschehen war, die glaubwürdigsten Zeugen? Es handelte sich doch jetzt um Geschehnisse, die nicht eigentlich sinnlich faßbar sind. Nicht die Jünger haben als erste das leere Grab gesehen. Nicht ihnen haben der oder die Engel Jesu Auferstehung verkündet. Man ahnt, daß es im Hinblick auf diese übernatürlichen, späteren Ereignisse unter den Jüngern wohl Zweifel und einige Auseinandersetzungen gegeben haben mußte. Weder entkräfteten noch bestätigten ihre Zeugnisse völlig die auf jene Tatbestände bezogenen Glaubensvorstellungen, die sich um sie und nach ihnen entwickelt haben.

Die Heiligen Stätten erinnern also nicht an von zeitgenössischen Zeugen beglaubigte Tatsachen, sondern an Überzeugungen, die vielleicht nicht weit von diesen Orten entstanden sind und sich verstärkten, indem sie an ihnen Wurzeln schlugen. Diese Überzeugungen gelten meist Vorgängen übernatürlicher Art, auf denen so viele wesentliche Lehren des Christentum beruhen. Es scheint so, als habe man bestimmte Ereignisse aus der ursprünglichen Geschichte des Lebens und Sterbens Jesu, wie es nur die Jünger kennen konnten, in Andenken gehalten und hervorgehoben, als habe man nur jene Orte gezeigt, an denen sie geschehen sein sollten, weil man sehr viel stärker von der christlichen Lehrmeinung als von den frühesten Zeugnissen ausgegangen ist. Die Christen zu Ende des 1. oder im 2. Jahrhundert werden, seit sie sicher waren, daß Gott zum Menschen wurde, um für die Sünden der Menschheit zu sterben, und dann zum ewigen Leben auferstand, vor allem die Orte suchen, an denen Jesus verurteilt und ans Kreuz geheftet wurde, an denen er starb und auferstand, er seinen Jüngern erschien. Ging es denn darum, an diesen Stätten jene Erinnerungen zu wecken, die aus dem Munde der Jünger auf uns gekommen sind, wie wenn wir an einen Ort zurückkehren, an dem wir einen bestimmten Abschnitt unseres Lebens verbracht haben, um dort viele entschwundene Einzelheiten wiederzufinden und lebendig werden zu lassen? Für die Gläubigen geht es doch um etwas ganz anderes. Man begibt sich zum Kalvarienberg, zum Heiligen Grab als zu übernatürlichen Stätten, die auf ewig mit einer Kraft ausgestattet sind, welche den Glauben stärkt, die Lehre belebt, ihnen eine Gestalt und ein Bild verleiht.

Natürlich ist die Überzeugung des Gläubigen nicht völlig ohne Bedeutung, eben die Orte gesehen zu haben, an denen das Ereignis, zum Dogma geworden, tatsächlich stattgefunden hat. Das Gedächtnis von Gruppen enthält Glaubenssätze, Begriffe, Vorstellungen, allgemeine Annahmen, und das der religiösen Gruppe bewahrt die Erinnerung an Wahrheiten eines Dogmas, die seine Ursprünge immer erkennen lassen, von denen aus es über die Menschenalter hinweg, durch Priester und Laien, festgelegt und ausgearbeitet wurde. Denn eine solche Art Wahrheit muß sich, um im Gedächtnis einer Gruppe festmachen zu können, in der konkreten Gestalt eines Ereignisses, eines bestimmten Menschen oder eines Ortes darstellen.

In der Tat ist eine völlig abstrakte Wahrheit keine Erinnerung. Eine Erinnerung setzt uns mit der Vergangenheit in Beziehung, abstrakte Wahrheiten dagegen haben im Ablauf von Ereignissen keinen sicheren Halt. Sie vermischt sich mit Wünschen und Sehnsüchten. Der Gedanke der Sühne, selbst die genauere Vorstellung von einem Gott, der um der Erlösung unserer Sünden willen stirbt, ist nur ein abstraktes Bild, ein Symbol ohne festen Grund. Diese im 1. Jahrhundert oder noch früher in der orientalischen Welt entstandene Vorstellung, wenn sie an keinem Ort hätte Wurzeln schlagen, sich an keine bestimmte Zeit hätte binden können, wäre Gefahr gelaufen, nichts von sich zurückzulassen. Auf der anderen Seite bewahrte vielleicht gegen Ende des ersten Drittels des 1. Jahrhunderts eine Gruppe galiläischer Juden die lebhafte Erinnerung an jemanden, der ihr Meister und Gefährte war, an seine Lehren, seine Wanderungen, seine Auseinandersetzungen mit anderen Juden, und die Umstände, die seinem gewaltsamen Tod vorausgingen und folgten. Diese Erinnerungen blieben mit der Gestalt der Jünger, der Eigenart Galiläas, Judäas und Jerusalems der Zeit verbunden, in der Jesus lebte. Was wäre davon geblieben, nachdem seine Jünger und alle, die ihn kannten, verschwunden, nachdem die Häuser, die er betrat, verfallen oder durch andere ersetzt worden waren, nachdem sich das Aussehen der Stadt durch ihre Zerstörung und ihren Wiederaufbau verändert hatte und niemand mehr da war, um seinen Spuren zu folgen, an so vielen früher vertrauten Orten seine Züge wachzurufen, seine Gebärden, den Ausdruck seiner Stimme?

Damit den Erinnerungen an das Leben Christi und seinen Tod, und an die Orte, an denen er gewesen war, Dauer beschieden sein konnte, mußten sie sich mit einer ganzen Lehre verbinden, mit einer Vorstellung, die eine ihrerseits feste und größere Gruppe beseelte. Damit eine solch abstrakte Vorstellung wie die der Vergebung von Sünden etwas anderes als bloße Sehnsucht blieb, damit man an sie als eine Art geschichtliche oder Erfahrungstatsache glaubte, mußte sie sich auf eine lebendige Überlieferung, auf menschliche Zeugnisse berufen können. Auf der einen Seite: Paulus, völlig versunken in seinen metaphysischen Vorstellungen. Auf der anderen Seite: die Gruppe der Apostel, Zeugen aus Jerusalem, die er, nicht ohne leisen Spott, die Erzapostel nennt. Jener Vorstellung und diesen Erinnerungen gelang es, gerade rechtzeitig, sich zu verbinden. Die Vorstellung mußte in sich das Bild von Menschen und Orten aufnehmen, mußte Züge bekommen, die eine Erinnerung kennzeichnen und es ihr erlauben, in den Gedächtnissen fortzubestehen. Umgekehrt erhalten die Begebenheiten selbst einen tieferen Sinn, und einige von ihnen treten mit ihrer außerordentlichen Bedeutsamkeit gegenüber anderen hervor. Sie neigen vielleicht sogar dazu, wenn nicht gänzlich Zeit und Raum, so doch jenen engen Bereich von Zeit und Raum zu verlassen, in dem sich das Gedächtnis der Jünger bewegte. Sie verbinden sich mit sehr viel weiter zurückliegenden Geschehnissen, werden von anderen Begebenheiten vorgebildet, die im Alten Testament berichtet sind, stellen sich als Erfüllung der Prophetenworte dar.

Und so veränderte in dem Maße, in dem man sich von den Ereignissen selbst entfernte, das Dogma die Geschichte Jesu grundlegend. Es ist nicht erstaunlich, daß es auch die Vorstellung verändert hat, die man sich von Jerusalem machte. Die Heiligen Stätten waren nicht mehr nur jene Orte, die dem Wirken Jesu zur Bühne wurden, sondern geweihte Orte, auf welche die wesentlichen Wahrheiten des Christentums das Denken der Gläubigen verwies. Dieser Wandel konnte nur ganz allmählich vor sich gehen. Eine Zeit lang – immer unter der Voraussetzung, daß es sich um eine Geschichte handelt, die nicht jeder Grundlage entbehrt – erinnern sich die Jünger und alle, die Jesus gekannt haben, an seine menschliche Gestalt und bringen sie immer noch mit verschiedenen Orten in Verbindung, an denen sie man sie oft gesehen und gehört hatte. Als sie aber von einer größeren christlichen Gruppe umgeben wurden, bei den ersten Versammlungen, in denen der Kultus Gestalt annahm, mußten sie jenen Orten eine größere Bedeutung zumessen, denen die Verehrung der anderen Gläubigen deshalb galt, weil man überzeugt war, die göttliche Natur Jesu habe sich dort offenbart.

Seit dem sie also in ein größeres kollektives Gedächtnis eingegangen und in ihm ausgearbeitet worden waren, bezogen sich die christlichen Erinnerungen vor allem auf solche geweihten Orte, die der Ausübung eines Kultes entgegenkamen. Diese kultischen Stätten sind nicht nur heilig, sondern bezeichnen auch einen Flecken Erde, dessen Lage im Raum genau bestimmt ist. Wie alles Stoffliche besitzt dann diese räumliche Lage auch die Neigung, fortzudauern. Und es gibt hier dann etwas fast Mechanisches an der Kraft, welche die Menschen an eine solch heilige Stätte bindet.

Aber damit ein Ort diese Bedeutung erhält, genügt es nicht, daß sich irgendwelche persönlichen Erinnerungen mit ihm verknüpfen. Erst von dem Tag an, an dem ein Kult um ihn entsteht, an dem dieser Ort zum Versammlungsort einer ganzen Gruppe von Gläubigen wird, verwandelt er sich in eine heilige Stätte und zeigt sich die ihr, in den menschlichen Bewußtseinen, innewohnende Trägheitskraft. Und es wird hier etwas geschaffen, hinter das zurückzugehen kaum mehr möglich ist. Bevor der christliche Kultus eingerichtet worden war, konnte die Gruppe der Jünger die Überlieferung des eigentlich menschlichen Lebens Christi, als ihrem Meister, ihrem Gefährten und Freund bewahren. Aber wir wissen nicht, welcher Abstand zwischen dieser ersten Überlieferung und jener liegt, die in der Christengemeinde Gestalt annahm, welche Bestandteile von der einen in die andere gedrungen sind, und welchem Umgestaltungen sie unterworfen wurden.

Es hat anfangs eine Zeit gegeben, in der die christliche Gemeinde rechtlos war, in der sie bekämpft und verfolgt wurde. Mehr als jemals danach bestand für sie die Not, eine Erinnerung an die Ursprünge ihrer Geschichte zu bewahren. Im damaligen jüdischen Alltagsleben fand sie ebensowenig ihren Platz wie in der römischen Ordnung. Sie mußte also ihre ganzen Kräfte der jüngsten Vergangenheit zuwenden und jenen Orten, die sich für sie mit Erinnerungen verbanden – und insbesondere diesen Orten. Denn in der Tat hob sich das christliche Denken, durch seine den jüdischen oder heidnischen Bekenntnissen derart entgegengesetzten Glaubensinhalte, durch seine Lebensauffassung und Gesellschaftsvorstellungen, seine ganz eigene Welt endzeitlicher Erwartungen und übernatürlicher Erscheinungen, schlagend von jenen Gruppen ab, in deren Umkreis es sich einzurichten versuchte. Diese kollektiven Vorstellungen hatten weder am Leben Jerusalems noch an dem der Heiden teil. Wie konnte ein solches Gedächtnis überdauern, wenn es sich nicht an bestimmte Orte geheftet hätte? Diese Stätten waren greifbar, in der Gegenwart wie in der Vergangenheit. Durch sie blieb das Leben Jesu, was es auch immer an übernatürlichen Züge besessen haben mochte, keine Einbildung mehr, sondern wurde vertraut, anerkannt und eingereiht in dem alltäglichen Ablauf des Lebens zu dieser Zeit. Es ist nicht unwahrscheinlich, daß die Feinde des entstehenden Christentums sich bemüht haben, eben jene Orte zu entstellen, die Zeichen zu zerstören, an denen man sie wiedererkennen konnte. Man erzählt, daß ein Kaiser einen heiligen Wald, heidnischen Gottheiten geweiht, am Kalvarienberg anpflanzen ließ, um die Christen daran zu hindern, sich dort zu versammeln.[134] Es wäre dies ein ganz ähnlicher Vorgang wie jener, bei

134 Hieronymus sagt in seinem Brief an Paulinus: »Von der Zeit Hadrians bis zur Regierungszeit Konstantins, also während etwa einhundertachtzig Jahren, hat man an diesem Ort der Auferstehung das Abbild des Jupiter angebetet«, Abel und Vincent, S. 886. »Wenn man aber nun den Kalvarienberg an ganz anderer

dem eine Ordnungsmacht in einer früher aufrührerischen Großstadt ganze Viertel zerstört, Herde des Aufstands oder Schauplätze revolutionärer Kämpfe, die dort breite Prachtstraßen anlegt, große öffentliche Gebäude errichtet, um alle Erinnerungen auszulöschen, die diese Orte überschatten.

Nehmen wir an, daß das Christentum nicht außerhalb seines Ursprungsgebietes um die Menschen geworben hätte. Die christliche Sekte wäre geblieben, was sie zuvor gewesen war, eine verschwindend kleine Gruppe innerhalb der alten jüdischen Gesellschaft, die wohl versucht hätte, sie niederzuhalten oder auszulöschen. Die Geschichte Christi wäre schnell dem Vergessen anheimgefallen, in dem Maße, desto mehr sich die materiellen Spuren christlicher Erinnerung verlaufen hätten. Aber auf der einen Seite ist es wahrscheinlich, daß man nicht all diese materiellen Spuren der evangelischen Ereignisse beseitigen konnte, wenn sie denn tatsächlich stattgefunden haben: es gab Steine von Häusern, Grundmauern von Bauwerken, Reste zerstörter Viertel, die man nicht sämtlich vernichten oder wegschaffen, Namen von Orten, die man nicht alle ändern konnte. Eine Gruppe hatte in gewisser Weise die Gestalt jener Orte angenommen, an denen sie lebte, und wenn sie nach langer Abwesenheit – wie die Juden, die Judenchristen nach dem Wiederaufbau Jerusalems – dorthin zurückkehrt, sucht sie und, selbst wenn sie ihr Aussehen geändert haben, findet dort auch wenigstens Bruchstücke des materiellen Rahmens wieder, der ihr Prägezeichen bewahrt hat.

Auf der anderen Seite – und wohl vor allem – hatte das Christentum mit der Werbungsarbeit der Apostel und der frühen Gemeinde zur rechten Zeit universalistische Züge angenommen. In den Vorstellungen christlicher Gruppen, die in den

---

Stelle annimmt als an einem Ort, der die Pilger davon abgehalten hätte, sich dort zu versammeln, nachdem sie doch auf den Ölberg gingen, nachdem sie auch Bethlehem besuchten, dessen Grotte ihnen trotz der Einführung des Adoniskultes offenbar zugänglich schien? Hindernis für die Befriedigung solcher Frömmigkeit war weniger das Vorhandensein heidnischer Opferstätten, sondern das völlige Verschwinden der Erinnerung«, S. 900. Die Tatsache der Anpflanzung eines heiligen Waldes an der Stelle des Kalvarienbergs bleibt eine Unterstellung, wahrscheinlich um zu erklären, weshalb sich die Erinnerung an diesen Ort verloren hatte.

verschiedensten Städten des Orients entstanden, mußte sich das Bild der Heiligen Stätten immer mehr in den Vordergrund schieben. Man kann etwa annehmen, daß Paulus und seine Begleiter, seine Jünger, die wie er den christlichen Glauben in oft weit entfernten Gebieten verbreiteten, ohne die Heilige Stadt und ihre Umgebung erschöpfend zu beschreiben, zumindest eine Vorstellung von der Lage der Heiligen Stätten zur Zeit Jesu vermitteln konnten, und daß man in diesen Gemeinschaften das Wesentliche davon in Erinnerung behalten hat. Daher ein zweifellos unvollständiges, vereinfachtes Bild. Das Entscheidende ist aber, daß es fortdauert, im Gedächtnis dieser Gruppen und vor allem in einer schon beträchtlich angewachsenen Kirche, und daß es mit seiner Ausbreitung auch an innerer Stimmigkeit gewinnt, sich fester in der damaligen Gesellschaft verankert. Das Christentum war seither in der Tat nicht mehr der Glaube und die Überlieferung einer von der Gesellschaft ausgeschlossenen lokalen Sekte. Desto weiter es sich im Raum ausdehnte, in dem Maße, wie es Mitglieder aus allen gesellschaftlichen Schichten anwarb, es für seinen Glauben einflußreiche Menschen und Kreise gewann, veränderte es diesen Rahmen und durchdrang sie mit seinem Geist. Und es kam der Augenblick, da die christliche Gemeinschaft, zunächst verfolgt, dann geduldet, zu einer öffentlichen Größe wurde, die eng mit der römischen Herrschaftsordnung verschränkt war.

Wie stellt sich also nun die Frage nach der Bestimmung seiner heiligen Stätten und ihrer Einsegnung? Einesteils konnten sehr wohl gewisse lokale Traditionen über die Anwesenheit und das Wirken Jesu an solchen Orten fortbestehen: sie waren aber wohl eher verschwommen, bruchstückhaft, unsicher. Mehrere Jahrhunderte waren ins Land gegangen. Es konnte, es mußte sich sogar einige Verwirrung einstellen angesichts der Tatsache, daß genaue Ortsangaben meist fehlten. Und in der Abfolge der Menschenalter haben diese Erinnerungen sicher nicht an Genauigkeit gewonnen. Eher im Gegenteil.

Auf der anderen Seite gab es aber eine Vorstellung, die sich die christliche Gemeinde nach und nach von der heiligen Stadt ausgestaltet hat. Es ist ganz natürlich, daß sie dabei lokale Traditionen, die sie den ihren anverwandelte, weitgehend überdecken mußte – wenn es denn solche Traditionen überhaupt noch gab, nach all den Kirchen und Kapellen, die man errichtete, um der Stätten zu gedenken, auf die Jesus und seine ersten Jünger ihren Fuß gesetzt hatten. Sicher sind dadurch einige dieser Traditionen vor dem Vergessen bewahrt worden. Andere sind dabei wohl endgültig verschwunden.

Aber es gab auch viele Fälle, da sich die kollektive Erinnerung diesen beiden Seiten ihres Gegenstandes gegenüber sah, einer materielle Wirklichkeit, einer geschichtlichen Gestalt, einem Denkmal, einem Ort im Raum, und auf der anderen Seite einer symbolischen Vorstellung, einer spirituellen Bedeutung, die sich im Geist einer Gruppe an diese materielle Wirklichkeit heftet und sie schließlich überlagert. Nehmen wir an, daß sich die anfängliche Gemeinschaft teilt. Einige ihrer Mitglieder bleiben am Ort, im Umkreis des materiellen Gegenstandes der Verehrung, bleiben in Berührung mit ihm. Andere gehen fort und nehmen sein Bild mit sich. Doch auf der einen Seite verändert sich der Gegenstand: selbst der Ort, an welchem er sich befindet, bleibt nicht derselbe, wenn sich um ihn herum alles verändert. Er steht nicht mehr in denselben Beziehungen, im selben Verhältnis zu den verschiedenen Bestandteilen der materiellen Welt, die ihn umgeben.[135] Gewiß, wenn im Geiste der in Jerusalem gebliebenen Christen die symbolische Bedeutung der Heiligen Stätten vorrangig gewesen wäre, dann hätten sie wohl eine genauere Erinnerung an die ursprünglich mit ihnen verbundenen Geschehnisse bewahren können. Aber für sie ist Jerusalem nicht zuerst das himmlische Jerusalem, sondern eine aus Steinen gebaute Stadt, es sind Häuser und Straßen, deren Anblick ihnen vertraut ist, und es ist die Dauerhaftigkeit dieser

135 Tatsächlich hat Jerusalem nach dem Wiederaufbau seinen Ort verändert, hat sich in Richtung Norden ausgedehnt und in der neuen Befestigungsmauer jenes ganze nordwestlichen Gebiet eingeschlossen, auf dem man später Golgotha und das Heilige Grab entdecken wollte. Im Gegensatz dazu fanden sich die südlichen Viertel außerhalb der Mauern wieder, gerade auch die Umgebung des großen Hügels, in der man den Abendmahlssaal zeigen wird. Dies erklärt, weshalb das Viertel des Heiligen Grabes, ehemals außerhalb der Stadt gelegen, nun fast zu ihrem Zentrum geworden ist.

Dinge, die erklärt, weshalb ihre Erinnerungen andauern. Nun ist aber diese Dauerhaftigkeit all den materiellen Fährnissen ausgeliefert, die nach und nach die Städte zerstören und verändern, fast so, wie die Erinnerung an einen Menschen, mit und bei dem man lebt, ständig gestaltet und umgestaltet wird, den physiologischen Vorgängen ausgeliefert ist, die nach und nach ein Lebewesen verwandeln. Ein Wandel, den man selbst kaum bemerkt, weil er sich langsam und stetig vollzieht, und den, selbst wenn er schlagartig geschieht, die Gewohnheit all denen, die an Ort und Stelle bleiben, schnell unauffällig macht.

Was nun jene Mitglieder der anfänglichen Gruppe angeht, die fortgegangen sind, die diese Orte nicht mehr gesehen haben, nicht der ganzen Abfolge ihrer Veränderung beiwohnen konnten, sie werden schnell eine eher symbolische Vorstellung davon gewinnen. Das Bild, das sie dabei wachrufen, wird zweifellos zunächst von diesen Orten selbst bestimmt, auch wenn es sich nur auf Beschreibungen stützt. Doch das symbolische Denken entkleidet diese Orte bald ihrer materiellen Umgebung und setzt sie in Bezug zu den Glaubensvorstellungen der Gruppe, und nur zu ihnen. Sicher ist es auch die Dauerhaftigkeit des Bildes, die erklärt, daß der Glaube andauert. Aber es ist eben nicht den materiellen Zufällen ausgeliefert, die seinen Gegenstand verändern, sobald das Bild selbst und für sich selbst besteht, als ein Bild, das diese Zufälle nicht kennt. Die Christen außerhalb Palästinas konnten sich Jerusalem vorstellen, ohne daß die Wirklichkeit Einspruch erhoben hätte. Nicht an die tatsächlichen Orte, sondern an die Glaubensvorstellungen mußte sich dies Bild anpassen. Und es verstärkten sich diese Vorstellungen, desto mehr die Orte verblaßten. Während die Christen Jerusalems auf sich selbst gestellt blieben, sie ohne diese Unterstützung durch andere christliche Gemeinden immer größere Schwierigkeiten hatten, ihre evangelische Geschichte in einen völlig veränderten örtlichen Rahmen zurückzuversetzen und so die Erinnerung an jene Ereignisse zu verschwinden drohte, stellte die Kirche dieselbe Geschichte in einen nach ihrem Maß gestalteten Rahmen des Dogmas, in dem sich die kräftigsten, lebendigsten Glaubensvorstellungen der zeitgenössischen Gesellschaft ausdrückten. Es ist also nicht weiter verwunderlich, daß die in Jerusalem ankommenden Christen glaubten, jene Stadt der christlichen Passion wiederzufinden, wie sie zur Zeit Jesu gewesen war.

Wir haben bei all dem Vorangegangenen unterstellt, daß die in den Evangelien berichteten Ereignisse irgendeinen Wahrheitsgehalt besitzen. Wir haben angenommen, daß diese Erzählungen, selbst die späteren Schriften, auf mündlichen Überlieferungen beruhen und uns damit ein zwar entstelltes und wirres, aber dennoch in gewissem Maße glaubwürdiges Bild der Ereignisse selbst vermitteln. Vielleicht ist es ein ähnlicher Blickwinkel, von dem aus Renan schreibt. Denn er sagt selbst, wie sehr es ihn bewegt und überrascht hat, daß sich die evangelischen Geschehnisse wie selbstverständlich in jenes Palästina zurückversetzen lassen, das sich seinen Augen darbot, bewegt vom Eindruck einer historischen Wirklichkeit, die ihm der unmittelbare Anblick dieser Stätten vermittelte. Aber hat sich Renan, als er Galiläa, Judäa, Jerusalem besucht hat, um dort die Wechselfälle des Lebens und Sterbens Jesu aufzufinden, nicht vor allem von seiner Einbildungskraft mitreißen lassen, wie ein Schriftsteller oder Dichter?

»Am zehnten (Oktober) frühmorgens«, sagt Chateaubriand zu Beginn des fünften Abschnitts seines *Itinéraire de Paris à Jérusalem*, »verließ ich Jerusalem durch das Ephraimtor, stets in Begleitung des treuen Ali, in der Absicht, die Schlachtfelder in Augenschein zu nehmen, welche Tasso so unsterblich gemacht hat.« Und wir sehen während der folgenden Seiten, in denen sich vielleicht am offensten und aufrichtigsten seine Begeisterung ausspricht, den Bericht des Pilgers wiedererstehen. Denn auch er denkt nicht an das Heilige Grab, die Via Dolorosa, die Klöster und Gläubigen, sondern versucht ganz einfach, an Ort und Stelle den materiellen Rahmen, nun nicht mehr der letzten Tage Jesu, sondern der entscheidenden, der heldenhaften oder ergreifenden Geschehnisse bei der Befreiung Jerusalems wiederzufinden. Man wird es uns also nachsehen, wenn wir hier einige Abschnitte jener topographischen Träumerei wiedergeben.

»In Norden der Stadt angekommen, zwischen der Grotte des Jeremias und den Königsgräbern, schlug ich das *Befreite Jerusalem* auf und war verblüfft von der Wahrhaftigkeit der Beschreibung Tassos: ›Auf zweien Hügeln ist die Stadt erhoben, ungleicher Höh, einander zugewandt. Ein Tal, das in die Mitte sich geschoben, trennt, wie die Stadt, so beider Hügel Wand... Im Innern fehlts dem Orte nicht an Teichen, Zisternen und lebendger Quellen Flut. Doch weit umher kein Wasser zu erreichen, verbrannt der Boden durch der Sonne Glut. Kein Strauch erblüht, und keine Bäume reichen dem Wandrer Schutzwehr vor des Mittags Glut. Nur ist, drei Stunden fern, ein Wald zu schauen, von giftgem Schatten voll und düsterm Grauen.‹» Und tatsächlich, »wie deutlich, wie klar, wie genau«, ruft Chateaubriand aus, »der Wald in sechs Meilen Entfernung vom Schlachtfeld, auf arabischer Seite, ist keine Erfindung des Dichters. Wilhelm von Tyrus spricht von diesem Wald, in dem Tasso so viele Wunder entstehen läßt. Gottfried fand dort Träger und Balken zum Bau seiner Belagerungstürme...[136] Aladin saß mit Hermine auf einem zwischen zwei Toren errichteten Turm, von dem aus sie die Kämpfe in der Ebene und das Lager der Christen sahen. Diesen Turm gibt es wirklich, zwischen dem Damaskustor und dem Ephraimtor.« Es gibt ihn vor allem in der Einbildung Chateaubriands: den Schatten eines Turms und das Gespenst eines Waldes.

»Ich lege die wundervolle Szene der Flucht Herminens (mit den Waffen der Klorinde gerüstet, öffnet die Prinzessin von Antiochia ein Tor, um dem verwundeten Tankred zu Hilfe zu eilen) in den äußersten Norden des Josaphattals. Als die Geliebte Tankreds das Tor in Jerusalem mit ihrem treuen Knappen geöffnet hat, wählt sie dann, *zur Sicherheit der Reise, im tiefen Tal weit umgekrümmte Gleise* (4. Gesang, Strophe 96). Sie

136 Es ist der Wald, den der Zauberer Ismen verwünschte, um zu verhindern, daß die Kreuzfahrer neue Belagerungstürme bauten. Tankred hört dort die Klage der Klorinde aus dem Stamm einer Zypresse dringen und schickt sich an, ihn zu spalten. Später wird Rainald, dem Bann der Armida entkommen, in diesen Wald gehen, um den Zauber zu lösen. Armida entsteigt einer Myrte, Rainald schlägt auf den Strauch und findet sich einem hundertarmigen Riesen gegenüber. Er besiegt ihn, der Bann ist gebrochen und die Holzversorgung gesichert.

hat die Stadt also nicht durch das Ephraimtor verlassen, denn der Weg von dort zum Lager der Christen führt über völlig freies Gelände: sie wird eher durch das Osttor gegangen sein, ein wenig verdächtiges und kaum bewachtes Tor.«

»Hermine erreicht einen geheimnisvollen, einsamen Ort: *in solitaria et ima parte*. Sie hält inne, und befiehlt ihrem Knappen, mit Tankred zu sprechen: dieser geheimnisvolle, einsame Ort liegt gut sichtbar über dem Josaphattal, kurz bevor man die Nordseite der Stadt erreicht. Hermine konnte hier in Sicherheit die Rückkehr ihres Boten erwarten. Doch sie gibt ihrer Ungeduld nach: sie steigt in die Höhe und entdeckt die entfernten Zelte... Hier kommen dann die bewunderungswürdigen Verse...« Was hier zudem bewundert werden kann, ist die Genauigkeit, mit der Chateaubriand diesen Ort bestimmt, der doch bei Tasso nur dunkel angedeutet ist.

Aber nun spiegelt sich das Sonnenlicht auf ihrer Rüstung, ihrem weißen Gewand und jenem auf dem Helm glänzenden silbernen Tiger, und zieht die Aufmerksamkeit von Alkander und Poliphernes auf sich, der beiden Brüder, deren Vater Klorinde als Anführerin einer Vorhut erschlagen hat. »Alkander und Poliphern mußten damals in der Nähe der Königsgräber gewesen sein.« Nun wird es ganz erstaunlich. Nachdem sich Chateaubriand, um seinen Tasso zu lesen, bei den Königsgräbern niederläßt, die er am Vortag besucht und denen er dann mehrere Seiten gewidmet hatte, mußte wohl unbedingt dieser Ort als Hintergrund für irgendeinen Vorfall des Gedichtes herhalten. »Es ist bedauerlich, daß Tasso nicht die unterirdischen Gewölbe beschrieben hat. Sein Genie bot sich der Beschreibung einer solchen Stätte geradezu an.«

Aber fahren wir fort: »Es ist nicht leicht, den Ort zu bestimmen, an dem die flüchtige Hermine am Ufer eines Flusses den Hirten begegnet ist.« Merken wir an, daß es sich bei dieser Begebenheit, der Hermine unter den Hirten zu Anfang des siebten Gesangs, um reine Erfindung handelt, Chateaubriand aber diese Stelle mit derselben Ernsthaftigkeit aufzufinden versucht wie den Ort einer tatsächlichen Begebenheit. »Nachdem aber in diesem Landstrich kein Fluß vorhanden ist... Es ist unbegreiflich, daß er den Fluß nicht benannt hat.« (Allerdings hat er das sehr wohl, Strophe 3: *Giunse del bel Giordano alle chiare acque*...)

»Was den See und das Schloß angeht, in dem die Zauberin Armida jene Ritter festhielt, die sie verführt hatte, so erklärt Tasso selbst, daß dieser See das Tote Meer sei.« – »Wir kamen hin, wo einst in breiten Bächen des Himmels Flamm herabfuhr mit Gewalt, um die beleidigte Natur zu rächen an jenem Volk, dem nichts für Frevel galt... Nichts kann den Boden dieses Sees erreichen, was man hineinwirft, sei es noch so schwer, dem leichten Holz der Tanne zu vergleichen, schwimmt Mensch und Stein und Eisen obenher.« Hier sind wir ganz im Bereich des Übernatürlichen, und Chateaubriand hält es nicht mehr für nötig, den Ort festzulegen, an dem dies geschah.

»Einer der schönsten Stellen des Gedichts ist der Angriff Suleimans auf das Lager der Christen«, ein Höllensturm wird entfesselt, Engel und Dämonen nehmen am Kampf teil. »Der geschlagene Suleiman nimmt allein den Weg nach Gaza (Zehnter Gesang). Ismen begegnet ihm und läßt ihn in einen Karren steigen, den er mit einer Wolke umgibt. Sie durchqueren gemeinsam das Lager der Christen und erreichen den Hügel von Jerusalem. Diese übrigens ebenso wundervoll erzählte Begebenheit entspricht ganz den Örtlichkeiten außerhalb der Davidsburg, nahe am Jaffator oder Bethlehemtor. Doch alles weitere ist falsch. Der Dichter hat den Davidsturm mit jenem Turm der Antonia verwechselt oder absichtlich vertauscht, der weit davon entfernt errichtet ist, in der Unterstadt, an der Nordecke des Tempels.« Das hängt allerdings vom Weg ab, den Suleiman und Ismen genommen haben. Nichts hindert daran, daß sie den Westweg genommen haben, der durch das alte Tyropöon verläuft und am Turm der Antonia anlangt: sie konnten, ebenso wie sie durch das Lager der Christen kamen, doch wohl die Stadt ohne Schwierigkeiten betreten, wenn sie in eine Wolke gehüllt waren...

Der feierliche Umzug am Ölberg ist verbürgt. Der Anonymus berichtet darüber, Robert der Mönch und Wilhelm von Tyrus. Wir aber befinden uns hier erneut mitten in einem Roman. »Bald entspann sich der furchtbare Kampf zwischen Tankred und Klorinde, vielleicht die großartigste Schöpfung, die je der Stirn eines Dichters entsprang. Der Ort dieser Begebenheit ist leicht zu finden. Klorinde konnte mit Argant nicht durch das Goldene Tor gekommen sein. Sie befindet sich also unterhalb des Tempel im Siloatal. Tankred verfolgt sie. Der Kampf beginnt. Die sterbende Klorinde erbittet die Taufe. Tankred geht, um von einer nahen Quelle Wasser zu schöpfen. Diese Quelle muß also den Ort bezeichnen. Es ist die Siloaquelle, oder vielmehr die Marienquelle, die am Fuße des Zionsberges hervortritt.«

»Ich wüßte kaum die Stelle zu bezeichnen, an welcher der grausame Argant durch den hochherzigen Tankred fällt. Doch man muß sie wohl in den Tälern im Nordwesten suchen und nicht im Osten des Eckturmes, den Tankred belagerte, denn so hätte Hermine dem verwundeten Helden nicht begegnen können, als sie mit Vafrin aus Gaza zurückkam.«

»Ich habe«, sagt Chateaubriand, »fünf Stunden damit zugebracht, die Bühne der Schlachten Tassos in Augenschein zu nehmen. Sie erstreckt sich über eine halbe Meile des Geländes, und der Dichter hat die verschiedenen Orte der Handlung so gut bezeichnet, daß es nur eines Blicks bedarf, um sie wiederzuerkennen.« Die Erinnerung an Ort und Stelle einer romantischen Dichtung, am Rande eines Besuchs der Heiligen Stätten, der Grabeskirche. Hatte es Renan während seines Auftrags in Phönizien nicht ebenso gefallen, die Umgebung jenes anderen Romans zu erforschen, den das Evangelium vorstellt?

Zudem entbehren die von Tasso beschworenen Ereignisse nicht völlig jeder historischen Grundlage, in vielem stimmen sie mit der Geschichte der Kreuzzüge überein. »Man wird sehen«, sagt Chateaubriand, »wie eingehend Tasso sich mit den Schriften beschäftigt hat, wenn ich die Berichte von den Kreuzzügen übersetzen werde.« Doch im Hinblick auf die Evangelien besitzen wir keine Schrift, keinen Bericht, keinerlei Zeugnis über die meisten Ereignisse, von denen sie, ein Jahrhundert danach, erzählen.

Tasso hat in seinem Gedicht Menschen dargestellt, die tatsächlich gelebt, Begebenheiten erzählt, die sicher stattgefunden haben, wenn er auch diese Gestalten verändert, in wirkliche Ereignisse viel Erfundenes gemischt hat. Es ist naheliegend, daß diese Erzählung, weil sie auf der Grundlage geschichtlicher Begebenheiten verfaßt wurde, sich in den materiellen Rahmen des Geschehens zurückversetzen läßt. Es ist, viel eher als ein historischer Roman, eine romanhafte Historie.

Dies gilt aber eben nicht für die Erzählungen der Evangelien. Die Begebenheiten, von denen sie uns berichten, waren für die frühe Geschichtsschreibung ohne Belang. Josephus erwähnt nichts von alledem. Nach Renan ist der Tod Johannes des Täufers im Markusevangelium »die einzige geschichtlich verbürgte Seite der Evangelien überhaupt.« In den ihrerseits sicher echten Briefen des Paulus wird uns nur gesagt, daß der Gottessohn auf die Erde kam, daß er dort für unsere Sünden starb, daß er auferstanden ist. Keine Anspielung auf die Umstände seines Lebens, außer auf das Abendmahl, von dem Paulus aber nur, wie er behauptet, durch eine Erscheinung wußte, und nicht aufgrund von Zeugenberichten. Keine Ortsangabe. Es ist nicht von Galiläa die Rede, von der Predigt Jesu an den Ufern des See Genezareth. In der Apokalypse des Johannes – die, wie Couchoud es ausdrückt, zusammen mit den Paulusbriefen »die einzige christliche Schrift ist, welche sich mit Sicherheit auf das 1. Jahrhundert ansetzen läßt« – bleibt alles, was uns über Jesus berichtet wird, »daß er starb und auferstand, nicht sein Leiden, nicht seine Kreuzigung.« Auch hier also keine Ortsangabe.

Deshalb dann die Annahme, daß »dies Evangelium, im 1. Jahrhundert noch eine endzeitliche Offenbarung, sich im 2. Jahrhundert zu einer legendenhaften Erzählung gewandelt hat.« Darunter ist zu verstehen, daß ein mystischer, visionärer Glaube, der sich im Bereich des Übernatürlichen bewegte, in eine Abfolge von Begebenheiten umgedeutet, umgestaltet wurde, Geschehnisse, die in der Welt der Menschen stattfanden, selbst wenn sie darüber hinaus eine weitergehende, übersinnliche Bedeutung hatten. Den Juden, die sich zuzugestehen weigerten, daß Jesus erschien, starb, und auferstand, entgegnete man mit Tatsachenbeweisen, berichtete ihnen von Ereignissen, die man hatte sehen, hatte bezeugen können. Doch eben diese Geschichte, die den Mythos ersetzte, entstand später, und wurde in die Vergangenheit zurückversetzt, in jene Zeit, da sich das übernatürliche Mysterium erfüllt haben mußte.

Es ist also anzunehmen, daß wir keine echten, wahrheitsgemäßen Überlieferungen mehr besitzen, Überlieferungen, die auf die damaligen Begebenheiten selbst zurückgingen. Deshalb hat man oft geglaubt, daß diese Ereignisse überhaupt nicht stattgefunden hätten. Doch es ist keineswegs ausgeschlossen, daß diese Überlieferungen in einer ersten, mündlichen Form vorhanden gewesen sind, derer sich dann später jene stark fiktiven Vorstellungen bemächtigt hätten, bevor sie niedergeschrieben wurden.[137] An dieser Stelle wird aber die ganze Behauptung nahezu unentscheidbar: denn welche Handhabe besitzen wir, um bestimmen zu können, auf welche Zeit diese mündlichen Überlieferungen zurückgehen, ob sie wahrheitsgetreu sind oder nicht, wenn sich nicht erkennen läßt, in welchem Augenblick sie sich herausgebildet haben? – Jedenfalls sollten wir, nachdem uns kein verbürgter Bericht die Annahme ausschließen läßt, nach der die Evangelien völlig erfundenen wären, zunächst sehen, was daraus für die evangelischen Ortsbeschreibungen zu folgern wäre.

Ohne genauer auf die Frage der Entstehung der Evangelien einzugehen, kann man doch feststellen, daß sich die dort gegebenen Berichte im Großen und Ganzen auf zwei sehr unterschiedliche Gebiete Palästinas beziehen, auf der einen Seite Galiläa, auf der anderen Jerusalem.[138] In der Mitte der einen

137 Auch Renan findet etwa ein Drittel der Angaben bei Lukas – Lucanus oder Lucas, Jünger des Paulus in Mazedonien und Mitglied der römischen Gemeinde, anzusetzen nach dem Jahre 70 – weder bei Markus noch bei Matthäus. Er mußte also häufig aus mündlichen Überlieferungen geschöpft haben

138 Eine für Renan verblüffende Feststellung, die schließlich darin zum Ausdruck kommt, was man den palästinischen Dualismus im *Leben Jesu* genannt hat. Renan bemerkt eine »erstaunliche Übereinstimmung der Schrift mit der Ansicht der Orte«, und »will damit ausdrücken, daß sich die galiläische Idylle sehr gut mit der einnehmenden Natur des Landes und seiner Bewohner verträgt, und das Drama der Passion im Gegensatz dazu im trostlosen Judäa, in der trockenen Luft Jerusa-

steht die Bergpredigt, und sie umfassen die Lehren und Wunder, deren Bühne die Ufer des See Genezareth waren. Die anderen beziehen sich im Wesentlichen auf das Leiden Christi. Dort vor allem: Reden, Gleichnisse. Hier: Tatsachen, Handlungen, Ereignisse, und nur innerhalb dieser konnte sich in menschlichen Maßstäben das mystische Drama entwickeln, das am Ursprung des Christentums liegt – alles andere wäre davon mehr oder weniger unabhängig. Fügen wir hinzu, daß für diese Ereignisse gerade der Ort, die Orte entscheidend werden: alles geschieht so, als ob der Messias nur in Jerusalem verhaftet, verurteilt, gekreuzigt werden und auferstehen konnte. Und es mußte darüber hinaus zwischen den entsprechenden Stätten Beziehungen geben, die genauer festzulegen waren: die Ortsbezeugungen bilden ein innerhalb dieses Rahmens sorgsam verankertes Ordnungsgefüge. Das war für die Gleichnisse, die Reden Jesu, die Wunder nicht notwendig in derselben Weise der Fall. Sie mußten nicht zwingend hier oder dort stattgefunden haben. Viele sind zudem sehr unbestimmt: in Galiläa, an den Ufern des Sees – oder es fehlt ihnen jede Ortsangabe.

Daß diese beiden Gruppen von Erzählungen vermutlich in ganz verschiedenen Kreisen entstanden sind, innerhalb der galiläischen Anhängerschaft auf der einen, auf der anderen Seite unter dem Gefolge in Jerusalem, dies scheint auch in den Evangelien selbst erkennbar, sobald es sich um die Erscheinungen Jesu nach seinem Tod und seiner Wiederauferstehung handelt.

---

lems seinen rechten Platz hat. Doch man kann sich fragen, ob dies nicht nur einfach Ansichtssache ist... Der Gegensatz, den Renan zwischen den Norden Palästinas und seinen Süden legt, rührt wohl kaum von einer Begehung der Orte selbst her, schon in einer Bemerkung vor seiner Palästinareise und auch in seiner Einführung zu *Cantique des Cantiques* taucht diese Behauptung auf«, Alfaric, *Les manuscrits de la »Vie de Jésus«*, 1939, S. XXIX. Offensichtlich genügte schon ein Blick in die Schriften, um diesen Gegensatz nahezulegen. Dazu übrigens auch die Bemerkung von Taine: »Er hat mir ein langes Stück aus dem *Leben Jesu* vorgelesen... Er legt in die Zeit von Nazareth alle sanften und milden Gedanken Jesu, sondert die düsteren aus, verfaßt eine liebliche Pastorale. Dann, in einem anderen Kapitel, drängt er alles Bedrohliche, alles Bittere zusammen, von dem auf seiner Reise nach Jerusalem berichtet wird... Berthelot und ich selbst wenden vergeblich ein, daß dies bedeute, einen Roman an die Stelle einer Legende zu setzen...«, Alfaric, *loc. cit.*, S. LXIII und LXI.

Nach mehr als einem Evangelium verbreitet sich im Augenblick der Auferstehung Christi, daß man ihn in Galiläa wiedergesehen habe. Irgendwelche Frauen erklären, daß der Engel ihnen gesagt habe, Jesus sei ihnen dorthin vorausgegangen (Matth. 28, 7, Mark. 16, 7). Andere sagen, daß Jesus befohlen habe, dorthin zu gehen (Matth. 28, 10). Man glaubte sich erinnern zu können, daß er dies schon zu Lebzeiten getan habe (Matth. 26, 32, Mark. 14, 28). Die Jünger gingen nach Beendigung des Passahfestes sicher dorthin zurück (Matth. 28, 16, Joh. 21). – Doch das hebräische Evangelium, welches zweifellos die Überlieferung der Kirche Jerusalems festhielt, nimmt an, daß alle Erscheinungen in eben dieser Stadt geschehen sind. Das Evangelium des Markus und des Lukas legen die Erscheinungen ebenfalls nach Jerusalem. Paulus folgt einer ähnlichen Überlieferung. Und schließlich sagt Lukas, daß die Jünger nach der Auferstehung nach Jerusalem kamen (Luk. 24, 49.50.52). Der Verfasser der Apostelgeschichte berichtet das gleiche. – Es scheint, daß nach den Ereignissen in Jerusalem eine ganze Gruppe von Anhängern Jesus wieder nach Galiläa zurückholen wollte.

Man kann wohl annehmen, daß die Abschnitte der Evangelien, die an den Ufern des Sees angesiedelt ist, örtlichen Überlieferungen folgen, die von Galiläern bewahrt wurden, ob sie nun in Jerusalem blieben, oder sich seit dem Jüdischen Krieg in andere Gebiete zurückgezogen hatten. Aber, und dies ist die Annahme, der wir im Augenblick folgen, man kann auch unterstellen, daß diese Stellen zu Ende des 1. oder Beginn des 2. Jahrhunderts innerhalb einer Gruppe entstanden sind, die zumindest mit den Örtlichkeiten vertraut war und dorthin, mehr oder weniger willkürlich, Jesu Reden und Wunder gelegt hat. Später, so die weitere Vermutung, hielt man sich an die Evangelien, um jene Orte wiederzufinden, die meist verhältnismäßig genau bezeichnet waren: namentlich genannte Städte oder Dörfer, die es tatsächlich gab, in denen aber keinerlei Tradition die Erinnerung an jene Vorgänge bewahrte – und die nun von Grund auf neu geschaffen werden mußten. Die Pilger hätten sich dann vor allem an natürliche Eigenarten entlang des Seeufers gehalten: eine Höhle, Quellen, der Hang eines Berges, eine Ebene. Der ganze Landstrich war früh in jüdischer Hand, und nur um die Bedürfnisse der Pilger zu befriedigen, hat man, wahrscheinlich um das 4. oder 5. Jahrhundert, einige Kapellen und Kirchen errichtet. Dies also der Fall eines kollektiven Gedächtnisses, das nachträglich versucht, seine Erinnerungen auf fast jungfräulichem Boden zu finden, auf dem es noch keine Traditionen besitzt.

Die Aufmerksamkeit richtete sich aber vor allem auf Jerusalem, auf die Stätten, an denen sich Christi Passion abspielte. Dadurch rückte Galiläa zweifellos in den Hintergrund. Zudem: Jesu Gleichnisse verbanden sich mit den Ufern des Sees, den Fischern mit ihren Netzen, ihren Booten, mit den Feldern, mit Saat und Ernte. Couchoud bemerkt, daß viele evangelische Erzählungen wohl zunächst Gleichnisse gewesen waren, der Gang über die Wasser, die Verfluchung des Feigenbaums. Was man aber von den Orten verlangte, war vor allem, daß sie in irgendeiner Weise mit Worten, Gestalten, Ereignissen in Einklang standen, die – ob sie nun erdacht waren oder wirklich stattgefunden hatten – etwas Übernatürliches umgaben. Ähnlich überträgt bisweilen das Gedächtnis von Gruppen oder auch einzelner Menschen in die Wirklichkeit, was eigentlich nur Einbildung oder Träumerei gewesen war, und es sucht und findet dann eine geeignete Stelle dafür im materiellen Raum. Es ist also gut möglich, daß das erste evangelische Ereignis, dessen Ort man an den Ufern des See Genezareth gesucht und gefunden hat, die letzte Erscheinung des Auferstandenen war, der über die Wasser ging: ein übersinnlicher Vorgang.

Die andere Seite der Evangelien, die Erzählung von den letzten Tagen Christi, von seinem Tod und seiner Auferstehung, versetzt uns in eine ganz andere Umgebung, nach Jerusalem, nach Judäa, eine Stadt und ein Land, in denen man schon vor der christlichen Zeit auf Schritt und Tritt Orten begegnet, an die sich oft sehr alte Erinnerungen knüpfen, Erinnerungen an die jüdische Geschichte, wie sie im Alten Testament erzählt wird. Nun ist es, wie wir bemerken konnten, doch einigermaßen verblüffend, daß sich auch die evangelische Ortskunde, die wir mit den ersten Pilgerfahrten kennenlernen, sehr oft auf eben solche Stätten bezieht. Das gilt für Jerusalem, für die Passion und der ihr vorangegangenen Tage, es gilt aber auch für Judäa und selbst für andere Gebiete Palästinas.

Zwei Erklärungen bieten sich dafür an. Wenn die berichteten Vorgänge tatsächlich dort stattgefunden haben, wo man ihren Ort zeigt, wenn es tatsächliche Erinnerungen sind, die sich mit diesen Orte verbinden, dann wäre diese Nähe von christlichen und den früheren jüdischen Traditionen vielleicht nur ein Zufall. In einem derart kleinen Landstrich, der schon vor dem Christentum auf eine so lange Geschichte zurückblicken konnte, in einem derart vom Glauben durchdrungenen Volk, dessen ganzes religiöses Brauchtum, dessen heilige Bücher an so viele Begebenheiten seiner Vergangenheit erinnerte, dessen Gedächtnis also derart weitreichend und lückenlos war, gab es fast keinen Ort, der nicht geschichtliche Bedeutung hatte, mit dem sich nicht irgendeine jüdische Überlieferung verband.[139] Ist es also verwunderlich, daß man unter den Spuren des Weges Christi jene anderen wiederfindet, welche die alten Juden zurückgelassen haben, oder zumindest diese christlichen Spuren ganz in der Nähe der jüdischen liegen, daß ihre enge Beziehung immer wieder auffallen mußte?

Aber wenn man diese Nähe bemerkt hat: geschah dies nicht auch deshalb, weil man die christlichen Erinnerungen verstärken wollte, indem man sie an jüdische Erinnerungen anschloß? Dies würde uns nun zu einer zweiten Annahme führen, nämlich zu der Vermutung, daß die christlichen Ortsbestimmungen weitgehend erfunden sind. Es wäre jedenfalls möglich, daß man versucht hat, sie überzeugender erscheinen zu lassen, dem judenchristlichen Glauben wahrhaftiger, indem man sie an schon geheiligte Orte gelegt hat. Man hätte sich also auf die Autorität bestehender jüdischer Traditionen gestützt, oder

139 Ähnlich sagt Dalman: »Auf die Frage, die in Palästina gelegentlich laut wird, ob dieser oder jener Ort ›historisch‹ sei, habe ich stets antworten müssen: ›Hier ist alles historisch‹, aus der Überzeugung heraus, daß kein Punkt des Landes in seiner Vereinzelung, sondern nur im Zusammenhang mit seiner näheren und ferneren Umgebung geschichtlich etwas hat bedeuten können«, S. 16.

aber die christlichen Überlieferungen ihnen gleichsam aufgepfropft. So würde sich erklären, daß die Angaben des Neuen schon im Alten Testament wie vorweggenommen zu sein schienen.

Dies ist in der Tat ein Gedanke, den man weiter verfolgen sollte. Allerdings müssen dabei die jeweiligen Fälle unterschieden und mit einiger Sorgfalt behandelt werden. Dennoch erkennt man schnell diese Beziehungen, wenn wir an einige Vergleiche erinnern, die bereits angestellt wurden. Der Jakobsbrunnen und die Samariterin. Nun war der Jakobsbrunnen aber ein natürlicher Halteort auf einer häufig benutzten Straße. Der Berg Tabor, Moses, Elias und die Verklärung: doch der Tabor ist nur eine jener Höhen, von denen man glaubte, daß die Propheten sie aufgesucht haben. Man könnte den Karmel nennen für Elias, den Nebo für Moses, den Hebron. Ähnliches gilt für die Grotte, in der Jesus gelehrt hat und die Stelle bei Jesaja über den Gerechten, der in der Höhle eines Felsens wohnt. All diese eigentümlichen Zusammentreffen können daher rühren, daß die christliche und die jüdische Begebenheit, aufgrund seiner Lage oder natürlichen Eigenart, am selben Ort vermutetet wurden. Das Josephsgrab und die Herberge des guten Samariters: hier handelt es sich um ein Gleichnis. Der Ort, an dem Johannes taufte, der Weg der Israeliten, der letzte Gang des Elias vor seiner Himmelfahrt. Überall geht es um eine Furt. Hier scheint die Verwandtschaft mehrdeutig zu sein. Einige seiner Jünger haben geglaubt, daß in Jesus Elias wiedererschienen sei. Ebenso beim *ager Domini* und Gilgal, der Stelle, an der nach Josua die Hebräer ihre erste Saat ausbrachten: der eine scheint sich hier auf den anderen Acker zu stützen. Und weiter der Bethesdateich: ein christliches Wunder, das ein jüdisches ersetzt. Vielleicht auch die Bestimmung des Abendmahls an einem Ort, an dem man das Zion Davids vermutete, gar bevor man dorthin das Grab des Prophetenkönigs zurückverlegte.

Jedenfalls gibt es eine ganze Gruppe christlicher Ortsbestimmungen, von denen man sagen kann, daß sie ihre wesentlichen Züge alten jüdischen Lokaltraditionen verdanken: die

Legenden der Geburt in Bethlehem. Nichts weist daraufhin, daß Jesus in Bethlehem geboren wurde, daß Joseph und Maria dort jemals durchgekommen wären oder sich aufgehalten hätten, selbst daß sie in Ägypten waren, ist nicht gesichert. Die Verfasser der Evangelien scheinen jene romantische Geschichte ganz und gar erfunden zu haben, die doch einen so beachtlichen Raum in der christlichen Vorstellungswelt einnimmt – um den Juden zu zeigen, daß Jesus wirklich der Messias war, weil er, den Ankündigungen der Schrift entsprechend, in der Stadt Davids geboren wurde. Man mußte offensichtlich ihren Einwänden vorbeugen, sie greifbar davon überzeugen. Das beste Mittel schien hier, die Krippe des Jesuskindes in die unmittelbare Nähe der Wiege des jüdischen Königtums zu legen, nicht weit von den Gräbern der Patriarchen, der Propheten, und als Ort der Geburt das durch David geheiligte Land zu zeigen.

Daher auch die Beziehungen, auf die wir bereits hingewiesen haben: das Rahelgrab und der Stein, auf dem sich Maria an der Straße nach Bethlehem niederließ, um das Kind zur Welt zu bringen, wie einige apokryphe Evangelien berichten; die Gräber von Isai, David, Salomon und zweier Neffen Davids, der Davidsbrunnen, und Bethlehem, die Wiege des Messias; der Ort, an dem Samuel den Hirtensohn David salbte, und die Geburtskirche; die Stelle bei Jesaja über den Gerechten, der in einer Felsenhöhle wohnt und die Geburtsgrotte; das Feld von Boas und Ruth – beide sind Vorfahren Jesu, nach Matthäus, einer Art Stammbuch des Sohnes Davids, aber auch in der davon abweichenden Erzählung bei Lukas – und der Ort, an dem die Jungfrau den letzten Sproß des heiligen Geschlechts hervorbringt.

Die christliche Legende scheint tatsächlich dorther zu kommen, gepflückt als eine reif gewordene Frucht, und genährt von der Kraft, die durch jene Traditionen strömte, durch ihre ganze Heilsgeschichte. Man konnte diese Geschichte wiederfinden, ihre Spuren auf gesegnetem Boden entziffern. Es ist keineswegs nebensächlich, daß der Geburtsort des Messias in den Himmeln zu lesen war, daß die Weisen aus dem Morgenland bei Matthäus von einem Stern geführt wurden. Und dennoch mußte man nicht dem funkelnden Schweif des Sternes folgen: es hätte genügt, sich vielmehr die Erde dieses alten jüdischen Landes anzusehen – man hätte dann entdeckt, daß die Stunde einer Konjunktion nicht der Gestirne, sondern zwischen jenen Erinnerungen an historische Begebenheiten gekommen war, die gleichzeitig auf der Scholle und im Buch der Bücher geschrieben standen, und von da an in einer wundersamen, wie zu ihr vorbestimmter Zeit geborenen Legende aufgingen.

Der ganz besondere Fall also eines Phänomens, das wir im Hinblick auf das Gedächtnis religiöser Gruppen häufig antreffen. Sicher kann es sich um völlig neue Heilslehren ausbilden, die den vorhergehenden völlig entgegenstehen und auch an einem neuen Ort, der noch keinen ihrer Propheten hervorgebracht hatte: »Was kann aus Galiläa schon Gutes kommen?« Doch auch hier gibt es nie einen völligen Neubeginn. Das Christentum der Bergpredigt wäre, wenn es derart überhaupt hätte fortbestehen können, bloße Ethik geblieben, hätte sich niemals in den Rang und zur Macht einer Religion erhoben, wenn es nicht irgendwelche entscheidenden Bestandteile der jüdischen Religion in sich aufgenommen hätte, die mit der Geschichte des jüdischen Volkes untrennbar verbunden war. Nun ist das Christentum selbst ein historisches Ereignis, es bezeichnet den Sieg einer Religion spiritueller Prägung über einen formalistischen Kult, gleichzeitig einer universalistischen Religion, die weder Rassen noch Nationen kennt, über die eng begrenzte Religion eines Volkes. Aber diese Geschichte, diese Religion selbst, konnte sich inmitten des Judentums nicht durchsetzen, wenn sie sich von ihrem jüdischen Grund losgelöst hätte.

Ganz offensichtlich ging es den Verfassern der Evangelien auch darum, daß die neue Religion jenes Ansehen erhielt, das sich mit den von den alten Juden verehrten Stätten verband. Deshalb ließen sie das Leben Christi in Bethlehem beginnen, ebenso wie sie es in Jerusalem enden ließen, also an Orten, an die sich das, was man die reine Ethik der Evangelien nennt, und wo immer sie auch geboren wurde, zu wagen keine Veranlassung hatte – wenn sie das bleiben wollte, was sie war. Das christliche konnte einen Teil des kollektiven jüdischen Gedächtnisses nur in Besitz nehmen, indem es sich einen Teil seiner Ortserinnerungen einverleibte und im gleichen Zug seine ganze Perspektive auf den historischen Raum veränderte, ähnlich, wie wenn sich ein Volk mit einem anderen vereinigt, dessen Boden älter, von Alters her geweiht ist: auch das eigene Land vermehrt damit sein Ansehen.

Versetzen wir uns nun nach Jerusalem. Vor allem hier hätte sich, nach der Annahme, die wir hier weiter verfolgen, das Wesentliche des christlichen Mythos in den Bericht von Ereignissen verwandelt – vielleicht ein Jahrhundert später, nach der Belagerung der Stadt, ihrer Zerstörung und ihrem Wiederaufbau. Daß diese Ereignisse in Jerusalem gezeigt werden, hängt zweifellos damit zusammen, daß es das religiöse Zentrum der Juden war, ihr Tempelheiligtum beherbergte.[140] Dennoch verletzt das Christentum, selbst wenn es sich in vieler Hinsicht auf den jüdischen Glauben und seine Überlieferungen berufen konnte, an entscheidenden Stellen die Überzeugungen einer so streng formalistischen und nationalen Religion, in der die Priesterkaste und die Strenggläubigen den erwarteten Messias nicht im Jesus der Bergpredigt erkennen, im Gottessohn, der für die Menschheit stirbt. Es mußten sich also die neuen Traditionen, die man bilden wollte, in der Stadt und im jüdischen Leben selbst, ihren Platz erst erkämpfen. Daher nun zwei eng miteinander verknüpfte und dennoch höchst gegensätzliche Notwendigkeiten. Die Stadt mußte in ihrer säkulären Struktur, in ihrer räumlichen Anlage als ein auf das christliche Drama wartender Rahmen erscheinen, in welchem seine verschiedenen Ereignisse ihren in gewisser Weise vorgebildeten Ort fanden. Auf der anderen Seite mußten diese christlichen Begebenheiten in dem Maße, wie sie dem jüdischen Glauben widersprachen, gewisse heilige Stätten meiden und andere finden, die

140 »Als Paulus«, so Renan in seiner *Eglise chrétienne*, »eine Abordnung seiner Gemeinden nach Jerusalem führt, geht er noch zum Tempel. Völlig von seinem Idealismus beherrscht, kam ihm wohl weder Golgotha noch Bethlehem in den Sinn. Nun aber, um 135, ist es im Gegenteil das Leben Jesu, das man dort wiederzufinden hofft, ist es eine evangelische Topographie, in die man es übersetzt.«

sich deutlich von ihnen absetzten, durch ihren räumlichen Abstand, ihren ärmlichen Anschein, ihre völlige Unbekanntheit. Zudem war es ein Jerusalem, das die Christen verabscheuten, jenes der Pharisäer und Sadduzäer, die am Buchstaben des Gesetzes hingen, aber seinen Geist nicht mehr erfüllten, die seine Propheten töteten und alles vergaßen, was den Erzvätern und frühen Königen verheißen wurde. Das Christentum mußte sich also bemühen, den Orten, die es für sich in Anspruch nahm, eine neue Weihe zu geben, indem es an die großen Gestalten der Vergangenheit erinnerte, an Symbole und Riten, die das zeitgenössische Judentum vernachlässigte, und es tat dies durch eine mystische Wendung, die zunächst einigermaßen gezwungen erscheinen konnte.

Hier einige Beispiele dieser Art von Beziehungen. Theodosius sagt über den Kalvarienberg, daß Adam hier seinen Sohn opfern wollte. Er errichtete einen Steinaltar am Fuße des Berges, der dann jener Stein gewesen sein soll, auf dem Jesus gekreuzigt wurde. Dies bestätigen auch Antoninus und Adamnanus. Der Name Golgotha, Schädelstätte, wäre nach solcher, nicht jüdischer Überlieferung vom Schädel Adams abgeleitet, den man dort gefunden habe. Mariti spricht von einer Adamskapelle nahe dem Kalvarienberg. Petrus Diakonus sagt, daß hinter der Auferstehungskirche die Mitte der Welt liege, *medietas orbis*, und führt hier einen Spruch Davids an: »Er hat das Heil in die Mitte der Welt gesetzt«, und den eines anderen Propheten: »So spricht Gott der Herr: Das ist Jerusalem, das ich mitten unter die Heiden gesetzt habe und unter die Länder ringsumher!« Auf Golgotha hat er das Salbhorn der Davididen gesehen und den Ring Salomons. Die Erinnerung an Salomon, der die Dämonen peinigte, ist mit der Ecke des Tempelplatzes verknüpft, an der Jesus vom Satan versucht wurde.

Es wird uns gezeigt, wie Jesus im Tempel mit den Schriftgelehrten streitet, wie er sich empört gegen all jene, die das Heiligtum entweihen: hier stellt er sich in eine Reihe mit den revolutionären Propheten. Doch in den Tagen, die seinem Leiden vorausgehen, ist er weit weg, jenseits des Kidrontales, versenkt er sich an den Hängen des Ölbergs. Dieser heilige Ort besitzt zwar eine Anziehungskraft, größer ist aber zunächst wohl seine abstoßende Wirkung. Später wird sich der Ölberg mit christlichen Heiligtümern bedecken. Zu dieser Zeit aber ist er ein einsamer, gottverlassener Ort. Keine jüdische Tradition hatte dort Wurzeln geschlagen.[141] Jesus ist dort, wie in der Wüste, von der jüdischen Gemeinschaft abgeschnitten. Hier also hätte er seine Jünger unterwiesen. Und unterhalb des Berges liegt Gethsemane, der Ort seiner Todesangst, seiner Gefangennahme.

Das Prätorium ist ein öffentliches Gebäude, Sitz der römischen Statthalter. Es war sicher schon verschwunden, hatte wohl nur noch Trümmer, verstreute Steine hinterlassen, als die Evangelien abgefaßt wurden. Und es scheint, als hätten sich auch die Juden selbst nicht darum bemüht, die Erinnerung an einen Ort wachzuhalten, der doch so wenig jüdisch war, der sich mit keiner ihrer heiligen Stätten verband. Doch für die Christen wurde das Prätorium zu einem geweihten Ort, weil Jesus dort gewesen war, dort vorgeführt und abgeurteilt wurde. Es sollte deshalb weder am alten Palast des Herodes liegen, der nun als Sitz des Pilatus kein jüdischer Ort mehr war, noch bei der römischen Antonia. Man hat also das Prätorium gesucht und glaubte es entweder nahe am Hause des Hohenpriesters gefunden zu haben, oder aber, einer zweifellos älteren Tradition folgend, bei einem Brunnen, in den Jeremias geworfen wurde und dem er wieder entstieg, Jeremias, den König Zedekia nicht sterben lassen wollte, wie auch Pilatus den Tod Christi nicht wünschte – eine christliche wurde so erneut auf eine jüdische Erinnerung gesetzt, ganz in die Nähe, und dennoch außerhalb der Tempelmauer, an einen tiefer gelegenen, fast vergessenen Ort.

141 Das stimmt nicht ganz. Es gibt hier die Stelle bei Sach. 14, 4: »Und seine Füße werden stehen zu der Zeit auf dem Ölberg, der vor Jerusalem liegt nach Osten hin«, und auch die in 2. Sam. 15, 32: »Und als David auf die Höhe kam, wo man Gott anzubeten pflegte...« Wir wissen allerdings nicht, ob sich die Christen erst nachträglich an diese Schriftstellen erinnerten, oder ob sie schon davor eine gewisse Aufmerksamkeit gefunden hatten. Hier liegt die ganze Schwierigkeit bei der Frage nach dem Verhältnis zwischen den Prophetenworten und den christlichen Ortsbestimmungen.

Die Evangelien haben die Stätte des Abendmahls nicht bestimmt. Jesus sagt zu Petrus und Johannes: »Siehe, wenn ihr hineinkommt in die Stadt, wird euch ein Mensch begegnen, der trägt einen Wasserkrug; folgt ihm in das Haus, in das er hineingeht und sagt zu dem Hausherrn: Der Meister läßt dir sagen: Wo ist der Raum, in dem ich das Passahlamm essen kann mit meinen Jüngern? Und er wird euch einen großen Saal zeigen, der mit Pfosten versehen ist; dort bereitet es«, Luk. 22, 10-12, ähnlich auch bei Matthäus und Markus. Paulus ist der erste, der vom Abendmahl spricht, nachdem er eine Erscheinung hatte.[142] Ist es also eine Erscheinung, der zufolge man später diesen Ort versucht hat aufzufinden? Der Pilger von Bordeaux erwähnt im Jahr 333 das Haus des Kaiphas, nicht aber den Abendmahlssaal. Erst im 4. Jahrhundert wird er in die Nähe des Kaiphashauses gelegt. – Nun ist es aber eben im 4. Jahrhundert, in dem die seltsame Vertauschung stattfindet, mit der die Christen Zion, die Stadt Davids, aus dem Ostteil der Stadt im Süden des Tempelplatzes, also aus der Unterstadt in den Westteil verlegt haben, in die jenseits des Tyropöon gelegene Oberstadt.[143] Der Pilger von Bordeaux sagt selbst, daß er den Zionsberg hinaufsteigt, um die Stelle des Kaiphashauses zu sehen. – Alles weist darauf hin, daß man, nur kurze Zeit bevor dort der Abendmahlssaal bestimmt wurde, zu der Überzeugung gekommen war, dieser Bereich der Stadt sei das alte Zion. Es ist also gut möglich, daß es auf der einen Seite das Haus des Kaiphas gewesen wäre, das den Abendmahlssaal dorthin gezogen hat, auf der anderen Seite aber auch die Stadt Davids. Später wird man, wie wir gesehen haben, dorthin auch

142 Der Bericht vom Abendmahl im ersten Korintherbrief, die älteste, im Jahr 57 verfaßte evangelische Schrift, stimmt hierin nach Renan, *Les Evangiles*, mit dem einiges später entstandenen Bericht bei Lukas überein.

143 »Im Jahr 141 v. Chr. ergab sich die syrische Garnison der Burg, die sich in der Unterstadt, südlich des Tempels befand. Simon ließ sie schleifen, und man schickte sich bald an, die Höhe abzutragen, auf der sie gestanden und den Tempelplatz überragt hatte. Drei Jahre wird dies Werk in Anspruch nehmen«, Munk, *Palestine*, 1845, S. 508. Das erklärt, weshalb man in der Zeit von Josephus nicht mehr auf den Gedanken kam, der Palast Davids hätte sich dort (auf dem Ophel) erheben können. Simon verlegte seinen Herrschaftssitz in den Nordosten des Tempels, dorthin, wo seine Nachfolger die Zwingfeste, die Baris errichten werden und später die Antonia steht.

das aus Bethlehem zurückgekehrte Davidsgrab legen, unter das Obergeschoß, in dem man dann des Abendmahls und der Ausschüttung des Heiligen Geistes gedenkt. – Ein sehr bemerkenswertes Beispiel für eine christliche Ortsbestimmung aufgrund einer, zudem ungenauen, Verbindung mit einer jüdischen Überlieferung. Stellen wir gleichzeitig fest, daß uns diese Verbindung auf David verweist, in dessen Abstammungsreihe man Jesus glaubt, obwohl er tausend Jahre vor ihm gelebt hatte. Dies ist nun aber keine Ausnahme – eher im Gegenteil – von der Regel, nach der die christlichen Erinnerungen in Jerusalem sich von den geweihten Orten des offiziellen Kultes zur Zeit Jesu absetzen. Und vergessen wir zudem nicht, daß der Abendmahlssaal, bevor er nach Zion kam, lange Zeit am Ölberg war, außerhalb Jerusalems und gegenüber dem Tempel.

Und so werden für eine neue religiöse Gemeinschaft die Überlieferungen älterer Gruppen zu fast natürlichen Trägern ihrer eigenen Erinnerungen, geben ihnen wie Strebepfeiler Festigkeit und Halt. Durch jene gewinnt sie immer mehr Ansehen, wird sie wie eingesegnet. Doch gleichzeitig und auf lange Sicht reißt sie diese alten Überlieferungen im Strom der eigenen Erinnerungen fort, löst sie von einer immer dunkler werdenden Vergangenheit, jener Nacht der Zeit, in der sie sich zu verlieren scheinen, und verwandelt sie, indem sie diese Überlieferungen zu den ihren macht. Dabei werden sie von ihr entstellt, wird ihr Ort in der Zeit, im Raum verändert. Und sie erneuert sie zudem durch ungewöhnliche Verknüpfungen, unerwartete Entgegensetzungen. Wenn Propheten in den Fenstern der Kathedralen gezeigt werden, die auf ihren Schultern christliche Heilige, Jesu Apostel tragen, faßt man sie in gewisser Weise in dasselbe zeitlose Bild. Der heilige Abraham, der heilige Joseph, der heilige Moses werden nun in christliches Licht getaucht und bewahren von ihren jüdischen Ursprüngen gerade nur soviel, um den Glauben zu nähren, daß das Christentum seine Wurzeln auf dem Boden der ältesten hebräischen Geschichte austrieb. Doch von diesem Tage an treten das jüdische Umfeld, die jüdischen Erinnerungen als solche, so, wie sie das kollektive Gedächtnis der Juden erinnert, unendlich weit in den Hintergrund, verschwinden in der Dämmerung vergangener Zeiten.

Nun müssen wir uns ansehen, wie die christlichen Ortsbestimmungen, die in vielen Fällen auf diesen jüdischen Erinnerungen aufbauen, später, und je mehr die alten jüdischen Überlieferungen verschwanden, Mittel und Wege gefunden haben, ohne sie fortzubestehen, sich auszubreiten, sich zu vermehren, auch sich wieder zu trennen und dennoch zu verstärken. Wir begeben uns dabei auf eine echte Entdeckungsreise, auf kaum erforschtes Gebiet. Die vor allem angelsächsische Schule der Assoziationspsychologie hat sich der Frage gewidmet, wie Vorstellungen im Bewußtsein des Einzelnen entstehen, sich teilen und verbinden. Wir untersuchen stattdessen das Gedächtnis der christlichen Gruppe, insofern es sich auf bestimmte Orte bezieht, versuchen zu klären, wie sich kollektive Erinnerungen an diese Orte begründen, sich teilen, annähern, verstreuen. Wenn all dies nicht zufällig ist, dann muß es eine Handvoll einfacher Gesetze geben, die das Gedächtnis der Gruppe regeln und an den hier vorhandenen Tatbeständen selbst zu erkennen sein sollten.

Greifen wir zunächst einige Fälle auf, bei denen man mehrere Ereignisse an derselben Stelle zusammengelegt hat, ohne daß es zwischen ihnen eine zwingende Verbindung gab – wie wenn ein Ort, der bereits durch eine Erinnerung geweiht war, andere angezogen hätte, wie wenn Erinnerungen einer Art von Herdentrieb gehorchten. Solche verschiedenen Bestimmungen am selben Ort stützen einander, sich aufeinander. Der Glaube an ihre Verbürgtheit ebnet ihnen gegenseitig den Weg. Sicher gab es Gründe, daß man das Haus, in dem sich die Apostel nach der Auferstehung zusammenfanden, den Abendmahlssaal, den Ort der Ausgießung des Heiligen Geistes verband. Aber weshalb liegt all dies in der Nähe des Kaiphaspalastes? Weshalb zeigt man dort auch die letzte Ruhestätte der Jungfrau, ohne die vielen anderen Dinge aufzuzählen, die Geißelungssäule, die Dornenkrone, einen Felsen, auf dem der heilige Stephanus gesteinigt wurde? Und auch an den Ufern des See Genezareth sieht man erstaunlicherweise am selben Ort, nahe dem Siebenquell, die Wahl der Apostel, die Bergpredigt, die Erscheinung Jesu nach seiner Auferstehung, seinen Gang über die Wasser. Der Ölberg, geheiligt durch eine Grotte, in der Jesus seine Jünger in die Geheimnisse des Endes einweihte, hat viele andere Begebenheiten an sich gezogen, die Himmelfahrt, das *Pater noster*, das *Dominus flevit*, selbst seine Erscheinung in Galiläa, und noch einige andere. Im Gegensatz zur offensichtlich mehr oder weniger zufälligen Verbindung zwischen der »Kirche des Lahmen«, die seit 422 bezeugt wird, und der Annenkirche mit ihrer verschwommenen Erinnerung an die Geburt der Jungfrau, die vielleicht schon frühzeitig an diesem Ort im Raum schwebte.

Ein anderer Vorgang. Bisweilen verdoppelt sich eine Ortsangabe, teilt sich, um dann schnell zu einer jeweils eigenen anzuwachsen. Die verschiedenen Abschnitte einer selben Begebenheit lassen sich an zwar benachbarten, aber doch voneinander geschiedenen Stellen nieder. Es scheint, daß sich durch diese räumliche Ausbreitung, durch diese Wiederholung auch die Erinnerung verstärkt, indem sie die Spuren vermehrt, die sie selbst zurückläßt. Darüberhinaus ist dieser Vorgang dazu geeignet, eine frühere Vorstellung zu erneuern, zu verjüngen. Alles geschieht dabei so, als ob man an ihr einen vernachlässigten Aspekt, ein vergessenes Detail entdeckte und daraus nun eine neue Art der Andacht entstünde. Um Golgotha und das heilige Grab der Stein der Salbung, der Stein des Engels, der Stein des Gärtners, der Stein, auf dem Jesus entkleidet wurde... Die »Tränen des heiligen Petrus« an anderer Stelle als die Verleugnung und der Hahnenschrei. Die Palme des Palmsonntags, und in einiger Entfernung der Ort, an dem man den Esel fand. Vor allem aber in Nazareth: die Stelle, an welcher der Erzengel Gabriel im Augenblick der Verkündigung erschienen ist, der Ort, an dem sich Maria währenddessen aufgehalten hat, das Grab Josephs, die Kammer Jesu, die Wohnung Marias, der Vorraum, die Küche der Jungfrau, die Marienquelle, die Schule des Messias. Wenn all dies frühe und verbürgte Überlieferungen wären, müßte man sich nicht darüber wundern, daß man sie am selben Ort und in ihrer ganzen Vielgestaltigkeit beibehielt. Doch diese Ortsangaben stammen aus späterer Zeit. Alles deutet darauf hin, daß es am Anfang die einfache Vorstellung gab, Jesus habe seine Kindheit in Nazareth verbracht, im Haus seiner Eltern, also an einem einzigen Ort, den man vielleicht auch zu finden versucht hat. Aber selbst die Verkündigung wird mit den Apokryphen verdoppelt, wird an der Quelle, dann im Haus der Jungfrau geschehen. In Bethlehem haben wir für Geburt und Krippe zwei verschiedene Stellen. Die Krippe, nach Lukas das Zeichen der Geburt Christi, ist wahrscheinlich zuerst gezeigt worden. Dann hat man an einen anderen Ort die Geburt gelegt. Es scheint, daß sich die kraftvolle Frömmigkeit der Gläubigen nicht auf einmal erschöpft, sondern in gewisser Weise mehrerer Auffangbecken bedarf, in die sie geleitet wird. – Wenn eine dieser zweitrangigen Ortsbestimmungen verschwand, von denen man heute sagt, daß »früher hier die Stelle gezeigt wurde...«, dann geht dies fast so vor sich, als ob sie sich mit ihrer Entfernung vom Hauptort begonnen habe, zu verirren. So verlor sich die Erinnerung an das *Pater noster* an den Hängen des Ölbergs, nachdem sie sich von der Lehrgrotte gelöst hatte. Und sie wurde von ihr wieder aufgesogen, ohne einen eigenständigen Ort zu behalten. In gleicher Weise verschwanden *gallicantu* und die »Tränen des Petrus«, die man lange Zeit auf den Anstieg des christlichen Zion, in Richtung des Kidron gelegt und denen man mit einer Basilika gedacht hatte – sie wurden von der Erinnerung an das Haus des Kaiphas aufgenommen, das schon jene der Verleugnung beherbergte.

Bisweilen, und auch dies haben wir schon gesehen, hat man ein christliches Ereignis gleichzeitig an zwei weit voneinander entfernten Orten gezeigt. Es scheint sich dann eine Art Wettbewerb zwischen den beiden Stätten herauszubilden, bei dem eine jede versucht, nicht nur die Begebenheit selbst in Besitz zu halten, derer sie zu gedenken beansprucht, sondern darüberhinaus weitere, mit ihr verbundene Vorfälle an sich zu ziehen. Dies ist beim Prätorium der Fall. Die einen legen es nahe an das Haus des Kaiphas, neigen sogar dazu, es mit ihm gleichzusetzen, verbinden damit die Geißelung, das Gefängnis Jesu. Die anderen suchen es in der Nähe der Eckmauer des Tempels, zunächst im Tyropöon, dann am Ort der Festung Antonia. Dort unterscheidet man dann auch unbestimmt das Haus des Hannas, das des Kaiphas, das Gefängnis, in dem Jesus bis zur Morgendämmerung verbrachte. Diese Dualität zieht sich fast durchs ganze Mittelalter: man zeigte zwei Prätorien, zwei Kaiphashäuser... Daher auch zwei unterschiedliche Streckenverläufe der Via Dolorosa und auch des Weges, den Jesus ging, als man ihm vom Ort des Verrats zum Sanhedrin brachte.

Ein weiteres Beispiel: der Abendmahlssaal wurde bis ins erste Drittel des 4. Jahrhunderts auf den Ölberg gelegt, aber die einen zeigten ihn in der Gethsemanekirche, die anderen in der Lehrgrotte, also der Eleona, der Ölbergsbasilika. Dann wandert er in die Oberstadt aus, auf den christlichen Zionshügel. Dennoch bestehen mehrere der darauffolgenden Jahrhunderte hindurch diese verschiedenen Ortsangaben nebeneinander fort: das kollektive Gedächtnis zögert, ist gespalten. Schließlich gab es auch gleichzeitig zwei Emmaus und zwei Berge der Erscheinung in Galiläa, einer an den Ufern des See Genezareth, der andere am Nordhügel des Ölbergs, der aus Gründen der Stimmigkeit einfach Galiläa genannt wurde.

Aber auch angesichts solch einander widersprechenden Überlieferungen vermied man es, eine von ihnen zu opfern, nachdem sie doch im Glauben lebendig waren. Es ging darum, keine Überreste zu verwischen, keine Spur zu verlieren. Die wahrheitsgetreusten, oder genauer, die einzig wahren, mußten sich wohl unter all den anderen finden lassen. Deshalb galt es, sie alle zu bewahren. Dem stand nicht entgegen, daß sich jedes dieser Systeme christlicher Lokalisierungen des unbedingten Glaubens jener sicher sein konnte, die es über die Zeit hinweg bewahrt hatten.[144]

Konzentration an einem Ort, Differenzierung im Raum, Dualität an einander entgegengesetzten Stellen: es sind dies

144 Man muß dabei in Rechnung stellen, daß es seit frühester Zeit eine griechische und eine lateinische Tradition gab, die vielleicht nicht einmal wetteiferten, sondern dem bloßen Umstand geschuldet waren, daß Griechen und Lateiner, selbst wenn sie derselben Kirche angehörten, nicht immer dieselben Schriften lasen, nicht immer denselben Berichten folgten.

vertraute Mittel, derer sich Gruppen immer wieder bedienen, nicht nur Kirchen, sondern auch andere Gemeinschaften, Familien, Nationen, um ihre Erinnerungen an Orte, aber auch an bestimmte Zeiten, Ereignisse, an bestimmte Menschen festzuhalten und zu ordnen. Das kollektive Gedächtnis unterscheidet sich von dem, was wir Geschichte nennen. Jene besondere Aufmerksamkeit, die wir ihr schenken, denen jedes Werk der Geschichtsschreibung gehorcht, sie war den Christen dieser Zeit völlig fremd. Sondern ihr Kult der Heiligen Stätten hat sich inmitten religiöser Gruppen herausbildet, und diese Erinnerungen sind aufs Engste mit Riten des Gedenkens und der Verehrung verknüpft, mit Zeremonien, Prozessionen, mit religiösen Festen. Den Priestern und Mönchen, den damals so vielen vom Glauben beseelten Männern und Frauen, ihnen geht es vor allem darum, der Frömmigkeit der Massen Nahrung zu geben, ihr religiöses Gefühl zu regen, übernatürliche Begebenheiten lebendig werden zu lassen, spürbar und sichtbar, die am Ursprung und Grund ihres Glaubens liegen. Wie sollten sie sich nicht den Zwängen gebeugt haben, die sich dem Gedächtnis einer Gesellschaft auferlegen?

Auch die Gesellschaft muß sich an etwas festhalten können, und wenn es um räumlichen Halt, um eine Ortskunde geht, haben sich im Verhältnis zu allen anderen möglichen Orten für sie eben jene Stätten abzusetzen, die am stärksten mit religiöser Bedeutung aufgeladen sind. Ähnlich gibt es in jedem kollektiven Gedächtnis immer wieder besondere Gestalten, Begebenheiten, Zeitabschnitte, die dort besonders deutliche Umrisse zeigen. Sie nehmen in sich andere Gestalten auf oder Ereignisse, die sich in der Vergangenheit abgespielt haben. Oft drängt sich hier in gewisser Weise ein ganzes Zeitalter in einem Jahr zusammen, verdichtet sich eine Abfolge von Handlungen und Begebenheiten, deren Beteiligte und Umstände man vergessen hat, in einem Menschen, Ereignisse, die sich dann nur mehr noch auf ihn beziehen, die ihm nachgerühmt oder angelastet werden.

Das Heilige Grab und alles, was diesen letzten Ort umgibt, das christliche Zion, Gethsemane, die Eleona, dies waren in Jerusalem die wenigen Stätten, an denen oder in deren Nähe sich die meisten der evangelischen Erinnerungen zusammenfanden: mit dem Gewicht des Göttlichen beschwerte Stätten, eine jede Wahlheimat des christlichen Gedächtnisses. Dorthin führte man nun die Pilger: mit eindrucksvoller Gleichförmigkeit kehren diese Orte in ihren Berichten wieder. Dorthin ging man bei feierlichen Umzügen, in den Tagen der heiligen Woche, um sich zu sammeln, die Schriften zu hören, des Herrn Lobpreis zu singen. Und sicher ging es hier ganz bewußt auch darum, daß solche Versammlungen der Gläubigen, ohne sich ständig von einem zum anderen Ort begeben zu müssen, diese verschiedenen Erinnerungen gleichzeitig beschwören, in derselben andächtigen Verehrung fassen konnten.

Und noch eine weitere Notwendigkeit dieser gemeinschaftlich beschworenen Erinnerungen: daß sie nämlich eine Aufzählung ermöglichen, eine schrittweise Wiederholung, damit das Denken nicht unbeweglich bleibe, damit seine Aufmerksamkeit, selbst wenn es sich in stets demselben Kreise dreht, durch die Vielfältigkeit der Ereignisse und der Ansichten auf sie, immer wieder erneuert wird. Das Haus des Kaiphas erinnert an die erste Verurteilung Christi, die ersten Demütigungen – doch das christliche Gedächtnis will jede Einzelheit dieser Geschichte bewahren und wiederholen. Es genügt nicht, das Kreuz in Erinnerung zu rufen – das Drama des Kalvarienberges spielt sich in mehreren Akten ab, und man will den Ort jeder einzelnen Szene zeigen. Nicht, daß sich die Gläubigen wie Kinder verhielten, die immer wieder auch nur die geringste Kleinigkeit einer vertrauten Geschichte wiederholt hören möchten: denn jeder der einzelnen Bestandteile, in welche die Geschichte Jesu zerfällt, hat nicht nur eine malerische Seite, sondern eine Bedeutung in der christlichen Glaubenslehre. Er beschreibt für die Gläubigen eine Tatsache, aber auch eine ewige Wahrheit.

Dies scheint übrigens für das Gedächtnis menschlicher Gruppen insgesamt zu gelten. Es erinnert nur die Ereignisse, die gleichzeitig als Lehren, Unterweisungen zu verstehen sind. Die Art und Weise selbst, in der es seine Tatbestände gliedert, folgt dem Bedürfnis zu zeigen, daß jeder eine Bedeutung hat, die über ihn selbst hinausweist, daß er die ihm zukommende, fast natürliche Stelle in einer Gesamtgeschichte einnimmt, daß er mit den übrigen eine Kette bildet, und sich daraus, aus all diesen versammelten Sinneinheiten, jener gesamte Sinn des Ereignisses ergibt, in dem alle anderen gegenwärtig sind. Geschichte wird so eine Art angewandter Logik, Kunst der Herbeiführung innerer Stimmigkeit. In dem Maße etwa, in dem die Französische Revolution Gegenstand eines Kultes geworden ist, gliedert auch sie sich in Tage, den 14. Juli, die Nacht des 4. August, von denen jeder eine Wahrheit, einen Glaubenssatz der Revolutionslehre ausdrückt. Und man sieht das auch in unserem Fall sehr gut: der Priester wendet sich im Verlauf einer jener religiösen Feierlichkeiten, zu denen sich die Gläubigen auf dem Kalvarienberg versammeln, jedem der Steine, der Altare, der Kapellen zu, die an einen der Abschnitte im Verlauf der Kreuzigung Jesu erinnern, nimmt jedes dieser gedachten Ereignisse zum Gegenstand einer Auslegung der Glaubenslehre, stützt auf sie eine ihrer Ableitungen. Es ist zwar richtig, daß die christliche Doktrin auch eine Geschichte beinhaltet. Aber ihre greifbaren Ereignisse stehen auch für unsichtbare Wahrheiten.

Und wie sollte man sich schließlich wundern, daß während so langer Zeiträume verschiedene Ortsangaben ein und desselben Tatbestandes fortdauern konnten? Die christliche Gemeinschaft umfaßte verschiedene Gruppen, von denen jede ihre eigenen Überlieferungen besaß und auch ihre eigenen Schriften. Christen, jüngst bekehrte Judenchristen, Griechen, Lateiner, Heiden. Einem einzelnen Menschen fällt es schwer zu glauben, daß dieselbe Begebenheit an zwei verschiedenen Orten stattgefunden haben soll, zumindest wenn es um Ereignisse geht, deren Zeuge er selbst war. Die Erinnerungen, welche er seiner Erfahrung verdankt, bilden ein einheitliches und untereinander eng verflochtenes Ganzes. Wenn er gleichzeitig zwei verschiedenen Gruppen angehört, die über den Ort eines Ereignisses unterschiedlicher Auffassung sind, das er selbst nicht gesehen hat, befindet er sich im selben Zustand der Unentschiedenheit wie eine aus mehreren Gruppen gebildete Gemeinschaft, die im Hinblick auf dieselbe Begebenheit unterschiedliche Überlieferungen und Erinnerungen mitbringen. Wir haben an jenen Fehler in der lateinischen Bibel erinnert: *ad Caipham in praetorium*. Doch die Griechen kannten die lateinische Bibel nicht, und sie stützten sich vielleicht auf ältere lokale Traditionen. Dies nur zum Prätorium. Was das Abendmahl angeht, so genügt es, die Evangelien zu lesen. Im Gegensatz zu den Synoptikern, die es in einem Haus in der Stadt vermuten, nennt das Evangelium des Johannes überhaupt keinen entsprechenden Ort: nichts hinderte also daran, es an irgendeine Stelle zu legen, an der sich Jesus häufig aufgehalten hat, etwa auf den Ölberg. Man kann überdies annehmen, daß viele Christen lange nicht davon ausgegangen waren, mit der Oberstadt Jerusalems das alte Zion vor sich zu haben – dies widersprach schon der jüdischen Tradition. Eine Gemeinschaft muß oft Widersprüche versöhnen, die verschiedene Gruppen in sie hineintragen, solange keine dieser Gruppen die Oberhand gewinnt oder die Gemeinschaft selbst keinen neuen und entscheidenden Grund findet, solche Fragen zu entscheiden.

Das Bild, welches sich die Christen von den Heiligen Stätten gemacht haben und das den Gläubigen dort gezeigt wurde, konnte nicht vollständig und nicht in jeder Zeit den Veränderungen entsprechen, die sich in der Glaubenslehre und den Vorstellungen der Gläubigen vollzogen. Sicher rekonstruiert das kollektive Gedächtnis seine Erinnerungen derart, daß sie mit den zeitgenössischen Vorstellungen übereinstimmen. Aber es trifft auf Widerstände: auf steinerne Überreste, schriftliche Zeugnisse, auf schon bestehende Riten, feste Institutionen. In Palästina und vor allem Jerusalem hat man in verhältnismäßig kurzer Zeit Kirchen und Kapellen erbaut, mit denen die Stätten der bedeutendsten christlichen Ereignisse bezeichnet werden sollten. Der Ritus hat sich an diese Orte angepaßt, Einzelheiten des Kultes, unterschiedliche Arten der Devotion haben sich daran geknüpft. All dies neigte dazu, fortzudauern, auch wenn sich die christlichen Vorstellungen weiter entwickelten.

Nach den ersten Bauten Helenas und Konstantins, der Kirche von Bethlehem, der Anastasis, dem Martyrion, errichtete der Bischof Maximonas unter Constantius um 340 an der heutigen Stelle des Abendmahlssaals die Apostelbasilika Sankt Sion. Ein vornehmer Bürger von Eleutheropolis mit Namen Paulus läßt 352 die Kapelle Jakobus des Jüngeren im Kidrontal errichten. Nach Julian (363) baut man das Martyrion Johannes des Täufers auf dem Ölberg. Poimenia krönt den Ort der Himmelfahrt mit einer oktogonalen Kirche. Von 378 an breiten sich die Klöster, Hospize und Kapellen Melania der Älteren und des Rufinus an den Hängen des Ölberges aus. Um 385 läßt Theodosius der Große in Gethsemane eine Kirche zur Erinnerung an das letzte Gebet, die Agonie Christi errichten. Zwischen 431 und 438 erfolgen die Gründungen Melanias der Jüngeren am Ölberg, zwei Klöster mit drei Kapellen, die den Aposteln und Märtyrern geweiht sind, diejenigen von Petrus dem Iberer, ein Hospiz und Konvent in der Nähe des Davidsturms, und die Errichtung der Stephanskirche außerhalb der Nordtore der Stadt. Während des Aufenthalts der Eudokia, der Gemahlin von Theodosius dem Zweiten, legt man 438/39 die Grundmauern der Prätoriumskirche oder Sophienkirche, der Petruskirche beim Kaiphaspalast, der Kirche Johannes des Täufers, der Siloakirche am Ausgang des Hiskiakanals. So wurde in kaum mehr als einem Jahrhundert der erste topographische Rahmen der Heiligen Stätten festgelegt, wie er sich dem christlichen Bewußtsein bis zur arabischen Eroberung einprägte und selbst darüber hinaus fortbestand, blieben doch viele seiner Umrisse bis zu den Kreuzzügen erhalten, Spuren, nach denen zunächst auch die Kreuzfahrer suchten.

Dieser Rahmen bleibt eine Konstruktion. Es ist ganz offensichtlich, daß man Jerusalem in die Mitte der christlichen Aufmerksamkeit rücken wollte, weil es die Bühne des Leidens Christi gewesen ist. Von der Geschichte Jesu behielt man vor allem seinen Tod und seine Auferstehung in Erinnerung: es scheint, daß sich sein ganzes Leben, die ganze Bedeutung seines Lebens in der heiligen Woche zusammendrängt.

Aber es hätte auch anders kommen können. Wir wissen, daß

im Jahr 68, vor der Belagerung, die christliche Gemeinde Jerusalems, geführt von den Verwandten Jesu, sich entschied, die Stadt zu verlassen. »Sie gingen nach Pella in Dekapolis, Königreich Agrippas des Zweiten, jenseits des Jordans, nicht weit vom See Genezareth gelegen. Pella war eine hellenische, eine heidnische Stadt, dennoch richtete man sich dort ein. Lange danach berichtet Julius Africanus von anderen judenchristlichen Gruppen in Kochaba in Transjordanien, und in Nazareth in Galiäa.« (Duchesne, *Histoire ancienne de l'Eglise*, I, S. 118). Auch Renan vermutet, daß viele Judenchristen wieder nach Galiläa und Samaria kamen. »Dieser Zustand dauerte nach dem Kriege an. Zurückkehren konnte man kaum nach Jerusalem, das bis auf die Grundmauern geschleift worden war, offenbar so gründlich, daß man kaum hätte vermuten können, es sei jemals bewohnt gewesen. Während der folgenden sechzig Jahre, von 70 bis 132/135, gab es dort nur das Lager der Zehnten Legion. Kaiser Hadrian entschied dann, an diesem Ort eine neue, eine heidnische Stadt zu bauen... Der Zutritt zu dieser Stadt war den Juden bei Todesstrafe verwehrt. Unter solchen Bedingungen konnten sich die Judenchristen nur von ihr fern halten. Und das taten sie auch. Die judenchristliche Gemeinde scheint lange Zeit von den Verwandten des Heilands geführt worden zu sein.« (*ibid*, S. 119)[145]

Zunächst durchaus geachtet, in jedem Fall geduldet, hat man, wie etwa der heilige Irenäus und Origenes, die Judenchristen später als eine Art Sekte angesehen: die Eboniter oder Ebonäer, was soviel wie »Arme« bedeutet. Sie waren streng mosaisch ausgerichtet, befolgten das Gebot der Beschneidung, verehrten Jerusalem. Sie hielten sich vor allem an das alte Gesetz. Sie besaßen ein eigenes, das Hebräerevangelium. »Sie erkannten die Briefe des Paulus nicht an, dieses Apostels, der für sie ein Abtrünniger war. Sie sahen den Hei-

145 »Die Kirche von Pella, selbst wenn sie Ausläufer in Palästina und Syrien besaß, konnte nicht als Vertreterin des gesamten Judenchristentums gelten. In der Diaspora gab es überall, und vor allem in den großen Zentren wie Alexandria, zum Christentum bekehrte Juden, die aber weiterhin nach dem Gesetz lebten«, *ibid.*, S. 122.

land als Sohn Josephs.« (*ibid.*, S. 125) Renan sagt, daß Jesus für sie, im Gegensatz zu den auf Paulus zurückgehenden Gemeinden, nur ein Prophet war, von Gott erwählt, um Israel zu erretten.

Man kann sich fragen, was aus der Erinnerung an Jesus geworden wäre, wenn sich die Judenchristen durchgesetzt hätten. Wäre Jesus nicht zum Gott geworden, hätte das Wesentliche seines Lebens nicht, wie für Paulus, in seinem Leiden und seiner Auferstehung bestanden, dann würde man sich daran erinnert haben, daß er in Jerusalem verurteilt und zu Tode gebracht wurde, wie viele andere Propheten vor ihm, und man hätte den Ort seiner Verurteilung, seiner Kreuzigung wohl nicht festzulegen versucht, weil nichts daran als übernatürlich erschienen wäre. Vielleicht hätten sich die Erinnerungen an den Ufern des See Genezareth gehäuft. Beurteilen wir Galiläa und den See nicht nach ihrem heutigen Ansehen. Nach Flavius Josephus gibt es in Galiläa »eine Menge von Städten, und auch die Bevölkerung der Dörfer ist wegen der Fruchtbarkeit des Bodens überall so dicht, daß selbst das kleinste Dorf mehr als fünfzehntausend Einwohner zählt.« Heute erreichen die meisten galiläischen Städte bei weitem nicht diese Einwohnerzahl. Die große Karawanenstraße, die sich von Damaskus und Palmyra bis an die Mittelmeerküste erstreckt, schneidet im äußersten Norden die Senke des See Genezareth. Man kann sich also vorstellen, daß sich an so bevorzugter Stelle ein blühender Landstrich ausbreiten mußte, mit einer betriebsamen und geschickten Bevölkerung. Doch in Galiläa war das ganze Gebiet um den See Genezareth frühzeitig in jüdischer Hand, besiedelt von Juden, die dem Christentum feindlich gegenüberstanden. Dort kamen die Schriftgelehrten her, dort lag die berühmteste ihrer Schulen. In Jerusalem hatte sich dagegen nach und nach das orthodoxe, vom mosaischen Gesetz entbundene Christentum durchgesetzt.

Verlassen wir nun Palästina und Vorderasien und versetzen uns in die römische Christengemeinde, die einen so großen Anteil an der Ausarbeitung des Dogmas und seiner Legenden hatte. »Man kann mutmaßen«, sagt Duchesne, »daß einige der

Bücher des Neuen Testaments, etwa die Evangelien von Markus und Lukas, die Apostelgeschichte, der erste Petrusbrief, der Hebräerbrief, aus diesem römischen Umfeld gekommen sind, um die Zeit der Einnahme Jerusalems, und daß auch die Sammlung der Paulusbriefe dort erfolgte.« (*Ibid.*, S. 219) Duchesne fügt hinzu, daß in dieser frühesten Zeit »die Christengemeinde Roms mehr als einen Zeugen der Ursprünge zu ihren Mitgliedern zählen mußte.«

Nun hat Gaston Boissier bei seinen Untersuchungen der Katakomben bemerkt, daß die ersten Christen Roms dort Begebenheiten aus dem Alten und Neuen Testament wiedergegeben haben, Christus und die Weisen, die Auferstehung des Lazarus, die Heilung des Lahmen, die Brotvermehrung. Aber sie haben es dabei ganz offensichtlich vermieden, an die Ereignisse der Passion Jesu zu erinnern. »Fürchteten sie, mit der Darstellung eines derart schändlichen Todes die Schwachen wankend werden zu lassen, ihren Glauben den Spöttern auszuliefern oder auch mangelnde Ehrfurcht vor ihrem Gott zu zeigen? Sicher ist, daß nirgendwo jene Vorfälle dargestellt sind, die sich zwischen dem Urteil des Pilatus und der Auferstehung abgespielt haben... Demgegenüber haben die mittelalterlichen Künstler diese Motive ständig aufgegriffen... überreich sind hier die Darstellungen der Geißelung und Kreuzigung.« (*Promenades archéologiques. Rome et Pompéi*, S. 129).[146]

Renan glaubt, daß sich dies durch den Einfluß des Gnostizismus erklärt. »Das Leben Jesu, welches die alten christlichen Malereien darstellen, ist genau jenes, wie es sich die Gnostiker und Dozeten vorstellten, das heißt, daß die Passion darin nicht vorkam. Vom Prätorium bis zur Auferstehung sind alle Details getilgt. Man entledigte sich so von der Schande des Kreuzes.

146 Renan sagt seinerseits: »Allgemein hat man das Alter der Malereien in den Katakomben übertrieben. Die meisten sind aus dem vierten, ein kleiner Teil aus dem dritten Jahrhundert.« Man hat dort die heiligen Brote, Fische und Fischfang, das Abendmahl dargestellt, zunächst rein dekorative Elemente. Dann hat man sie mit christlichen Symbolen vermischt, hat schlichte biblische Szenen gemalt, Jonas, Daniel, Noah und die Taube, Moses, der Wasser aus dem Stein schlägt, Orpheus, und dann vor allem den guten Hirten, eines der am weitesten verbreiteten Motive der heidnischen Kunst.

Zu dieser Zeit sind es die Heiden, die aus Spott den Gott der Christen am Kreuz zeigen. Die christliche Kunst ist aus der Häresie geboren. Ihre Motive sind meist aus verbotenen Büchern entlehnt, den Apokryphen, die mehr oder weniger unter gnostischem Einfluß entstanden sind.«

Der Gnostizismus gelangte von Alexandria nach Rom. »Die Kirchenväter wollten«, so Renan, »daß dieser ganze üble Wildwuchs seinen Ursprung in den samaritanischen Sekten hatte, die von Simon von Gitton herrührten.« Nach Duchesne gab es einige grundlegende Vorstellungen der Gnostiker: »1. Der Schöpfergott und Gesetzgeber des Alten Testamentes ist nicht der wahre Gott. Über ihm, unendlich höher, steht der Gott Vater, Anfangsgrund allen Lebens. 2. Der Gott des Alten Testamentes kennt den wahren Gott nicht, und die Welt hat ihn vor dem Erscheinen Christi ebenso verkannt, vor der Ankunft dessen, der aus dem wahrhaften Gott hervorging... 5. Die Fleischwerdung, die keine wirkliche Vereinigung der Göttlichkeit mit der verderbten Natur sein kann, erklärt sich die evangelische Geschichte durch eine vorübergehende sittliche Vereinigung einer göttlichen Erscheinung mit dem Menschen Jesus, oder auch mit der Erscheinung höchster Menschlichkeit in der Welt. 6. Es gab also weder einen wirklichen Tod noch eine wirkliche Auferstehung Christi.« – Die Gnostiker suchten also »jemanden, den sie für die sündhafte Natur und das strenge Gesetz verantwortlich machen konnten, und fanden den Gott Israels. Im Gegensatz dazu schien ihnen das Evangelium, aus dem sie eine ganz andere Stimme zu hören meinten, als Offenbarung allumfassender Güte und höchster Vollkommenheit.« (*Histoire ancienne de l'Eglise*, I, S. 174)

Nehmen wir nun an, daß sich diese Vorstellungen im Christentum, insbesondere in der römischen Kirche, durchgesetzt hätten. Man würde sich dann wohl kaum darum bemüht haben, in Jerusalem des Leidens Christi, seines Todes, seiner Auferstehung zu gedenken, nachdem all dies doch nur Schein, ein Gaukelspiel sinnlicher Eindrücke ohne tiefere und höhere Bedeutung gewesen wäre. Man hätte es nicht für notwendig befunden, im christlichen Gedächtnis solche Orte festzuhalten, an denen sich dies alles zugetragen hatte. Vielleicht hätte es keinen Kult der Heiligen Stätten in Palästina gegeben.

Doch Konstantin bekehrte sich zum Christentum. Im Jahr 325 versammelte sich das Konzil von Nicäa, auf dem jenes feierliche Bekenntnis festgelegt wurde: »Wir glauben an den einen Gott... Und an den einen Herrn Jesus Christus... Für uns Menschen und zu unserm Heil ist er vom Himmel gekommen, hat Fleisch angenommen durch den Heiligen Geist von der Jungfrau Maria und ist Mensch geworden. Er wurde für uns gekreuzigt unter Pontius Pilatus, hat gelitten und ist begraben worden, ist am dritten Tage auferstanden nach der Schrift und aufgefahren in den Himmel. Er sitzt zur Rechten des Vaters und wird wiederkommen in Herrlichkeit, zu richten die Lebenden und die Toten...« Dadurch wurden zusammen mit der gnostischen Häresie auch alle Vorstellungen ausgeschlossen, die ihnen mehr oder weniger verwandt waren. Die Mitte des christlichen Glaubens, das vorherrschendes Bild, auf welches sich dann alle anderen beziehen werden, hat man in der Überlieferung der evangelischen Begebenheiten gefunden: es ist der gestorbene und auferstandene Christus, das Kreuz von Golgotha und das Heilige Grab. Diese Orte waren verschüttet, waren unbekannt, keiner von ihnen hatte in Jerusalem sichtbare Spuren hinterlassen. Doch nachdem das Dogma einmal verfügt war, und es diese Stätten voraussetzte, galt es, sie unbedingt wiederzufinden.[147]

So sind also lange vor dem Mittelalter, seit den Bauten Konstantins und Helenas zu Beginn des 4. Jahrhunderts, die Szenen von Passion und Auferstehung in den Vordergrund des christlichen Gedächtnisses gerückt. Man lese etwa den Bericht Arkulfs, den er Adamnanus um 670 aufzeichnen ließ, obgleich doch die Muselmanen Jerusalem schon 638 in Besitz genommen hatten. Er beginnt mit einer genauen Beschrei-

147 Es gab im Nordwesten der Stadt eine höher gelegene Ebene, auf der sich ein Venustempel befand. Der Bischof der Aelia, Makarios, der am Konzil von Nicäa teilgenommen hatte, erhielt vom Kaiser die Erlaubnis, Ausgrabungen durchzuführen. Schließlich legte man ein in den Fels gehauenes Grab frei. Man fand auch den genauen Ort der Kreuzigung, und selbst das Kreuz des Heilands. Der Kaiser, von diesen Entdeckungen in Kenntnis gesetzt, ließ dort eine Basilika errichten.

bung der Basilika zum Heiligen Grab. Ein ganzes Kapitel ist dem Stein gewidmet, der das Grab verschloß, und von dem zwei Bruchstücke in der Kirche aufbewahrt wurden, ein weiteres der Kreuzfindungskirche, wieder ein anderes Rohr und Schwamm im Seitenschiff der Kirche, ein weiteres der Lanze, eines dem Leichentuch, das den Kopf der Herrn im Grab bedeckte, wieder ein anderes der Säule, die den Ort des Wunders des wahren Kreuzes bezeichnete, das einen Toten erweckte oder einen Sterbenden heilte und sich so als das echte Kreuz erwies. Dann eines dem Ölberg, dem Ort der Himmelfahrt. Im dritten Buch geht es um die Stelle, an welcher der Herr die fünf Brote und zwei Fische segnete, und an der man kein Bauwerk vorfand, nur einige Säulen: spärliche neun Zeilen, kaum mehr über Kapernaum, das Arkulf nur von der Anhöhe eines gegenüberliegenden Hügels aus gesehen hatte. Achtundzwanzig Seiten über Jerusalem, eine einzige über den See Genezareth und die Orte, an denen Jesus den größten Teil seines öffentlichen Lebens verbracht hat: die Verhältnisse zwischen dem Leben Jesu in Galiläa und der Passion der Evangelien sind verkehrt. Die christliche Legende ist hier in einer Weise zusammengeschrumpft, daß man in ihr, nach einer jüngst vertretenen Meinung, nur noch die Übertragung eines apokalyptischen Mythos in eine menschliche Erzählung erkennen kann. Aber vielleicht erfüllt sich darin ja das ganze Christentum dieser Zeit.

Man muß zudem in Rechnung stellen, daß die Bedingungen, unter denen die Christen im Heiligen Land lebten, seit dem 7. Jahrhundert zunehmend ungünstiger geworden sind. Jerusalem wurde 614 von den Persern erobert und ihrem Reich einverleibt. Die Muselmanen nahmen es 638 in Besitz. Das Zusammenleben mit ihnen, die immer zahlreicher und in der Folge auch feindseliger wurden, setzte die über die Stadt verstreuten Christen ständigen Bedrängnissen aus. Schließlich hatten sie sich, von 1063 an, im Christenviertel, dem Viertel des Patriarchen zusammengefunden, in dem sie das Bleiberecht unter der Bedingung erhielten, jene Mauern im Norden der Stadt instand zu setzen, welche die heiligen Stätten schlechthin umschlossen: den Kalvarienberg und die Grabeskirche.[148] – Hier sehen wir vielleicht am deutlichsten das Künstliche, das Gemachte an der christlichen Überlieferung. Aber wie sollten die Christen nicht mit all ihrem Glauben daran hängen, an dieser letzten Zuflucht, in der ihre Erinnerungen Schutz fanden? Am 15. Juli, so sagt man, dem Tag der Einnahme der Stadt durch die Kreuzfahrer, fand eine feierliche Prozession zur Grabeskirche statt, an der die einheimischen Christen voller Glück über ihre Befreiung teilnahmen.

Wie läßt sich von dieser Ankunft der Kreuzfahrer, mit der in der Geschichte der Ortsbestimmungen eine neue Zeit eingeläutet wurde, eine rechte Vorstellung vermitteln? Für die christliche Welt war Jerusalem die Heilige Stadt schlechthin. Selbst wenn sie sie nie gesehen hatten, machten sich die Christen doch ein Bild von ihr. Diese Vorstellung war sicher nicht ohne Grundlage, beruhte sie doch immerhin auf den evangelischen Berichten, und auch auf Zeugnissen von Pilgern, Gläubigen, die sie ehemals besucht hatten. Doch wie sehr unterschied sie sich damals schon von jener Stadt, wie sie die dort lebenden Christen kannten! Wie schwer war es gewesen, auch nur wenige Bauwerke, Kirchen, Kapellen vor der Verwüstung zu retten, die ganze Straßenzüge, so viele Häuser in Schutt und Asche legte, und wie sehr hatte die Zeit, hier wie überall, ihr Werk getan, mehr und mehr alle Spuren der Vergangenheit verwischt. Doch bei den Christen in Europa stellte man sich, wenn man von Jerusalem sprach, etwas ganz anderes vor, eine himmlische Stadt, von der die Erhabenheit des Gottessohnes unaufhörlich ausstrahlen mußte, eine ewige Stadt, in der sich auf wundersame Weise all das bewahrt haben mußte, was den evangelischen Ereignissen als Rahmen gedient hatte. Es scheint, als zweifelten sie nicht einen Augenblick daran, daß diese Stadt sich ihnen als jene entdeckte, die sie früher war, wenn man einmal die Ungläubigen verjagt, die Spuren ihrer gottlosen Besatzung ausgetilgt hatte. Nicht anders läßt sich ihre innere Bewegtheit erklären, als sie sich ihr näherten, daß

148 Ein Viereck zwischen dem Davidsturm, dem Turm der Nordwestecke und dem Tor im Osten, dem Stephanstor.

sie innehielten, sich bei ihrem Anblick niederwarfen. Was wußten sie schon von den dauernden Belagerungen, die keinen Stein auf dem anderen gelassen hatten, von ihrem Wiederaufbau, von den Veränderungen der Straßen, der Lage und dem Aussehen der Häuser und Viertel? Man erzählt, daß die Kreuzfahrer, als sie die Moschee des Kalifen Omar betraten, in den alten Tempel Salomons einzutreten glaubten.

Überdies kam das Christentum, als es das Heilige Land eroberte, dorthin wie sein rechtmäßiger Erbe zurück, wie die Nachfahren eines adeligen oder königlichen Geschlechts, die das Schloß und Land ihrer einst vertriebenen und enteigneten Vorfahren wieder in Besitz nehmen, ganz so, als müßten mit seinem siegreichen Einzug auch all seine Erinnerungen wieder zurückkehren. Aber wie konnten diese ganzen Ortserinnerungen dort ihren Platz wieder einnehmen, wo sich alles verändert hatte, dort, wo es keine Spuren mehr gab, nichts, was ihnen Halt gab? Wenn sich die gerade angekommenen Christen danach gerichtet hätten, was ihnen ihre Glaubensbrüder erzählen konnten, die ihr ganzes Leben in Jerusalem verbracht hatten, dann hätten sie erfahren müssen, daß die Bauten, die irgendwelchen in den Evangelien berichteten Ereignissen zu gedenken beanspruchten und deren lebendige Überlieferung seit langem verschwunden war, daß diese Bauten selbst meist vernichtet wurden, daß das, was davon blieb, unbestimmt, zweifelhaft, nicht gesichert war.

Doch die Kreuzfahrer konnten sich nicht durch derartige Bedenken aufhalten lassen. Sie kamen mit dem Ansehen und Auftrag einer riesigen Glaubensgemeinschaft dort an, fühlten die Last unzähliger Menschenalter. Deshalb haben sie ohne Zögern, auf ihre Art, das Werk des Gedenkens oder besser der Neugestaltung dieser heiligen Stätten wieder aufgenommen, das von den Christen des 4. und 5. Jahrhundert begonnen worden war. Sicher haben sie sich dabei, wenn sie es konnten, von noch bestehenden Überlieferungen leiten lassen, oder zumindest von den evangelischen Berichten, auf die man sich schon zur Zeit Konstantins berufen konnte. An vielen Stellen läßt sich deshalb auch erkennen, daß sich die von den Kreuzfahrern errichtete Kirche am Ort früherer christlicher Bauten erhebt, die manchmal in sehr alte Zeit zurück reichen, daß sie eine Erneuerung, eine Vergrößerung eines solch halb verfallenen Bauwerks war, daß hier dessen Steine und Stützen oder wenigstens solche aus der näheren Umgebung eingefügt worden sind. Manchmal wurde gar versucht, das Aussehen, die Anordnung des alten Heiligtums wiederherzustellen, etwa beim Abendmahlssaal. Die Kreuzfahrer haben dort 1130 eine Sionskirche oder Marienkirche errichtet, einen zweistöckigen Bau mit einem Obergeschoß, wohin das Abendmahl gelegt wurde, und mit drei Absiden im unteren Stockwerk: der Ruhestätte Mariens, der Erscheinung Christi »in Galiäa«, dem Ort der Fußwaschung.

Allerdings haben sie es nicht dabei bewenden lassen, die Überreste solcher alten Kultstätten wiederherzustellen. Sie haben neue Orte der Verehrung geschaffen, haben sich dabei sicher auf die Evangelien berufen, aber auch auf die Apokryphen, auf Legenden, die irgendwann die Christenheit beschäftigt hatten, folgten manchmal auch einer Art frommer Eingebung. All dies geschah offenbar mit großer Selbstsicherheit, als ob sich die Kreuzfahrer als einzig rechtmäßige Sachwalter einer Tradition verstanden hätten, die von den Christen Jerusalems vergessen worden oder ihnen unbekannt gewesen wäre, als ob diese Erde und diese Steine sie wiedererkannt hätten, als ob sie sich nur hinab hätten beugen müssen, um unvermittelt eben jene Stimmen zu vernehmen, die von tauben Ohren nicht gehört werden konnten, oder die Gott nicht öffnen wollte, bevor die Zeit dazu reif war.

Alles deutet darauf hin, daß die Christen, die vor den Kreuzrittern in Jerusalem gelebt hatten, einer solchen Bewegung nicht Stand halten konnten, die doch so weit über sie hinausreichte, die so viel stärker war. Jäh wurde die Abgeschiedenheit beendet, zu der sie so lange Zeit verurteilt gewesen waren, und schnell mußten sich ihre spärlichen und meist unsicheren Überlieferungen in der allgemeinen Begeisterung auflösen, und dies umso mehr, als die heiligen Stätten, die sie zu ehren sich gewöhnt hatten, zwar verändert, entstellt, aber doch an besonderer Stelle, geadelt und verschönt, in dies neue Bild der Heiligen Stadt aufgenommen wurden.

Es besteht jedenfalls kein Zweifel, daß im 12. Jahrhundert, in Jerusalem und anderswo, in Judäa und Palästina, eine gewaltige Bautätigkeit einsetzte. »Benediktiner und Augustiner, die großen Ritterorden, Prälaten, Fürsten oder Reiche, sie alle wetteiferten darum, Jerusalem in einen weißen Mantel aus Klöstern zu kleiden.« (Vincent) Dann kam die Einnahme Jerusalems durch Saladin am 2. Oktober 1187. Die Christen mußten die Stadt verlassen, wurden losgekauft oder als Gefangene weggeführt. Doch viele der einheimischen Christen erhielten die Erlaubnis, in Jerusalem zu bleiben, gegen Zahlung einer Kopfsteuer, die man zusätzlich zu den Kriegsentschädigungen erhob. Man erlaubte vier Priestern, das Heiligtum zu bestellen, und nach der Waffenruhe von 1192 setzte die Pilgerbewegung erneut ein. Die türkische Besatzung begann im Jahr 1517. Man errichtete die Stadtmauern so, wie sie ihrem heutigen Verlauf entsprechen und beließ dabei den Abendmahlssaal jenseits des Befestigungsrings, der aus den Trümmern angrenzender Gebäude und früherer christlicher Kirchen emporwuchs. Man sagt, daß Suleiman seinen Baumeister hinrichten ließ, weil dieser den Zionsberg außerhalb der Umfassungsmauer belassen hatte. Mit der Herrschaft Suleimans endet die Zeit der großen Bauten und mit ihr auch die Geschichte des neuen Jerusalem.

Damit bezeichnen die konstantinische, und dann die Zeit der Kreuzzüge jene beiden geschichtlichen Abschnitte, in denen das christliche Gedächtnis, als ein kollektives Gedächtnis, das zweifellos die damaligen Vorstellungen der christlichen Gemeinschaft insgesamt widerspiegelte, die Stätten der evangelischen Ereignisse aufzufinden versucht, sich bemüht hat, diese Erinnerungen zu vergegenständlichen, in gewisser Weise sich selbst im Raum, in Jerusalem und im Heiligen Land ein Bild zu geben. Es hat sich dabei immer wieder auf einheimische Überlieferungen gestützt, aber auch neue Erinnerungen geschaffen: daher rührt jene übergreifende räumliche Ordnung der Heiligen Stätten, die stets das tiefe Prägezeichen der jeweils zeitgenössischen christlichen Glaubensvorstellungen trägt. Es läßt sich jedenfalls erkennen, daß hier das engere und unmittelbarere Ortsgedächtnis auf einem umfassenderen Gedächtnis beruht, welches selbst die Stätten der evangelischen Begebenheiten nur vermittelt, durch Schriften, Berichte und Legenden kennt, durch Zeugnisse, die fernab der eigentlichen Stätten selbst entstanden sind, das aber reicher und besser geordnet war, sich vor allem auf sehr viel größere Gruppen erstreckte.

Es hat vielleicht schon in den Anfängen, in der Zeit der Ausgestaltung der Evangelien, eine erste Ortskunde, eine frühe Einteilung und Zuordnung christlicher Erinnerungsstätten gegeben, die wir allerdings nicht mehr nachvollziehen können. Gleichwohl deutet alles darauf hin, daß diese Erinnerungen oft an alte jüdische Ortsüberlieferungen angeknüpft haben, in den Rahmen des jüdischen Gedächtnisses gespannt wurden. Dies hätte ihnen dann ermöglicht, die ersten Jahrhunderte zu überdauern, eine Zeit, in der das Christentum sich gegen die Juden und Römer verteidigen mußte, in der so viele Erschütterungen und Zerstörungen Jerusalem und ganz Palästina heimsuchten. Weiter läßt sich vermuten, daß es eben dort, innerhalb christlicher und judenchristlicher Gruppen, in mehr als einem Fall schon ganz unterschiedliche, ortsgebundene Überlieferungen gegeben hat, insbesondere eine galiläische und eine Tradition Jerusalems. Wie dem auch immer sei: vielleicht war es nur aufgrund eben dieser Tatsache, daß sich diese erste Sammlung von Erinnerungen aufgrund solcher Umstände nach und nach abgeschwächt und eingetrübt hat, zur Zeit Konstantins dann möglich, ihnen eine neue Ordnung zu geben, die sich schließlich im Lauf der folgenden Jahrhunderte durchgesetzt hat.

Diese neue Topographie des 4. und 5. Jahrhunderts konnte allerdings seit dem 7. Jahrhundert nur unter Mühen aufrecht erhalten werden, seit dem Einfall der Perser, den ständigen Kriegen, der moslemischen Besatzung. Das christliche Gedächtnis der Heiligen Stätten verblaßte allmählich, es entstanden Lücken, Ungereimtheiten, Verwechslungen, auch wenn ihm die Bautätigkeit im 6. Jahrhundert, insbesondere unter Modestus, noch einmal neue Kraft zuführte. Doch schließlich fielen auch diese Heiligtümer in Trümmer, entschwanden dem Blick, und die christlichen Riten, die das Ortsgedächtnis erhielten, konnten sich nur schwer in einem Umfeld behaupten, das ihnen seit der Zeit der moslemischen Herrschaft gleichgültig oder feindselig gegenüber stand.

Und dadurch erklärt sich auch, weshalb nach der Einnahme Jerusalems durch die Kreuzritter eine neue christliche Ortskunde diese Überreste verdecken, sie austilgen, aber auch abwandeln, ihre Bedeutung verändern, und vor allem den Heiligen Stätten zu neuer Blüte verhelfen konnte, Basiliken, Kirchen, Kapellen emporwachsen ließ. Es ist die christliche Weltgemeinschaft, die von ihnen wieder Besitz ergreift und dort das Bild wiedererstehen lassen möchte, welches sie im Laufe der Jahrhunderte fernab davon entworfen hat. Daher jener Wildwuchs neuer Ortsbestimmungen, fast die Einladung, immer noch weitere Erinnerungen aufzufinden und beieinander derart zu versammeln, wie der Glaube es will. Die Heiligen Stätten werden bald wieder in die Hände der Ungläubigen fallen und die Bauten auch dieser Zeit weitgehend zerstört. Doch sie werden Jerusalem neue Kräfte christlicher Andacht zuführen, die in Europa ihren Ursprung und ihren Abdruck an den heiligen Orten hinterlassen haben, neue, gänzlich erfundene Orte der Verehrung schaffen, jene etwa der Via Dolorosa, mit denen der Kreuzweg nachvollzogen wird. Und die apokryphen Erzählungen von der Kindheit Jesu, seiner Jugend, des Lebens und des Todes Marias, all die Vorstellungen über die Mysterien des Kreuzes, wie sie in den Kirchen des Mittelalters dargestellt sind, die ganze religiöse Ikonographie der Kathedralen, genau dies ist es, was die Pilger zu finden, zu sehen hoffen. Ein deutlicher Hinweis darauf, daß das kollektive Gedächtnis der Christen seine Erinnerungen an die Einzelheiten des Lebens Jesu und die Orte, mit denen sie sich verbinden, immer wieder den zeitgenössischen Anforderungen des Christentums anpaßt, seinen Bedürfnissen und Sehnsüchten.

Nur stoßen die Menschen bei diesen Anpassungsbemühungen immer wieder auf den Widerstand der Dinge: manchmal Riten, Formeln, mechanische Abläufe, hier nun alte Traditionen des Gedenkens, festgehalten in Stein, in Kirchen und Denkmälern, in denen die Glaubensvorstellungen und Zeugnisse früherer Zeiten die Gestalt greifbarer und dauerhafter Gegenstände angenommen haben. Es ist sicher richtig, daß diese Gegenstände selbst, wie sie uns erscheinen, sich ihrerseits einer früheren Anpassung aus der Vergangenheit ererbter Glaubensvorstellungen an die Vorstellungen der Gegenwart verdanken, und gleichzeitig deren Anpassung an die materiellen Überreste früherer Vorstellungen. Es sieht dies nach einem Weg zurück in die Vergangenheit aus. Doch welches Zeitalter man sich auch immer ansieht: die Aufmerksamkeit richtet sich nicht auf die Ursprünge, die ersten Begebenheiten, die vielleicht am Beginn all dieser Entwicklungen gelegen haben mochten, sondern immer auf die religiösen Gruppen und ihre Arbeit des Gedenkens. Es ist die Gestalt dieser Gruppen, deren Abdruck man am wechselnden Erscheinungsbild der Heiligen Stätten im Laufe der Jahrhunderte wiederfindet. Aber auch eine solche Erkundungsreise durch die Welt des kollektiven Gedächtnisses bereichert unser Wissen, ohne daß sie uns Auskunft über die tatsächlichen Ereignisse geben müßte. Wenn es über alle Zeiten hinweg die Berufung der Menschheit gewesen ist, Götter zu schaffen oder wiedererstehen zu lassen, auf daß sie über sich selbst hinauswachse, dann bleibt dies zweifellos auch das Wesen jener religiösen Erscheinung, deren Spuren all die von so vielen Menschen und während so vieler Menschenalter aufeinander getürmten und sorgsam gehüteten Steine immer wieder erkennen lassen. Spuren nicht eines Einzelnen, ob nun Menschen oder Gottes, sondern eben jener Gruppen, die sich, beseelt von einem kollektiven Glauben, tief ergreifend, gleichwie die Natur des Verehrten auch immer beschaffen gewesen sein mag, seiner und all derer erinnerten, die ihm verbunden waren.

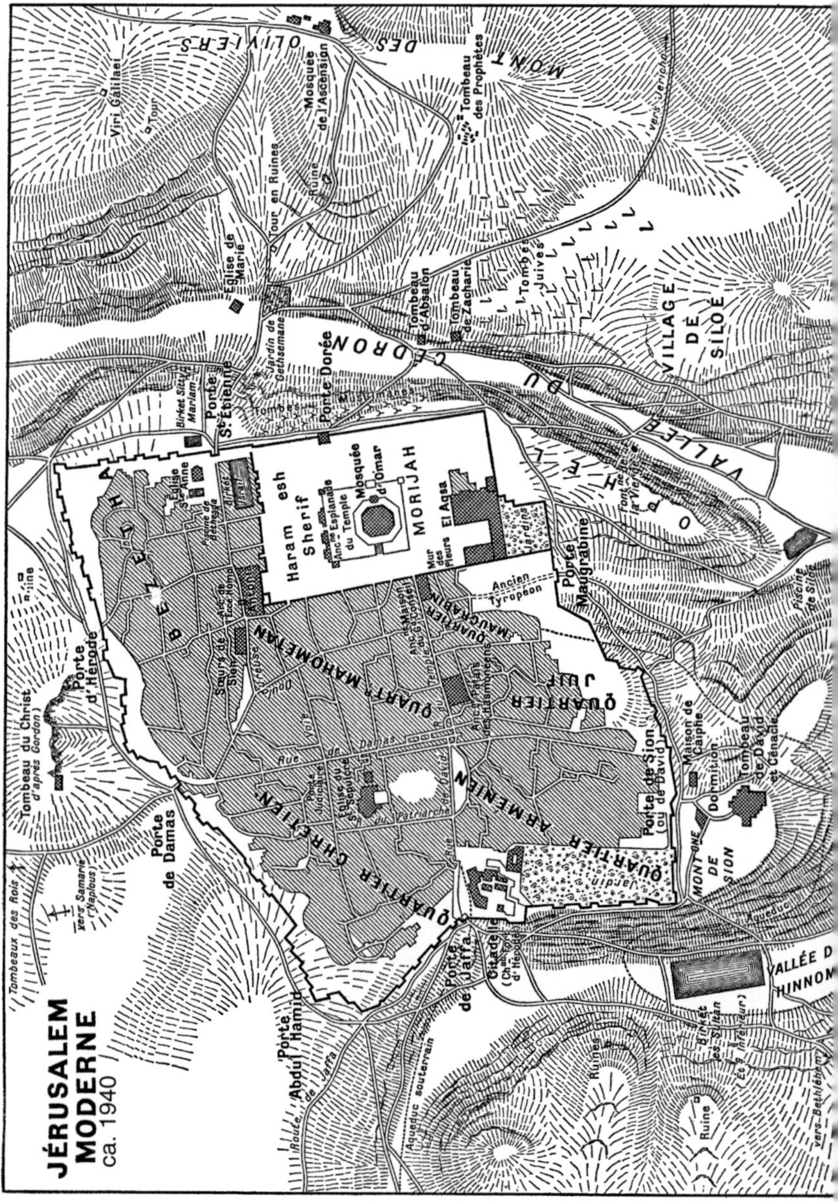
JÉRUSALEM
MODERNE
ca. 1940
Tombeaux des Rois
vers Samarie (Naplous)
Tombeau du Christ (d'après Gordon)
Porte de Damas
Porte d'Hérode
Porte Abdul Hamid
Route de Jaffa
Aqueduc souterrain
Porte de Jaffa
Citadelle
QUARTIER CHRÉTIEN
QUARTIER ARMÉNIEN
QUARTIER MAHOMÉTAN
QUARTIER MAUGRABIN
QUARTIER JUIF
Rue de Damas
Rue de David
R. du Patriarche
Église du St Sépulcre
Porte Judiciaire
Sœurs de Sion
Antonia
Piscine de Béthesda
Église Ste Anne
Birket Sitty Mariam
Porte St. Étienne
Haram esh Sherif
Mosquée d'Omar
MORIJAH
El Aqsa
Mur des Pleurs
Jardins
Ancien Tyropeon
Porte Maugrabine
Porte Dorée
Porte de Sion (ou de David)
Maison de Caïphe
Dormition
Tombeau de David et Cénacle
MONT DE SION
Aqueduc
VALLÉE D HINNOM
Birket es Sultan
Ruines
Ruine
vers Bethléem
Piscine de Siloé
VILLAGE DE SILOÉ
VALLÉE DU CÉDRON
Tombes Juives
Tombeau de Zacharie
Tombeau d'Absalon
Jardin de Gethsemane
Église de Marie
Tour en Ruines
Mosquée de l'Ascension
MONT DES OLIVIERS
Viri Galilaei
Tour
Tombeau des Prophètes
vers Jéricho

PALESTINE
VERS 1850

Erläuterungen zu Text und Übersetzung

Es ist anzunehmen, daß dem mit einer immerhin seit über hundertfünfzig Jahren ernsthaft betriebenen Historiographie, Geographie und Archäologie des Lebens Jesu und der Geschichte Palästinas nur in groben Zügen vertrauten Leser gewisse Schwierigkeiten entstehen, die Entwicklung der christlichen Ortskunde nachzuvollziehen, wie sie Halbwachs in seinem Buch beschreibt. Die dem vorliegenden Band beigegebenen, der ursprünglichen Arbeit entnommenen Karten vermitteln sicher nur einen sehr oberflächlichen Eindruck vom dort nachvollzogenen Wandel der christlichen Erinnerungsstätten im Heiligen Land. Allerdings wurde hier aus verschiedenen Gründen auf weitergehende Erläuterungen verzichtet. Auf der einen Seite konnte der Charakter des Buches im Rahmen der Ausgabe eines »Klassikers« der Soziologie nicht gut die bestehende Vorlage eigenmächtig erweitern. Für eine genauere Auseinandersetzung mit dem Stand der Palästina-Forschung und die bessere Veranschaulichung des Gegenstandes mußten also die unten genannten Literaturhinweise genügen. Man wird dort erkennen, daß die Fülle manchmal verwirrender, oft jedenfalls schlecht vorstellbarer Einzelheiten ein Abbild nicht nur der höchst wechselhaften Baugeschichte insbesondere Jerusalems, sondern eben auch jenes Wandels der kollektiven Vorstellungen ist, die sich Halbwachs nachzuverfolgen bemüht. Dies heißt aber zum anderen, daß trotz aller neuen Erkenntnisse, die sich seit Abfassung seiner »Studie zum kollektiven Gedächtnis« ergeben haben mögen, ihre wesentlichen Aussagen keines weiteren »Materials« bedürfen. Wem es vor allem um diese Seite des Behandelten geht, der findet darüber wiederum Auskunft in der angegebenen Literatur.

Der Wortlaut angeführter Zitate richtet sich bei deutschsprachigen Werken oder vorhandenen Übersetzungen nach der einschlägigen Vorlage, im einzelnen DALMAN, *Orte und Wege Jesu*, Gütersloh 1924, FLAVIUS JOSEPHUS, *Geschichte des Jüdischen Krieges*, Berlin und Wien 1923, in Übersetzung von Heinrich Clementz, ferner TASSO, *Befreites Jerusalem*, in Übersetzung von J. D. Gries, Stuttgart 1893, und RENAN, *Das Leben Jesu*, Zürich 1981, neu durchgesehene Ausgabe der ersten, anonym erschienenen deutschen Übersetzung, Leipzig 1863. Die Bibelstellen folgen dem Luthertext in der revidierten, von der Deutschen Bibelgesellschaft herausgegebenen Fassung, Stuttgart 1985.

Bei der Schreibweise von Eigennamen und Ortsbezeichnungen wurde auf eine Anpassung an die heute bisweilen gebräuchliche, stärker am hebräischen Ursprungswort ausgerichtete Wortwahl verzichtet. Einheitlichkeit war hier schon deshalb nicht zu erzielen, weil die deutschsprachigen Vorlagen häufig voneinander und meist auch von den entsprechenden Bibelstellen abweichen. – Griechische Begriffe sind in kursiv gesetzte lateinische Lettern übertragen. Die ebenfalls kursiv gestellten arabischen Ausdrücke erscheinen ohne diakritische Zeichen: auch in diesem Fall war die vorgefundene und in den zitierten deutschsprachigen Fassungen angewandte Schreibweise zu uneinheitlich, um jeweils nur einer Bezeichnung den Vorzug geben zu können.

Angesichts des riesigen Umfangs der historischen Palästina-Literatur können sich die hier beigefügten Hinweise nur auf einige wenige Arbeiten beschränken. Für den deutschen Leser zugänglich ist eine Übersetzung früher Pilgerberichte bei DONNER, *Pilgerfahrt ins Heilige Land. Die ältesten Berichte christlicher Palästinapilger (4.-7. Jahrhundert)*, Stuttgart 1979, weiterhin eine lateinisch-deutsche Ausgabe des Berichts der lange als Ätheria geführten EGERIA, *Itinerarium – Reisebericht*, Freiburg 1995. Einen allgemeinen Überblick zur palästinischen Kirchengeschichte bietet HEYER, *Kirchengeschichte des Heiligen Landes*, Stuttgart 1984, zur Geschichte Jerusalems nur OTTO, *Jerusalem. Die Geschichte der Heiligen Stadt*, Stuttgart 1980. Ausgewählte Probleme der christlichen Palästina-Forschung behandelt PIXNER, *Wege des Messias und Stätten der*

Urkirche, Gießen 1991, dort auch eine Fülle von Abbildungen christlicher Baudenkmäler und Karten Jerusalems in römischer und byzantinischer Zeit. Als Nachschlagewerk, auch im Hinblick auf die alttestamentarische Topographie, eignet sich insbesondere KEEL und KÜCHLER, *Orte und Landschaften der Bibel*, 2 Bde., Zürich 1982 und 1984. Schließlich geben BIEBERSTEIN und BLOEDHORN, *Jerusalem. Grundzüge der Baugeschichte vom Chalkolithikum bis zur Frühzeit der osmanischen Herrschaft*, Beihefte zum Tübinger Atlas des Vorderen Orients Nr. 100, 3 Bde., Wiesbaden 1994, nicht nur einen Abriß über die Baugeschichte Jerusalems, sondern auch ausführlich den neuesten Stand der archäologischen Forschungen wieder. Ein anschauliches Bild der Baugeschichte von Hadrian bis in die frühosmanische Zeit liefern die beiden dazu erhältlichen, von BIEBERSTEIN und BURGOYNE für den *Tübinger Atlas des Vorderen Orients* bearbeiteten Karten, B IV 7, Teilblatt 3.24 und 4.24, 1992. Der dritte Band enthält zudem eine reichhaltige Bibliographie zur Palästina-Forschung, die alle weitergehenden Ansprüche befriedigt.

Stephan Egger

Auf den Spuren der »verlorenen Zeit«

Maurice Halbwachs und die Wege des »kollektiven Gedächtnisses«

Es gehört wohl zu den auffälligsten Eigentümlichkeiten der »Wissenschaften vom Menschen«, sich immer wieder ihrer Herkunft versichern zu müssen, einer Geschichte ihres Weltverständnisses, der Vorstellungen, Begriffe, Erkenntnisse, die sie über ihre Gegenstände gewonnen haben und als rechtmäßiges Erbe gesichert glaubten. Im Rahmen einer solchen historischen Selbstvergewisserung, deren Notwendigkeit die Naturwissenschaften nie in derselben Weise empfanden, ist den ausgewiesenen »Klassikern« eines jeden ihrer Fächer zugedacht, das Bleibende seiner kanonischen Wahrheiten verkörpern zu müssen, ohne doch gegen ihren »Fortschritt«, das seitdem daraus Entstandene Einspruch erheben zu können. Daß dabei oft keine Rücksicht auf die Sprachlosigkeit des vermeintlichen Gegenübers genommen wird, macht das spätere Schicksal Webers oder Durkheims deutlich genug, der »Klassiker« Halbwachs aber spiegelt die wechselhaften Bedürfnisse der Nachwelt besonders augenfällig wider: nach Jahrzehnten vollkommener Stille, die der in Buchenwald verstummte Halbwachs selbst nicht durchbrechen konnte, beginnt eine der wohl erstaunlichsten Erfolgsgeschichten, derer man sich in den »Wissenschaften vom Menschen« erinnern kann – die Geschichte vom »kollektiven Gedächtnis«. Nun wird niemand dieser jähen Aufmerksamkeit für Maurice Halbwachs, auf den sich zu berufen heute keine der zahllosen Veröffentlichungen im Umkreis eines mittlerweile »kulturellen Gedächtnisses« versäumt, ihre guten Absichten bestreiten wollen. Dennoch tut man gerade vor dem Hintergrund des von Halbwachs hinterlassenen Werkes dieser Art von Begriffsverwendung sicher nicht unrecht, wenn die ursprünglichen Fragen dieses Werks als wesentlich anders gelagert begriffen werden.[1]

Denn so wenig auch zu bestreiten ist, daß dieser große Entwurf, dem Halbwachs seinen späten Nachruhm verdankt, auch für ihn selbst einen ganz besonderen Stellenwert besaß, so deutlich muß doch jedem, der sich mit der Entwicklung seines Denkens beschäftigt, ein ganzer Zusammenhang wiederkehrender »Motive« ins Auge fallen, ohne den sich weder der bis zum »kollektiven Gedächtnis« führende Weg recht erkennen läßt, noch die Fragestellung eines ganzen Werks, sein eigentliches »Thema« angemessen verstehbar wird.[2] Und auch, daß diese im Verlauf seines Schaffens immer enger ineinander geschlungene Motivkette nicht nur von der durkheimschen Soziologie ihren Ausgang nimmt, sondern bis zuletzt in ihr verankert bleibt,[3] erschließt sich nur vom Werkganzen aus: wenn

---

1 Um diesen Werkzusammenhang wenigstens in Umrissen verdeutlichen zu können, greift die vorliegenden Darstellung auf eigene Arbeiten insbesondere zur »kollektiven Psychologie« und »sozialen Morphologie« bei Halbwachs zurück, vgl. Klassenlagen und Klassengrenzen, Lebensweisen und Lebenswelt, in Halbwachs, *Klassen und Lebensweisen*, Konstanz 2001, 129-159; Der Rahmen und die Bilder, in Halbwachs, *Kollektive Psych*ologie, Konstanz 2001, S. 79-106, Soziale Form und praktischer Sinn, in Halbwachs, *Soziale Morphologie*, Konstanz 2002, S. 92-127, und Praktischer Sinn und empirische Vernunft, in Halbwachs, *Theorie und Methode*, Konstanz 2001, S. 83-106. Mein herzlicher Dank gilt im Übrigen der *Fritz Thyssen Stiftung*, die mir im Herbst 1999 eine Sichtung des am *Institut Mémoires de l'Edition Contemporaine* (IMEC) in Paris aufbewahrten Nachlasses ermöglicht hat.

2 Der Abstand zwischen dem von Halbwachs seit den *Cadres sociaux de la mémoire* ausgestalteten Gedankenkreis und seinen heutigen »kulturwissenschaftlichen« Verlängerungen ist meist so erheblich, daß dieses Verhältnis auch nur zu streifen hier weder sinnvoll noch möglich ist. Es genügt vielleicht der Hinweis auf das wenigstens ehrliche Eingeständnis, im Rahmen der jüngeren »Gedächtnisdebatte« stehe die Beschäftigung mit Halbwachs selbst noch am Anfang, vgl. Jan Assmanns Geleitwort in Gerald Echterhoff und Martin Saar (Hrsg.), *Kontexte und Kulturen der Erinnerns. Maurice Halbwachs und das Paradigma des kollektiven Gedächtnisses*, Konstanz 2002, S. 7-11. Daß gerade Assmann zu den entscheidenden Wegbereitern dieser mit Halbwachs doch recht freizügig verfahrenden »Debatte« gehört, etwa in *Das kulturelle Gedächtnis*, München 1997, ist zumindest erwähnenswert, ebenso wie die mehr oder weniger deutliche Grenze zwischen dem »Projekt« einer Sammlung nationaler »Erinnerungsorte« und den in der *Mémoire collective* verfolgten Absichten, vgl. Pierre Nora (éd.), *Les lieux de mémoire*, 7 Bde., Paris 1984-93, nun auch Etienne François und Hagen Schulze (Hrsg.), *Deutsche Erinnerungsorte*, 3 Bde., München 2001-2002.

3 Die Tatsache, daß wir mit Gérard Namers *Mémoire et société*, Paris 1987, die bisher einzige Monographie zum »kollektiven Gedächtnis« besitzen, und wiederum

man Durkheims Schöpfung jenes neuen Gegenstandsbereichs, der sich später auf ein bloßes »Fach« wird beschränken müssen, als zwischen »kollektiver Psychologie« und »sozialer Morphologie« aufeinander bezogen weiß, dann sieht man das Denken des Maurice Halbwachs unverkennbar entlang eben dieses Entwurfes sich entwickeln – von seiner frühen »kollektiven Psychologie« der *Classe ouvrière* führt es zu den *Cadres sociaux de la mémoire*, wendet sich dann einer »sozialen Morphologie« zu, um schließlich, über die *Topographie légendaire*, wieder beim »kollektiven Gedächtnis anzulangen,[4] und es zieht währenddessen, ganz durkheimianisch, das Band zwischen diesen beiden Gedankenkreisen immer enger um eine Soziologie der »kollektiven Anschauungsformen« zusammen. Wie verläuft dieser Gedankengang, welches sind seine entscheidenden Wegmarken, die wesentlichen Vorstellungen, von denen aus sich auch die Dimensionen des »kollektiven Gedächtnisses« erschließen?

Namer mit einer kommentierten Neuauflage der *Cadres* und einer kritischen Ausgabe der *Mémoire collective* viel für die Philologie zumindest der unvollendet gebliebenen Arbeit geleistet hat, erschwert allerdings eine unbefangene Wahrnehmung dieses Gedankenkreises ganz erheblich, vgl. vor allem Namer, Postface, in Halbwachs, *La mémoire collective*, Paris 1997, S. 239-295, auch Marie Jaisson, Temps et espace chez Maurice Halbwachs (1925-1945), *Revue d'histoire des sciences humaines* 1, 1999, 163-178. Die dort vertretene Auffassung, zwischen den *Cadres* und der *Mémoire* habe es eine »antidurkheimianische Wende«, eine völlige Umkehrung der Perspektive gegeben, wird seither zu bedenkenlos wiederholt, um noch eine freie Sicht auf den Zusammenhang des von Halbwachs Gemeinten zu ermöglichen, vgl. für die deutsche Rezeption nur Hans Krämer, Maurice Halbwachs, La mémoire collective, in Dirk Käsler und Ludgera Vogt (Hrsg.), *Hauptwerke der Soziologie*, Stuttgart 2000, S. 193-197. Es besteht hier also Veranlassung genug, sich wenigstens in den Fußnoten mit dieser längst als Lehrmeinung auftretenden Sicht der Dinge auseinanderzusetzen.

4 *La Classe ouvrière et les niveaux de vie*, Paris 1912, Nachdruck 1970; *Les Cadres sociaux de la mémoire*, Paris 1925, Nachdruck 1952, Neuauflage 1994, vgl. *Das Gedächtnis und seine sozialen Bedingungen*, Frankfurt 1985; *Morphologie sociale*, Paris 1938, Neuauflage 1970; *La Topographie légendaire des Evangiles en Terre Sainte*, Paris 1941, Neuauflage 1971; La Mémoire collective, Paris 1950, revidierte und erweiterte zweite Auflage 1997, vgl. *Das kollektive Gedächtnis*, Frankfurt 1985.

Von der »kollektiven Psychologie« zu den »Rahmen des Gedächtnisses« – Die *Cadres sociaux de la mémoire*

Die Entwicklung des Halbwachsschen Denkens nimmt ganz unbestreitbar von Fragen ihren Ausgang, die dem paradigmatischen Anspruch Durkheims und seiner Schule verpflichtet sind: auch wenn Halbwachs zunächst und vor allem in die ganz zeitgenössischen Auseinandersetzungen um die »Klassenfrage« eingreift, allerdings schon hier eine »soziologische« Perspektive entwirft, die sich dann in der *Classe ouvrière* bemerkenswert verdichtet, ist doch von Beginn an immer jene »strenge« epistemologische Haltung erkennbar, mit der die durkheimsche »Soziologie« angetreten war, die Koordinaten einer »Wissenschaft vom Menschen« völlig neu zu bestimmen. Denn als Halbwachs um die Jahrhundertwende zu Durkheims *école sociologique* stößt, werden auf den Trümmerfeldern einer abendländischen Geisteslandschaft, die noch ein Jahrhundert zuvor überall vom Deutungsvorbehalt der Philosophie geprägt, nach dem Aufstieg der »Geschichte« und dann vor allem dem Siegeszug der »Naturwissenschaften« aber kaum mehr wiederzuerkennen war, nun auch innerhalb der »Wissenschaften vom Menschen« heftige Kämpfe ausgefochten, auf einem epistemologisch höchst umstrittenen Gebiet, an dem das »natürliche« Denken immer wieder seine Rechte geltend machte. Daß sich hier eine *physiologische* Psychologie, eine »natürliche« *Wissenschaft* von »Geist« und »Seele« den ehemals »ureigenen« Gegenstand der Philosophie aneignete, beschreibt eine der ganz wesentlichen Entwicklungen dieser Zeit: Fechner, Wundt, in Frankreich Théodule Ribot sind die Wegbereiter eines »Psychologismus« in den »Wissenschaften vom Menschen«, der damals zu den großen geistigen Herausforderungen gehört, als *naturwissenschaftliches* Paradigma für den neuen Anspruch der Wissenschaften, »den Menschen« *positiv* beschreiben zu können – die Frage nach der Art des Gegenstandsbereichs dieser Wissenschaften ist hier mit unvergleichlicher Schärfe aufgeworfen.[5]

Es ist nun zuerst Durkheims »Soziologie«, die damals nicht nur gegen die alte rationalistische Philosophie, sondern gegen alle Gebietsansprüche des Biologismus und naturalistischen Psychologismus in den »Wissenschaften vom Menschen« Einspruch erhebt, gegen das zeitgenössische Denken über die »Gesetze des Sozialen« und seine »anthropologischen« Anklänge, gegen eine »Geschichte« des scheinbar »Faktischen«, eine »Soziologie«, die den Gegenstandsbereich dieser Wissenschaften völlig neu faßt: ihr Gebiet sind die »kollektiven Vorstellungen«, das »kollektive Bewußtsein«. Im Anschluß an Comte und seine scharfe Trennung zwischen »Biologie« und »Soziologie«, die daneben keine »Wissenschaft vom Subjekt« zuließ, entwerfen die *Regeln der soziologischen Methode* die »Seelenkunde« als eine *positive* Wissenschaft von den »kollektiven Vorstellungen«, als einen *homogenen* Bereich, der *restlos* in den *sozialen* »Kategorien« des menschlichen Weltverhältnisses aufgeht: gegen eine »Natur« des menschlichen Wahrnehmens, Denkens und Handelns, gegen jede *Verdinglichung* der in ihm wirksamen Kräfte läuft dieser beispiellose Entwurf auf die epistemologische Trennung einer *Physiologie* der *Gattung* und einer *sozialen Psychologie* gesellschaftlicher Gruppen, eine »kollektive Psychologie« hinaus – die Wirklichkeitsbereiche des jeweils Gemeinten sind radikal *heterogen*.[6] Und wenn die »Natur« über »soziale Tatsachen« keine Aussagen treffen kann, eine »Natur« der *Gattung* die atemberaubend vielfältigen Erscheinungen der menschlichen Verfassung nicht erreicht, dann eben deshalb, weil sie von etwas anderem sprechen: soziale »Kategorien«, »soziale Tatsachen« tragen *Bedeutung* und

---

5 Für einen kurzen und klugen epistemologischen Überblick vgl. immer noch Michel Bernards Beitrag in der von François Châtelet herausgegebenen *Geschichte der Philosophie*, Band 7, Frankfurt, Berlin und Wien 1975, S. 15-101. Zur Wirkung Ribots Laurent Mucchielli, Aux origines de la psychologie universitaire en France (1870-1900): enjeux intellectuels, contexte politique, réseaux et stratégies d'alliance autour de la ›Revue philosophique‹ de Théodule Ribot, *Annals of Science* 55, 1998, S. 263-289.

6 Vgl. insgesamt Durkheim, *Die Regeln der soziologischen Methode*, Frankfurt 1985.

werden *dadurch* Gegenstand einer »Wissenschaft vom Menschen«. Daß dieser Entwurf, der jede konkretistische Lesart ihrer Gegenstände hinter sich läßt, damals leidenschaftliche Auseinandersetzungen hervorrief, ist eine der Erfahrungen, von denen die *école sociologique* geprägt wurde, und Halbwachs mit ihr.[7]

Denn als Halbwachs nach dem Krieg Lehrstuhlinhaber in Straßburg wird, sind Antrieb und Richtung seiner zukünftigen Arbeit bald erkennbar: es geht um die Verteidigung und Fortführung des nach dem Tode Durkheims führungslos gewordenen »Projektes« der *école sociologique*, um die Rettung seines Vermächtnisses – eine Wissenschaft vom »kollektiven Bewußtsein«.[8] Und dabei wird schnell die Absicht deutlich, Durk-

7 Zu den epistemologischen Frontstellungen der Durkheim-Schule vgl. u.a. Terry Clark, *Prophets and Patrons. The French University and the Emergence of Social Science*, Cambridge 1973, und Philippe Besnard (ed.), *The Sociological Domain. The Durkheimians and the Foundation of French Sociology*, Cambridge/Paris, 1983. Daß diese tatsächlich radikale Haltung damals und bis heute als epistemologischer »Imperialismus« und »Pansoziologismus« gebrandmarkt wird, verkehrt allerdings die wirklichen Kräfteverhältnisse zwischen den Fächern, besonders einseitig bei John Craig, Sociology and related disciplines between the wars: Maurice Halbwachs and the imperialism of the Durkheimians, *The Sociological Domain*, S. 263-289, auch Besnard, The epistemological polemic: François Simiand, *The Sociological Domain*, S. 250-262, sehr viel realistischer stattdessen Victor Karady, Durkheim, les sciences sociales et l'Université: bilan d'un semi-échec, *Revue française de Sociologie* 17, 1976, S. 267-312, und Johan Heilbron, Les métamorphoses du durkheimianisme, *Revue française de Sociologie* 26, 1985, S. 203-237. Für einen Überblick jüngst Jean-Christophe Marcel, *La découverte du social. Naissance de la sociologie en France (1870-1914)*, Paris 1998.

8 Wie sehr Halbwachs diesem »Projekt« von Beginn an verpflichtet ist, zeigt schon die kurz nach dem Tod des »Lehrers« veröffentlichte, ausführliche Würdigung der durkheimschen Soziologie, La doctrine d'Emile Durkheim, *Revue philosophique* 85, 1918, S. 353-411, vgl. zu seiner Rolle als einer der großen Integrationsfiguren der Schule Jean-Christophe Marcel, *Le durkheimianisme dans l'entre-deux-guerres*, Paris 2001, S. 200ff. Daß der Kern dieses Projektes, eben eine »kollektive Psychologie«, bei Halbwachs immer gegenwärtig bleibt, verdeutlichen gerade auch seine Auseinandersetzungen mit Charles Blondel, vgl. Laurent Mucchielli, Pour une psychologie collective: l'héritage durkeimien d'Halbwachs et sa rivalité avec Blondel durant l'entre-deux-guerres, *Revue d'histoire des sciences humaines* 1, 1999, S. 103-141, die über die gesamten zwanziger und dreißiger Jahre hinweg verlaufen und sich vor allem an den *Cadres* festmachen, dann aber auch auf *Les Causes du suicide* erstrecken. Denn in dies epistemologische Projekt gehört nicht zuletzt die Wiederaufnahme eines schon von Durkheim aus »strategischen« Gründen gewählten Gegenstandes, der an einer entscheidenden Schnittstelle der zeitgenössischen »Episteme«, zwischen Individuellem und Sozialem, von Normalem und Pathologischem liegt: mit *Les Causes du suicide*, Paris 1930, auch dies ein Buch, das mit einer massiven Kritik »psychologistischer« Erklärun-

heims »kollektive Psychologie« auf einem paradigmatisch »vorbelasteten« Gebiet zu veranschaulichen: von seiner »Psychologie« der *Classe ouvrière*, die ein Jahrzehnt zuvor erschienen war, führt nun der Weg zum »Gedächtnis«, in die Mitte des menschlichen Geistes selbst[9] – die *Cadres sociaux de la mémoire* umkreisen einen Gegenstand, bei dem die Fragen um das Verhältnis von Individuum und Gesellschaft, Biologie und Soziologie, von Normalem und Pathologischem längst in den Deutungsbereich eines »Faches«, der »Psychologie« übergegangen waren, und sie sind ein Versuch, diese Deutungsrechte für die Soziologie zurückzuerobern. Halbwachs nimmt in seinem Buch, das wohl gerade deshalb breite Aufmerksamkeit findet, Fragen des »Gedächtnisses« zum Anlaß, um nun in einer epistemologischen *tour de force* zunächst alle Konkretismen einer individualistischen Philosophie der »Seelenschau« ebenso unerbittlich vorzuführen wie die epistemologische Unbedarftheit der naturalistischen, »physiologischen« Psychologie.

Wenn Halbwachs dabei mit einer ganz eigenen »Traumdeutung« beginnt, den Traum als eine Art »Experiment« der Trennung des Individuums von der Gesellschaft begreift, Traum und Wirklichkeit als zwei völlig *heterogene* Zustände der menschlichen Geistestätigkeit, dann um jedes Verständnis einer »Wirklichkeit«, die als »real« begriffen wird, ohne je *gelebte* Realität zu besitzen, als entweder konkretistische oder naturalistische *Fiktion* bloßzulegen: in einer langen Auseinandersetzung mit den zeitgenössischen Vorstellungen vom Wesen der »Traumerfahrung« zeigt Halbwachs, daß dem Traum eben jene zusammenhängenden »Bilder« fehlen, von denen man allein als

gen des Phänomens einsetzt, treibt Halbwachs den durkheimschen Ansatz in bemerkenswerter Weise über Durkheim hinaus, eine Verschärfung der epistemologischen Ausgangslage, die dann eine erneute »Antikritik« Blondels nach sich ziehen wird, vgl. dazu Laurent Mucchielli und Marc Renneville, Les causes du suicide: pathologie individuelle ou sociale? Durkheim, Halbwachs et les psychiatres de leur temps, *Déviance et société* 22, 1998, S. 3-36, und Marcel, *Le durkheimianisme*, S. 152ff.

9 Vorarbeiten zu den *Cadres* entstehen mit L'interprétation du rêve chez les primitifs, *Journal de psychologie* 19, 1922, S. 577-604 und Le rêve et les images-souvenirs, *Revue philosophique* 95, 1923, S. 57-97, ein Beitrag, der dann als Eröffnungskapitel in das zwei Jahre später folgende Buch eingehen wird.

»Erinnerung« sprechen kann – es lösen hier nur wirre, *sinnlose* »Klischees« einander ab,[10] ohne jede »realistische Sukzession«, Traumerlebnis und Wachzustand sind *radikal* verschieden, zwischen ihnen »besteht tatsächlich der fundamentale Unterschied, daß sie sich nicht im gleichen Bezugsrahmen entwikkeln« und ein »Realismus« des tatsächlichen Einschlusses von »Wirklichkeit« ins Träumen ist hier ebenso verfehlt wie jeder Symbolismus, der in solchen »Klischees« dann »verborgene Regungen« entdecken will.[11]

Eben diesen »realistischen« Einschlag kritisiert Halbwachs dann auch bei seinem ehemaligen Lehrer Bergson, der in *Matière et mémoire* mit seiner Unterscheidung von »eingewöhnter« und »Bilderinnerung«, *souvenir-habitude* und *souvenir-image*, nicht nur zwischen einem »sozialen« und jenem »individuellen« Gedächtnis trennt, das als unerreichbarer Eindruck eines jeden Einzelnen eine besondere Färbung und Fülle besitze, sondern damit auch unterstellt, im Erinnern tauche aus dem Gedächtnis das *real* Vergangene, ein *essentieller* Tatbestand des je »Erlebten« an die Oberfläche des Bewußtseins. Halbwachs zerlegt diese Vorstellung ebenso radikal wie folgerichtig: »Vergangenheit« bedeutet immer *Rekonstruktion*, ist kein »Wiedererstehen« des einst Gewesenen, kein »Ding«, das man »wiederfindet«, sondern eine *Vorstellung* jede vermeintlich noch so »persönliche« Erinnerung, auch an Ereignisse, die nur wir miterlebt haben, der geheimsten Gedanken und Ge-

10 *Das Gedächtnis und seine sozialen Bedingungen*, S. 25 und 42.

11 *Das Gedächtnis*, S. 44f. Es ist einer der deutlichsten Hinweise auf das eklatante Mißverhältnis, in dem die »Debatte« um das »kulturelle Gedächtnis« zur Wahrnehmung des Halbwachsschen Werks steht, daß etwa Assman, *Kontexte und Kulturen der Erinnerns*, S. 7, glaubt sagen zu können, Halbwachs habe »gegen Freud und Jung, die ihm vermutlich unbekannt waren«, den Menschen »in seinem Unbewußten, wie es sich in Träumen artikuliert, am wenigsten kollektiv und am meisten individuell« bestimmt gesehen: erstens fehlt es hier an einer genaueren Lektüre des Textes, der nicht nur Freud ausdrücklich beim Namen nennt, vgl. insbesondere *Das Gedächtnis*, S. 73ff, sondern auch seine »Wissenschaft« gründlich demontiert, und zweitens ist dabei offensichtlich die ganze Problemstellung nicht gesehen worden, daß nämlich das Träumen nicht eine »individuelle Artikulation« des »Bewußtseins«, sondern überhaupt nicht »bewußt«, vielmehr in hohem Maße »zufällig« ist, der Traum seinen eigenen »Gesetzen« gehorcht – *real* ist nur der Wachzustand des Menschen, eines Menschen, dessen Bewußtsein *untrennbar* in »kollektiven Repräsentationen« aufgeht.

fühle, ist unmöglich ohne jene Gemeinsamkeit, den gemeinsamen »Rahmen« einer damaligen und heutigen *Totalität* von Begriffen und Vorstellungen, die wir mit anderen teilen, mit bestimmten Menschen innerhalb bestimmter Gruppen, gebunden an Räume und Orte, an Gesten und Worte, Gedanken und Gedankengebilde, die mit dem gesamten dinglichen und geistigen Leben der Gruppen in Beziehung stehen, denen wir angehören oder angehört haben – das »Gedächtnis«, eine »unwillkürliche«, eine *mémoire involontaire*, von der Marcel Proust im Zusammenhang mit der »individuellen« Erinnerung gesprochen hatte, folgt *sozialen* Gesetzen.[12]

Und wenn Bergson in *Matière et mémoire* zwar jener konkretistischen Vorstellung entgegengetreten war, das Gedächtnis sei gleichsam ein »Sack« von Erinnerungen, in dem das Bewußtsein nach dem »richtigen« Bild nur zu suchen habe – eine Vorstellung, mit der auch Halbwachs ein »Nebeneinander« von Eindrücken unterstellt sieht, die, abgestuft nach ihrem »Alter«, unser Gedächtnis zusammenfügen, wie »mehrere gleichschwere Steine, von denen die zuerst ins Wasser geworfenen unten bleiben sollten, und die anderen hochsteigen«[13] – und stattdessen von »Sprüngen«, »Anhaltestellen« für die menschliche Erinnerungstätigkeit gesprochen hatte, dann erhebt Halbwachs nun ebenso massive Einwände gegen ein Unmittelbarkeitsdenken, das bei Bergson dort erkennbar ist, wo das Gedächtnis seine Bilder gleichsam »hinter sich her schleppt«, als Ganzes immer vorhanden ist, und der Körper den Rahmen bildet, den »Spalt« öffnet, durch den dann die Er-

12 *Das Gedächtnis*, S. 71. Diese *Heterogenität* der Tatbestände, seine Kritik an allen substantialistischen Lehren des Bewußtseins erläutert Halbwachs an einem weiteren, dem für das Verhältnis von Körper und »Geist« wiederum »paradigmatischen« Beispiel der Aphasie, des »Sprachverlustes«: der damals schon vorherrschende und bis heute ungebrochene »Lokalismus« in der physiologischen Psychologie verkennt, daß wir mit der Sprache *kein* eigentlich physiologisches Phänomen vor uns haben, und er bleibt unfähig, das physiologisch zu beschreiben, was der Sprache wesentlich ist, nämlich die Tatsache, daß sie *Bedeutung* trägt – »das Sprachvermögen besteht aus einer gewissen Einstellung des Geistes«, die »nur im Innern einer Gesellschaft, sei sie nun fiktiv oder real, denkbar ist«, die Sprache, *das* Werkzeug des *kollektiven* Denkens, ist *nicht* in die Sprache der Physiologie übersetzbar, vgl. insgesamt *Das Gedächtnis*, S. 101ff.

13 *Das Gedächtnis*, S. 134.

innerungen an die »Oberfläche«, ins Bewußtsein treten. Erneut macht Halbwachs deutlich, daß weder der Körper selbst die Erinnerungen »schafft«, noch die zufälligen, sensomotorischen Veränderungen es sind, die ihnen den »Durchgang« ins Bewußtsein ermöglichen: es hindert nicht der »Körper« bestimmte Erinnerungen daran, uns »einzufallen«, sondern das »Gesamt der Vorstellungen, die gegenwärtig unser Bewußtsein besetzt halten.«[14] Erinnerungen werden nicht aus dem Körper »herausgezogen«, nicht wiedergefunden wie eine »Sache«, sondern stehen in einer Ordnung, besitzen »Rahmen«, in denen echte »Bilder« ihren Platz finden, »Bilder«, die sonst nur »Eindrücke«, »Fragmente« bleiben: es sind *kollektive Repräsentationen*, die solche »Eindrücke« zu wirklichen Erinnerungen verschmelzen, und die nur durch sie mögliche *Rekonstruktion* des »Erlebten« verhindern, sobald sie selbst nicht mehr dieselben sind – das »kollektive Gedächtnis« macht den Menschen vergessen, sobald die einstigen sozialen »Rahmen« seiner Erfahrung zerbrochen sind.

Halbwachs läßt hier keinen Zweifel: weil all unsere »Eindrücke« sich innerhalb *sozialer* Rahmen in unser Bewußtsein senken, Rahmen, die unserem Verhältnis zur »Welt« *Bedeutung* verleihen, die unser Wahrnehmen, unser Denken und Fühlen, die unseren Raum und unsere Zeit ordnen, bleibt auch die Erinnerung immer und überall *sozialer* Natur. Und so kann auch Bergsons Unterscheidung zwischen *mémoire pure* und *mémoire habitude* – einem unmittelbaren, bildhaften und »gefühlten« Gedächtnis des Einzelnen, je besonders in seiner Färbung, seinem Inhalt, und der »eingewöhnten« Erinnerung, dem, was die Teilhabe an der Gesellschaft an Konventionen und Praktiken uns auferlegt – die epistemologische Verwirrung zwischen Körper und Geist, Einzelnem und Gesellschaft nicht beseitigen. Halbwachs aber, der dann in der *Mémoire collective* seinen ersten Entwurf nochmals radikalisiert, gerade auch das »reine«, bildhafte, »gefühlte« Erinnern im *kollektiven* Gedächtnis beheimatet, läßt diese Unterscheidung in *einem*

14 *Das Gedächtnis*, S. 135.

Zusammenhang aufgehen: denn entweder gibt es zwischen dem Rahmen und den »Ereignissen« Berührungen, »aber beide wären nicht von gleicher Seinsweise, ebenso wie der Rahmen eines Bildes und die Leinwand darinnen«. Oder aber besteht zwischen ihnen eine wesensmäßige *Identität*, sind diese »Ereignisse«, sobald sie »hinter uns« liegen, nur als *Erinnerungen* wiederholbar, Erinnerungen, deren »Rahmen« aber *gleichursprünglich* aus Erinnerungen gefügt ist[15] – die scheinbare Faktizität der »unmittelbaren« Begebenheiten geht in ihrer gesellschaftlichen *Bedeutung* ebenso auf wie sich diese Bedeutung in ihr *rekonstruktiv* erfüllt. Halbwachs macht hier erneut die grundsätzliche epistemologische Haltung des »Durkheimianers« deutlich: alle Versuche, in die *sinnhafte* Verfassung eines nur *kollektiv* erfahrbaren Lebens etwas anderes, ihm nicht Zugehöriges einschleusen, einen fiktiven Einzelmenschen aus der Gesellschaft »herausschneiden« zu wollen, sein Wahrnehmen und Denken, Fühlen und Handeln der *Sinnlosigkeit* des »Körpers« zu überantworten, werfen die epistemologischen Kategorien der Wissenschaften heillos durcheinander, Kategorien, die für eine »Wissenschaft vom Menschen« allein eine *Soziologie der Kategorien*, eine »kollektive Psychologie« zur Verfügung stellen kann. Und wenn Halbwachs in den *Cadres sociaux de la mémoire* nach den Spuren dieser »kollektiven Psychologie« sucht, dann geschieht dies zunächst auf dem Umweg über eine epistemologische Fassung des Gegenstandes, die alle Widersprüche im Unmittelbarkeitsdenken nicht nur des physiologischen »Psychologismus«, sondern auch jeder individualistischen Philosophie menschlicher Erfahrung schonungslos offenlegt, um dann innerhalb der »sozialen Rahmen« des Gedächtnisses einen Weg fortzusetzen, der schließlich mit der *Mémoire collective*, den Umrissen einer »kollektiven Psychologie der Anschauungsformen« enden wird.

Denn als Maurice Halbwachs mit den *Cadres sociaux de la mémoire* »negativ« den Gegenstandsbereich der »kollektiven Psychologie« Durkheims erneut und in einer Weise absteckt,

15 *Das Gedächtnis*, S. 144

die damals schon quer zu allen Fächergrenzen verlief, sind die »positiven« Stoffe für eine solche »kollektive Psychologie« längst vorhanden: Familie und Religion als Durkheims große Phänomene des »kollektiven Bewußtseins«, dann vor allem aber die »sozialen Klassen« und ihre »Lebensweisen«, und hier immer wieder auch der Gegensatz von ländlicher und städtischer »Kultur«. Halbwachs, der zwischen seiner *Classe ouvrière* und der *Esquisse d'une psychologie des classes sociales*, seinen frühen Studien zum Pariser Stadtbild und der *Morphologie sociale* über drei Jahrzehnte hinweg ein ganzes »Panorama« für jenen Zusammenhang entwirft,[16] der mit einer »kollektiven Psychologie« die unzertrennliche, gleichzeitig materielle und psychische Verfaßtheit einer ganzen »Lebenswelt« meint, befindet sich mit den *Cadres sociaux* schon auf »halber Strecke«: die entscheidenden Motive dieses Entwurfs, das »kollektive Gedächtnis« der Familie, der religiösen Gruppen und sozialen Klassen umkreisen hier schon eben jenes Verhältnis von »Rahmen« und »Bild«, von »kollektiven Vorstellungen« und »lebendiger Erfahrung«, deren intime »Solidarität« schließlich ein »dem Bewußtsein unmittelbar gegebenes«, ganzes *Welt*verhältnis begründet. Daß Halbwachs dieses Verhältnis von »Rahmen« und Bild« denkbar offen faßt, als ein unauflösbares »Erinnerungsganzes«, in dem der »Rahmen« die Erinnerungen des Einzelnen umgreift und verknüpft,[17] ein dialektisches Wechselverhältnis, durch das der »Rahmen« die Erfahrung »gestaltet« und umgekehrt die Erfahrung das Verhältnis von »Rahmen« und »Bild«, als Ergebnis einer ständigen Anpassungsarbeit, mit der dieser Rahmen dauernd neu entsteht und wieder vergeht,[18] beschädigt allerdings nie den *epistemologischen* Grundzug dieser Vorlage: nicht nur das Unvermögen der Ge-

---

16 *Les Expropriations et le prix des terrains à Paris (1860-1900)*, Paris 1909, daraus die ersten beiden, um einen zusätzlichen Abschnitt und ein Nachwort erweiterten Kapitel als *La population et les tracés des voies à Paris depuis cent ans*, Paris 1928; *Esquisse d'une psychologie des classes sociales*, Paris 1955, Neuauflage 1964, zuerst in *Analyse des mobiles qui orientent l'activite des individus dans la vie sociale*, Brüssel 1938, S. 59-210.

17 *Das Gedächtnis*, S. 201.

18 *Das Gedächtnis*, S. 189 und 193.

genwart, außerhalb dieses Rahmens »Vergangenheit« *überhaupt* vorstellen, sondern auch die Unmöglichkeit, »Bilder« ohne ihn hervorbringen zu können – wirklich ist allein die Gegenwart, eine Gegenwart kollektiver Vorstellungen, im Verhältnis zu denen uns eine »Vergangenheit« möglich wird, und sie sind es auch, sie sind der Rahmen, der uns erst jenes »lebendige« Bild vermittelt, in das sich unsere Erfahrung in ihm verwandelt.

Nun wäre diese epistemologische Metapher »leer« geblieben, wenn Halbwachs nicht auch jene Gebilde benannt hätte, die diesen »Rahmen« – und das heißt nichts anderes als ein Gesamt kollektiver Vorstellungen – schöpfen, aufrechterhalten, verändern, jene gesellschaftlichen *Gruppen*, die allein den Gegenstand der Soziologie bilden können, weil eben das, was sie zu »Gruppen« macht, dies Ganze *kollektiver Vorstellungen*, ein »Ensemble« kollektiver Wahrnehmungen, Gedanken und Gefühle bleibt.[19] Und wenn Halbwachs, der hier in Übereinstimmung mit Simiand geradezu »konstruktivistisch« verfährt, diese Gruppen daraufhin befragt, *wie* sie den ihnen eigenen »Rahmen« kollektiver Erinnerung gestalten, dann hebt er nicht nur den engen »lebensweltlichen« Zusammenhang, die unauflösbare Verstrickung erneut hervor, das ständige sich einander Bemächtigen »kollektiver Anschauungsformen« und ihrer Gegenstände, beschreibt nicht nur jene das gesamte Leben einbegreifende Welt der *Unmittelbarkeit*, die durch das ständige Ineinandermischen von Sinneseindruck und »Vernunft«, kollektiver Erfahrung und kollektiven Vorstellungen, von Abstraktem und Konkretem entsteht, sondern auch die *konkreten Vorgänge selbst*, unter deren Einwirkung sich diese Wendung ins Unmittelbare vollzieht, die das intime Verhältnis von »Rah-

19 Diese *intégralités* oder *ensembles* gehören zu den wenigen unmittelbar *methodologisch* angelegten Begriffen der Halbwachsschen Soziologie und bilden auch die Mitte des von Simiand und Halbwachs während der zwanziger und dreißiger Jahre wiederholt eingegrenzten Gegenstandsbereichs, vgl. insbesondere Halbwachs, La méthodologie de François Simiand. Un empirisme rationaliste, *Revue philosophique* 121, 1936, S. 281-319, zu Simiand insgesamt Lucien Gillard und Michel Rosier (éds.), *François Simiand (1873-1935). Sociologie, histoire, économie*, Paris 1996, auch Marcel, *Le durkheimianisme*, S. 85ff.

men« und »Bild« zu fassen versucht: Gewohnheit und Regelhaftigkeit, Dogma und »Dressur« – und ein ganzes Universum der »Formen«, der Riten, der Symbole und Konventionen, das sich über ihnen erhebt.

Sieht man schließlich, wie Halbwachs diesen Zusammenhang in der Familie, den religiösen Gruppen, den sozialen Klassen sich entfalten läßt, dann wird klar, um was es dieser »Soziologie des Gedächtnisses« eigentlich geht: nämlich um jenes *praktische Verhältnis*, das »Form« und »Inhalt«, Geist und Stoff im kollektiven Leben eingehen, um jene »gelebte Struktur«, die kollektives Bewußtsein und kollektive Erfahrung untrennbar verbinden.[20] Nicht nur die *Familie* als ein von allen anderen sozialen Gruppen geschiedenes Ganzes mischt konkrete Erfahrungen von und über einzelne Menschen mit abstrakten Regeln, die ihrer Beziehung Bedeutung einhauchen, die »Namen« ihrer Mitlieder als materiellen Zeichen mit sehr viel allgemeineren Vorstellungen zu kollektiven »Bildern« verdichten,[21] derer sich die Gruppe »als ganze« im Schnittbereich der »Perspektiven« erinnert. Sondern auch *Religionen* »reproduzieren« Vergangenheit im engen Wechselspiel von Dogma, Ritus und Mystik, mit ihren Materialisierungen des Glaubens

20 Daß Halbwachs schon seit der Jahrhundertwende von gesellschaftlichen *Gruppen* als »Träger« der »kollektiven Psychologie« spricht, bedeutet zwar in der Tat eine gewisse begriffliche Verschiebung der bei Durkheim durchgängigen Rede von »Gesellschaft«. Allerdings ist deshalb nicht zu erkennen, weshalb es gerade hier einen »Bruch« etwa zwischen den *Cadres* und der *Mémoire* gegeben haben soll, vgl. Namer, *Postface*, S. 292: *wenn* es einen Begriff bei Halbwachs gibt, der *von Beginn* an einen ausgewiesen »theoretischen« Stellenwert besitzt, dann ist es sicher der von den »sozialen Gruppen« – die besondere Betonung gesellschaftlicher Gruppen als »Träger« je besonderer »kollektiver Gedächtnisse« kann also kaum eines der wesentlichen Elemente dieser unterstellten »antidurkheimianischen Wende« der »Gedächtnissoziologie« ausmachen. Es erleichtert im Übrigen das Verständnis der *Cadres*, wenn man ihre angeblichen »Hypostasierungen« im Hinblick auf die »Erinnerung einer Gruppe« vor einem *methodologischen* Hintergrund liest. Denn Halbwachs macht hier deutlich, daß dieser Ausdruck in der Tat nicht als bloße »Metapher« gemeint ist: die Rede von einem »gemeinsamen Denkgehalt der Gruppe«, dessen sie sich keineswegs »bewußt« sein muß, beschreibt vielmehr ein methodologisch »konstruiertes« *ensemble*, ein *Gesamt* von Wahrnehmungen, Vorstellungen, Überzeugungen, Gefühlen, die, »negativ«, niemals *individuell* hervorgebracht werden können, sich dem individuellen Denken »wie von außen« auferlegen, die aber, »positiv«, als *solche*, nur in der Gruppe als *ganzer* aufgehoben sind, vgl. *Das Gedächtnis*, S. 197ff.

21 *Das Gedächtnis*, S. 241ff.

im Ritus, mit der ständigen Beseelung des Dogmas durch die kollektiven Gefühle mystischer Versenkung.[22] Daß diese ständig sich aufeinander beziehende Arbeit am »kollektiven Gedächtnis« umso nachhaltiger wirkt, je stärker sie mit dem Leben und der Lebensweise der an ihr beteiligten *Gruppen* verschmilzt, hat Halbwachs an der Geschichte des Christentums verdeutlicht: wenn die Urkirche noch kaum eigene Traditionen geschaffen hat, die kollektiven Vorstellungen der frühen Gemeinden sich noch kaum von der Gedankenwelt, der ganzen zeitgenössischen Lebensführung unterschieden,[23] dann entstehen ihre Eigenkräfte erst, als die »Abschließung« der Kirche beginnt, sich eine deutliche Scheidung von Klerikern und Laien durchsetzt, monastische Bewegungen um sich greifen, ein »Stand« der Hüter des Dogmas sich bildet, das immer wieder von mystischen Strömungen gleichsam »verlebendigt« wird[24] – es ist dieser *praktische* Zusammenhang einer zunehmend auf sich selbst verweisenden, von bestimmten Gruppen bewahrten, formelhaften Tradition und der in ihrem Rahmen »gelebten« Erinnerung, der das »kollektive Gedächtnis« der Kirche immer nachhaltiger bestimmt. Und daß schließlich auch *soziale Klassen* nicht nur ein »kollektives Gedächtnis« besitzen, sondern sich in jenem praktischen Verhältnis zwischen kollektiven *Vorstellungen* und kollektiver *Lebensführung* erst *verwirklichen*, fügt sich nahtlos in ein Bild, dessen Umrisse Halbwachs in der *Classe ouvrière* schon vor dem Ersten Weltkrieg entworfen hatte und zu Ende der dreißiger Jahre mit der *Esquisse d'une psychologie des classes sociales* ein weiteres Mal veranschaulichen wird: wiederum ist es hier die »eingelebte« Dialektik von Abstraktem und Konkretem, aus der »Rahmen« und »Bilder« sozialer Klassen entstehen. Aber wenn hier »äußere« Formen, Riten, Symbole und Konventionen als »Verewigungen« ihrer Vergangenheit eingehen, Formen, die sich in der Geschichte des Adels als eine konkrete »Physiognomie« der Sozialordnung, des ganzen Landes darstellten, in einer »Ge-

22 *Das Gedächtnis*, S. 254ff.
23 *Das Gedächtnis*, S. 263ff.
24 *Das Gedächtnis*, S. 271ff.

nealogie«, die lange Zeit Grundpfeiler des »kollektiven Gedächtnisses« gewesen ist, dann bleiben in die Traditionen sozialer Klassen doch auch jene allgemeinen *Wertungen* tief eingeschrieben, kollektive *Qualitäten*, ein »Sozialprestige«, das der Überlieferung erst ihren »Sinn« verleiht – in der »reinsten Form des Gesellschaftlichen«, den sozialen *Klassen*, fließen »Form« und »Inhalt« in einer konkreten »Lebensführung« zusammen, die den Weg für soziale *Klassifikationen*, das »soziale Gedächtnis« als Ganzes ebnen.

Halbwachs wollte dies intime Verhältnis von »Form« und Inhalt« kollektiver Repräsentationen an eben jenen gesellschaftlichen Gruppen deutlich machen, mit denen schon Durkheim »paradigmatische« Ambitionen verbunden hatte, eigene Arbeiten zur Klassensoziologie, die immer als *Psychologie* sozialer Klassen gemeint ist, hat Halbwachs in den *Cadres* bis zum »kollektiven Gedächtnis« verlängert. Wenn wir uns aber erneut vergegenwärtigen, wie sehr Halbwachs dem durkheimschen »Projekt« einer »kollektiven Psychologie« verpflichtet blieb, dann lassen die *Cadres* noch einen tieferen gedanklichen Zusammenhang erkennen: Ausgangsstelle ist dabei die gegen jeden physiologischen Naturalismus, jeden individualistischen Konkretismus, jede introspektive Philosophie der »Seele« gewendete Vorstellung von der Macht »kollektiver Repräsentationen«, das vorläufige »Ende« aber ihre im »kollektiven Gedächtnis« gipfelnde Kraft der *Unmittelbarkeit*, die Halbwachs als *kollektiv vermittelt* begreift – eine Soziologie der »unvordenklichen«, der »fraglos gegebenen« Kategorien des menschlichen Weltverhältnisses. Denn als Halbwachs, schon in den *Cadres*, die Möglichkeit einer »äußerlichen«, unvermittelten »Beobachtung« der Welt bestreitet, jede kollektive Wahrnehmung von »Begriffserinnerungen« begleitet sieht,[25] die dem Gedächtnis seine »Rahmung« verleihen, bleibt dies doch nur der besondere »Fall« jenes *allgemeinen* Zuges, der den »kollektiven Repräsentationen« ihre bezwingende Macht verleiht: die Rede von individuellen Bewußtseinszuständen erkennt das

25 *Das Gedächtnis*, S. 363.

»Bild« nur unter Absehung von einem ganzen »Hof« *allgemeiner* Bedeutungen und Vorstellungen, die seinen »Sinn« erst vermitteln, ein »vollständiges Gemälde« erstehen lassen, in dem die »kollektive Psychologie« sinnliche Erfahrung und erfahrenen Sinn unentwirrbar zusammenführt.[26]

Eben dies Verhältnis hat Halbwachs im Schlußwort der *Cadres* einzukreisen versucht. Wenn hier deutlich wird, daß seine Metapher von »Rahmen« und »Bild« zunächst nur unterschiedliche »Verdichtungsgrade« kollektiver Repräsentationen meint, dann beschreibt Halbwachs ihren »Charakter« mit einer anderen, der Metapher von »Gefäß« und »Inhalt«, und es stehen ihm Platons »Ideen« am besten dafür, in welcher Art jene kollektiven Repräsentationen beschaffen sind: sie haben eine reichere Bedeutung als »unmittelbar« sinnliche Bilder, bilden »Gefäß« und »Inhalt« zugleich, fassen abstrakte, logische und logisch untereinander verbundene Begriffe mit konkreten, bildhaften Vorstellungen von Ereignissen, von Menschen und Dingen ineinander, die in Raum und Zeit ihren Halt finden.[27] Es ist diese *Dialektik von Abstraktem und Konkretem*, die alle Tatbestände einer »kollektiven Psychologie« auszeichnet und die scheinbar individuellen »Erinnerungsbilder« in den »Rahmen« des »kollektiven Gedächtnisses« als einer ebenso tief ineinander geflochtenen Kette von Vorstellungen und Urteilen schweißen: ständig verstricken sich in der Familie Begriffe und Bilder, unpersönliche Regel und persönliche Vertrautheit, laufen kirchliches Dogma und religiöse Mystik zu einem Vorstellungskreis zusammen, der zugleich allgemein und partiell, abstrakt und konkret, logisch und historisch ist,[28] richten sich die Vorstellungen über soziale Klassen zugleich auf Gegenwart und Vergangenheit, vermählt der Adel eine »Idee« gesellschaftlicher Hierarchien mit einem »Bild« historischer Fakten, das Bürgertum seine abstrakten Wertungen mit der Konkretheit einer ganzen Lebensführung. Um diese Dialektik, diesen »Doppelcharakter« kollektiver Vorstellungen geht es Halb-

26 *Das Gedächtnis*, S. 364ff.
27 *Das Gedächtnis*, S. 370ff.
28 *Das Gedächtnis*, S. 375ff.

wachs überall: die »Rahmen« des Gedächtnisses stehen *außerhalb und in der Zeit*, das Abstrakte, das Zeitlose an ihnen verleiht den konkreten Bildern und Erinnerungen, aus denen sie gleichwohl gefügt sind, eine gewisse Festigkeit und Allgemeinheit, sie selbst aber sind Wandlungen in der Zeit unterworfen, bewegen sich wie langsam den Fluß hinab treibende Holzflöße, über die sich an jeder Stelle der Zeit von einem Begriff, einer zeitlosen Vorstellung zur anderen ans gegenüberliegende Ufer setzen läßt, auf denen man aber, flußaufwärts, in der Vergangenheit, »Erinnerungen« begegnet.[29]

Halbwachs hat diese bewegliche Dialektik von Abstraktem und Konkretem in der Vorstellungswelt des kollektiven Menschen hier als durch die »Rahmen« des Gedächtnisses vermittelte *Rekonstruktion* der »Vergangenheit« von der Gegenwart aus gefaßt – es »gibt« Vergangenheit nur im Bewußtsein des Heutigen. Und er hat dabei auch und schon in den *Cadres* unterschieden zwischen dem »tieferen« und »engeren« Gedächtnis einzelner gesellschaftlicher Gruppen, ihrer »lebendigen« und »gelebten« Erinnerung, und den Verallgemeinerungen, die eine »breitere« und »jüngere«, eine gegenwärtige »Gesellschaft« an ihnen vollzieht.[30] Wesentlich bleibt ihm aber gerade dies: ein schier undurchdringliches Dickicht, zu dem sich das soziale Denken dauernd verschlingt – das »kollektive Gedächtnis« besteht aus gemeinsamen Überlieferungen und Erinnerungen ebenso wie aus Gedanken, Vorstellungen, Begriffen, ist weder rein traditional noch rein konventionell, ist nicht »abstrakt«, sondern erhält seine konkrete Gestalt in eben jenen gesellschaftlichen Gruppen, denen jeder Tatbestand bei seinem Eintritt in ihren Lebenszusammenhang zur Lehre, zum Begriff wird, zum Beispiel, zum konkreten »Bild« in einem »vollständigen Gemälde«.[31] Und daß Halbwachs in seinen *Cadres* diese kollektiven Vorstellungen immer wieder mit dem Hinweis auf solche kollektiven »Anschauungsformen« versieht, die in einem *nicht* geometrischen Raum, einer *nicht* mathematischen

29 *Das Gedächtnis*, S. 380f.
30 *Das Gedächtnis*, S. 382.
31 *Das Gedächtnis*, S. 389.

Zeit ihre »Anhaltspunkte« finden,[32] in denen »Erfahrung« und »Vernunft« sich ständig überschneiden, aus denen zeitlich und räumlich verbundene Bilder entstehen, deren »Solidarität« durch eben jene »kollektive Psychologie« gesellschaftlicher Gruppen gestiftet wird, weist schließlich auch den Weg zu einem Gedankenkreis, ohne den sich die *Mémoire collective*, dieser späte, unvollendete Entwurf nicht recht verstehen läßt: den Weg über die »soziale Morphologie«.

Von den »Rahmen« des Gedächtnisses zur »sozialen Morphologie« – Die *Topographie légendaire des Evangiles en Terre Sainte*

Als Durkheim den Gegenstandsbereich der »Soziologie« mit den Erscheinungen einer »kollektiven Psychologie« gleichgesetzt hatte, die *soziale* Tatsachen allein als *psychische* Tatsachen versteht, war damit gleichzeitig ein weiterer paradigmatischer Anspruch verbunden: daß sich die »neue« Wissenschaft, die Tatbestände der »kollektiven Psychologie« bis dorthin erstrekken, wo sie im *Materiellen* ihre Spuren hinterläßt, sich der Gegenstandswelt bemächtigt, in Raum und Zeit sichtbares, greifbares, stoffliches Dasein gewinnt – in einer »sozialen Morphologie«.[33] Und auch dies zweite epistemologische »Programm«, dem Durkheim nur einige wenige Umrisse gegeben hatte, begleitet Halbwachs über Jahrzehnte hinweg, bleibt das andere große Vermächtnis der *école sociologique*: wenn die »soziale Morphologie« auf einen Gegenstandsbereich gerichtet war, der alle »materiellen Formen« des gesellschaftlichen Lebens einbegreifen sollte, alles, worin Gesellschaften physische Ausmaße, *dinglichen* Charakter besitzen, über Größe und Ausdehnung, Anzahl und Dichte verfügen, Lage und Bewegung erkennen lassen, materielle Eigenschaften, die meßbar, die zählbar sind »wie Dinge«, und mit dieser atemberaubenden Ausweitung des

32 *Das Gedächtnis*, S. 178.
33 Vgl. Durkheim, Morphologie sociale, *Année sociologique* 2, 1897/98, S. 520f.

Zuschnitts der »Soziologie« den epistemologischen Kreis der durkheimschen »Wissenschaft vom Menschen« schließt, dann ist es Halbwachs, der dieses Vermächtnis schließlich in seiner ganzen gedanklichen Tragweite erkennbar werden läßt – von *Les Expropriations et le prix des terrains à Paris*, einer frühen Studie zur Entwicklung des Pariser Stadtbildes, über die *Classe ouvrière* und die *Cadres sociaux* gewinnt durch alle seine Arbeiten hindurch ein Gedankenkreis immer schärfere Konturen, der schließlich in der *Morphologie sociale* eine abschließende Fassung erhält, und von dort auf die *Topgraphie légendaire* und das »kollektive Gedächtnis« ausgreift.[34]

Denn nachdem Halbwachs Anfang des Jahrhunderts mit der *école sociologique* in Berührung kommt, werden die »Motive« seines späteren Schaffens schnell deutlich: auf der einen Seite jener Gedankenkreis, der früh schon mit Beiträgen zu einer »kollektiven Psychologie« der Arbeiterklasse umrissen ist, kurz vor dem Ersten Weltkrieg in der *Classe ouvrière* verdichtet wird, dann in die *Cadres* einfließt, und mit der *Esquisse d'une psychologie des classes sociales* enden sollte, auf der anderen Seite dann aber auch erste Arbeiten zu einer Soziologie der Großstadt, die in *Les Expropriations et le prix des terrains à Paris* ihren Niederschlag finden, daneben die Beschäftigung mit Fragen der damaligen »Socialstatistik«, aus der *La Théorie de l'homme moyen*, ein Versuch über Quetelet und die »statistique morale« hervorgeht,[35] und die sich nach dem Krieg, in den zwanziger und dreißiger Jahren, immer stärker auf demographische Phänomene richtet, um zuletzt bei der *Morphologie sociale* anzukommen. Daß sich diese zweite Motivkette an die »soziale Morphologie« Durkheims insofern anlehnt, als dessen Entwurf vor allem auf »Bevölkerungstatbestände« zielte, und selbst die ersten Ansätze zu seiner »Morphologie der Groß-

34 Zur »sozialen Morphologie« bei Halbwachs bisher nur Stéphane Jonas, Maurice Halbwachs ou le premier âge de la morphologie sociale, in Christian de Montlibert (éd.), *Maurice Halbwachs (1877-1945)*, Straßburg 1997, S. 21-29, vgl. auch Marcel, *Le durkheimianisme*, S. 173ff.

35 *La Théorie de l'homme moyen. Essai sur Quetelet et la statistique morale*, Paris 1913.

stadt« noch im Umfeld jenes Überschneidungsbereichs von Demographie, Geographie und »Kulturgeschichte« einzuordnen sind, dem auch Durkheims besondere Aufmerksamkeit galt, ist ganz offensichtlich.[36] Allerdings tritt so zurück, wie dicht Halbwachs hier von Beginn die Zusammenhänge knüpft: die Entwicklungsrichtungen seines Werks, mit dem Halbwachs den Bogen von der *Classe ouvrière* bis zur *Esquisse*, von seinen Arbeiten zur »kollektiven Psychologie« über die *Cadres* und die *Causes du suicide* bis zur *Mémoire collective* spannt, weisen nicht nur untereinander entscheidende Berührungsstellen auf, sondern stehen in engstem Verhältnis zu seiner immer weiter ausholenden »sozialen Morphologie« – die Gegenstandsbereiche, auf die sich das Halbwachssche Denken erstreckt, werden im Laufe der Zeit mit einer immer präziser arbeitenden »Intuition« ineinander gewirkt, zu einer regelrechten »Phänomenologie« der praktischen Lebensvollzüge des gesellschaftlichen Menschen, in denen sich »kollektive Psychologie« und »soziale Morphologie« untrennbar mischen.

Und genau dieser sich immer weiter öffnende gedankliche Horizont ist es auch, vor dem Halbwachs schließlich nicht nur die »soziale Morphologie« Durkheims genauer umreißt, sondern ihr auch den Weg ins »kollektive Gedächtnis« ebnet. Wenn Halbwachs jene durkheimsche »Beschaffenheit und Gestaltung sämtlicher Dinge«, die das kollektive Leben der Menschen »in irgendeiner Weise berühren«, als soziale Morphologie »im weiten Sinne« schon in seiner »kollektiven Psychologie« der *Classe ouvrière* anklingen läßt, die Überzeugungen, Neigungen, Bedürfnisse, eine ganze »Lebensweise« sozialer Gruppen mit dem *materiellen* »Gepräge« ihrer Umgebung in Verbindung bringt, und umgekehrt an den »Zeichen« zu deu-

---

36 Diese nicht zuletzt in Auseinandersetzung mit der zeitgenössischen Bevölkerungswissenschaft entwickelte Morphologie »im engeren Sinn« bleibt auch in anderer Beziehung ganz »durkheimianisch«: *gegen* alle biologistischen Versuchungen oder mathematisch-statistischen Verkürzungen reiht Halbwachs den *epistemologischen* Gehalt dieser Art von »sozialen Tatbeständen« erneut in den Bereich der »kollektiven Psychologie« Durkheims ein, vgl. dazu insbesondere Rémi Lenoir, Halbwachs, sociologue ou démographe?, in de Montlibert, *Halbwachs*, S. 47-61, auch *Soziale Form und praktischer Sinn*, S. 98ff.

ten versucht, die ihre praktischen Lebensvollzüge an der dinglichen Welt hinterlassen, dann verschränken sich hier bereits jene beiden großen Gedankenkreise, die das Werk bis zuletzt bestimmen, und sie werden im Laufe der Zeit nun immer enger zusammengezogen. Denn obwohl Halbwachs in den *Cadres sociaux* seine Aufmerksamkeit wieder stärker Erscheinungen der »kollektiven Psychologie« zuzuwenden scheint, treten doch auch hier ihre materiellen »Unterströmungen«, eine Morphologie des »Hauses«, die »Geographie« religiöser Gruppen und »Physiognomie« sozialer Klassen immer wieder zu Tage, um schließlich in der *Morphologie sociale* ganz in den Vordergrund zu rücken: die großen gesellschaftlichen »Ordnungen und Mächte«, Religion, Politik, Ökonomie, ihre prägende Kraft an der materiellen Welt, der »kulturgeschichtlich« einzigartig bedeutsame Gegensatz von Stadt und Land, all dies fließt in eine Dialektik ein, mit der sich soziale Gruppen im materiellen Gepräge, das sie dem Raum verleihen, mehr oder weniger bewußt »verkörpern«, ein Bild ihrer selbst entsteht, Grundlage einer »kollektiven Psychologie«, in dem sie sich unmittelbar »begreifen« – es ist hier genau das dialektische Miteinander und Ineinander einer kollektiv geprägten »Welt« und der ihr zugeeigneten kollektiven »Anschauungsformen« schon erkennbar, die Halbwachs dann in der *Mémoire collective* so unvergleichlich vorführen wird.[37]

37 Die »ungeheuren Schwierigkeiten«, die Namer, *Postface*, S. 287, bei der Deutung des Kapitels der *Mémoire* über den sozialen Raum sieht, werden nur verständlich, wenn man die ganze gedankliche Entwicklung, die Halbwachs von seinen frühen Studien zur Veränderung des Pariser Stadtbildes bis hin zur *Morphologie sociale* vollzieht, nicht zur Kenntnis nimmt: gerade dort sind seine Überlegungen zu einer religiösen, politischen und ökonomischen Morphologie in einer Weise vorgebildet, die das dialektische Verhältnis räumlicher und zeitlicher »Ausbreitung« und »Verdichtung« *menschlicher* Tätigkeiten, einer *kollektiven* Arbeit an der Welt, in der *Bedeutungs*fülle des »Materiellen« sichtbar werden lassen, und dies eben *ohne* jeden Hang zum »Realismus«, der stattdessen gerade in den einschlägigen Deutungsversuchen immer wieder erkennbar wird. So ist die Behauptung von Stéphane Jonas, Halbwachs habe sich in seiner sozialen Morphologie vom »Realismus« Durkheims gelöst, um nun mit der Vorstellung, daß die materiellen Formen einer Gesellschaft von der *conscience collective* unabhängig seien, eine »materialistische Konzeption« zu liefern, die das »Prinzip einer Autonomie und Äußerlichkeit des Gegenstandes gegenüber dem Denken« anerkenne, vgl. Jonas, *Maurice Halbwachs ou le première âge*, S. 22f, nicht nur selbst widersprüchlich, sondern eine echte Fehldeutung dieses Halbwachsschen Motivs: wer die *Morphologie*

Daß Halbwachs gerade aus seiner »kollektiven Psychologie« sozialer Klassen die Stoffe für diesen zweiten Motivkreis gewinnt, eine »soziale Morphologie« nicht nur der räumlichen, sondern auch der zeitlichen Struktur des kollektiven Lebens, wird spätestens mit der im selben Jahr erschienenen *Esquisse d'une psychologie des classes sociales* deutlich: Halbwachs zeigt hier zunächst an der bäuerlichen Kultur die enge Verflechtung der ländlichen Gruppen mit dem von ihnen bevölkerten Raum, den Zusammenhang von Familie und Haus, Arbeit und Scholle, eine besondere »Lebensart«, ein *genre de vie*, das sich im Materiellen verfestigt, der Gruppe Stabilität und Dauer verleiht, ein Zusammenhang aber auch, der gleichzeitig von einem ganz eigentümlichen Lebensrhythmus geprägt ist, um dann die räumliche Struktur der Stadt mit ihren sozialen Klassen vorzuführen – die städtischen Viertel, die Eigenart ihrer Ausdehnung und Gliederung, die Ballung und Streuung ihrer Bewohner, ihre Wirkungen auf kollektive Bedürfnisse und Geschmäcke, ein wirtschaftliches Leben mit seinen von verschiedenen Schichten besuchten Märkten und Geschäften, die Anlage der Straßen und Plätze, ihr soziales »Gesicht«, dies alles verleiht dem Bewußtsein der Klassen ein unscharfes, aber gerade deshalb umso bezwingenderes Bild ihrer selbst. Und wenn Halbwachs nun in der *Morphologie sociale* diesen Gedanken weiter ausführt, daß den gesellschaftlichen Gruppen gerade dort eine »unmittelbare« Vorstellung ihrer selbst entsteht, wo sie sich Raum und Zeit aneignen, ihr Leben in Materie und Rhythmus gefaßt ist,[38] dann erfolgt hier eine bemerkenswerte

---

sociale mit einem Mindestmaß an Aufmerksamkeit liest, wird das genaue Gegenteil entdecken – es entfalten die morphologischen »Tatbestände« ihr »Eigenleben« nur deshalb, weil *aufgrund* ihrer Bedeutung für den Zusammenhalt und das Selbstverständnis sozialer *Gruppen* eine kollektive Arbeit an ihnen verrichtet wird. Ohne die *kollektiven Vorstellungen*, die sie, nicht *als solche*, sondern als *Ergebnis* dieser kollektiven Arbeit auf sich ziehen, sind sie »nichts«, *bedeutungslos*, vgl. *Soziale Form und praktischer Sinn*, S. 120ff. Daß Halbwachs hier selbstverständlich an die Arbeiten der *école sociologique* anschließt, ist ganz unverkennbar, vgl. nur Durkheim, *Die elementaren Formen des religiösen Lebens*, Frankfurt 1981, S. 464ff, oder Marcel Mauss, Soziale Morphologie. Über den jahreszeitlichen Wandel der Eskimogesellschaften, in *Soziologie und Anthropologie*, Bd. 1, Frankfurt 1991, S. 183-278.

38 *Morphologie sociale*, S. 182f.

Fassung eben der *Unmittelbarkeit* dieses Verhältnisses: die materiellen Formen, in denen sich soziale Gruppen »zeigen«, werden zum ursprünglichsten Prinzip ihrer Stabilität, vermitteln der Gruppe ein Bewußtsein von ihrem »Körper«, des Raumes, den sie innehat, in dem sie sich bewegt, der Zeitabläufe, in die ihre Lebensvollzüge eingelassen sind, und genau diese »Bilder« entspringen einer kollektiven Aneignung der Gegenstandswelt, in deren materiellem Gepräge sie sich schließlich wiedererkennen.[39] Der »sozialen Morphologie« des Maurice Halbwachs geht es um die materiellen Gestaltungen, die das kollektive menschliche Handeln hervorbringt, die materiellen Hinterlassenschaften einer »kollektiven Psychologie«, welche aber nun ihrerseits Besitz vom »kollektiven Bewußtsein« ergreifen: »materielle Formen« sind nicht nur »Ausdruck« der kollektiven »Arbeit« des Menschen an der Welt, sondern *prägen* die »Seele« selbst, färben das menschliche Empfinden, liegen am Ursprung der tiefsten und beständigsten, der *unmittelbarsten* Wahrnehmungen und Vorstellungen gesellschaftlicher Gruppen – der materielle »Ausdruck« einer »kollektiven Psychologie« in der Welt erlangt eine Wirklichkeit, die sich nun erneut in die Grundschichten des kollektiven Bewußtseins, der »kollektiven Psychologie« gesellschaftlicher Gruppen senkt.[40]

Und es ist eben diese einzigartige Ausweitung, eine bemerkenswerte »Verschränkung« und damit gleichzeitig Vertiefung

---

39 *Morphologie sociale*, S. 165ff.

40 Diese tiefgründige Fassung einer »Gegenseitigkeit« der Aneignung von materieller und sozialer Welt läßt nie einen Zweifel daran, daß wir es bei all diesen Erscheinungen mit »seelischen« Tatbeständen zu tun haben: wären die materiellen »Formen« irgend etwas anderes als oft kaum »erklärbare«, doch der sozialen *Intuition* deshalb zugängliche, *sinnhafte* Eindrücke auf das kollektive Bewußtsein, *weil* sie ihm selbst, allen seinen Leistungen ausnahmslos entspringen, dann ginge ihr ganzer »Charakter« verloren, eine *soziale* Form, die *als solche* nur in den sozialen »Anschauungsformen« ihren Sinn erhält – die »soziale Morphologie« ist bei Durkheim wie auch Halbwachs nur deshalb von Belang, weil sie uns von der »inneren« Verfassung, den Vorstellungen, den Neigungen und Bedürfnissen, der »Lebensweise« von Menschen erzählt, deren Aneignung der materiellen Welt sie nun als *soziale* Welt zur »ersten« Erfahrung menschlicher Anschauung macht. Wie unbeeindruckt von dieser ganz offensichtlichen *Kontinuität* dieses Gedankens im Werk allerdings die »humanwissenschaftliche« Rezeption des »kollektiven Gedächtnisses« geblieben ist, zeigen etwa die Ausführungen Marie Jaissons, *Temps et espace*, S. 170ff.

des von Durkheim gemeinten Zusammenhangs, aus der nicht nur die »soziale Morphologie«, sondern das ganze Werk ihre gedankliche Kraft gewinnen: Halbwachs, der wohl nicht zuletzt auch unter dem Eindruck seines frühen Lehrer Bergsons ein schon in der *Classe ouvrière* erkennbares Gespür für die »lebendigen« Unterströmungen des menschlichen Wahrnehmens, Denkens und Handelns entwickelt, führt seine »kollektive Psychologie« immer wieder in die konkrete, sinnliche Welt zurück, in einen gemeinsam erfahrenen Raum, eine gemeinsam geteilte Zeit, und er deckt dort mit atemberaubender Treffsicherheit die tiefen Gefühle eines »kollektiven Bewußtseins« auf, das sich selbst in all seinen Erscheinungen wiederfindet. Denn Halbwachs zieht hier – von seiner »Morphologie im engen Sinn«, der *demographischen* und *geographischen*, der Gestalt und Wandlung des sozialen »Körpers«, seiner Größe, seinen Gliederungen, seiner Lage und Bewegung in Raum und Zeit, über die sich gesellschaftliche Gruppen dunkel, verschwommen, aber umso eindringlicher bewußt werden, eine kollektive »Intuition«, die mächtig genug ist, um diesen Körper durch ein gleichermaßen verschwommen bewußtes, aber desto zielgenaueres Verhalten, durch die »Lebensweise« ihrer Mitglieder, regelrecht zu »führen«,[41] bis zu seiner Morphologie »im weiten Sinn«, die von den unmittelbar *materiellen*, den stofflichen *Formen* handelt, die sie in der sichtbaren und greifbaren Welt, in Raum und Zeit hinterläßt – das Band dieser »ursprünglichen« Eindrücke des kollektiven Lebens, dieser »unmittelbaren Gegebenheiten des sozialen Bewußtseins«, immer enger um eine »kollektive Psychologie der Anschauungsformen« zusammen, in denen die Hinterlassenschaft gesellschaftlicher Gruppen in Zeit und Raum alle anderen Erfahrungen durchwirken, den Grundstein für gemeinsame Empfindungen, ein Gefühl der Zugehörigkeit des Einzelnen zur Gruppe legen: es ist diese »privilegierte« Beziehung zwischen materiellen Formen und kollektiven Repräsentationen, dem Gegenstand der »sozialen Morphologie«, die ins Innerste einer jeden »kollekti-

41 *Morphologie sociale*, S. 178ff.

ven Psychologie« führt, als eine *Gesamtheit* materieller Ordnungen, die im Bewußtsein ihrer Mitglieder als solche nur undeutlich aufscheint, ihnen aber deshalb eine umso tiefere Wirklichkeit vermittelt.

Diese gegenseitige Aneignung des Denkens und der Dinge, jene Eindrücke und Bilder, die den Menschen aus einer greifbaren, gegenständlichen, konkreten Welt zufließen, deren Gestalt doch immer Ergebnis kollektiver »Arbeit« ist, beschreibt eines der wesentlichen Motive des Werks, dessen erste Umrisse bei Halbwachs schon früh erkennbar sind, und führt nun schließlich auch zu einer weiteren Etappe des Weges, dem seine »kollektive Psychologie« auf den Spuren des »Gedächtnisses« folgt: zu einer Studie über Ursprung und Wandel christlicher Überlieferungen in Palästina, die »Stätten der Verkündigung im Heiligen Land«. Allerdings nimmt dieses Anfang der vierziger Jahre veröffentlichte Buch zweifellos eine gewisse Sonderstellung ein: es ist gleichzeitig eine Art Rückblick auf die *Cadres* und ein Ausblick auf die *Mémoire*, ohne aber von einer Entwicklung seines Denkens ausdrücklich Rechenschaft abzulegen, das nun spätestens mit der *Morphologie sociale* bis tief in eine »Soziologie der Anschauungsformen« vordringt. Denn dieser durch eine Fülle historischer, archäologischer, geographischer Erkenntnisse vorbereitete Essay über das christliche »Gedächtnis« vom Heiligen Land ist tatsächlich als ein Versuch zu verstehen, die *epistemologische* Grenzziehung der *Cadres* noch einmal, fast »verspätet«, an einem »handgreiflichen« Beispiel vorzuführen: daß es die Versinnbildlichung ihres Glaubens, ihrer Überzeugungen im *materiellen Raum* ist, die einer religiösen Gruppe »Standfestigkeit« und Dauer verleiht, beschreibt zwar eine der wesentlichen Aussagen dieses Versuchs, der entscheidende Befund ist aber ein anderer, nämlich die Tatsache, daß diese Suche nach festem, einem *materiellen* Halt dieser Überzeugungen jenem Wandel unterworfen war, der diese Suche *selbst* veränderte – es ist erneut die kollektive *Rekonstruktion* einer wie immer gearteten »Vergangenheit«, die Halbwachs hier beschäftigt, und die Veränderung der religiösen *Gruppen*, die diesen Wandel bedingt.[42]

Denn daß sich Halbwachs mit der *Topographie légendaire* in dieser Hinsicht noch im gedanklichen Umfeld der *Cadres* bewegt, macht nicht nur die bloße Chronologie seiner Beschäftigung mit den »Heiligen Stätten« deutlich: auf die erste seiner beiden Reisen in den Nahen Osten begibt sich Halbwachs noch in den späten zwanziger Jahren, nicht lange also nach dem Erscheinen der »sozialen Rahmen des Gedächtnisses«. Sondern vor allem verweist die grundsätzliche Anlage seiner Studie auf einen ganzen Komplex von Fragen, die sich in den *Cadres* um das »kollektive Gedächtnis« religiöser Gruppen drehen: Halbwachs geht es auch hier unverkennbar um das Verhältnis einer »kollektiven Psychologie« religiöser Gruppen, der kollektiven »Strömungen« des religiösen Denkens, zur Art und Weise der »Rekonstruktion« ihrer »Geschichte« – eine Problemstellung, die sich zunächst im Anschluß an die *Cadres* entfaltet.[43] Nun besitzt dieser Gedankengang allerdings schon

42 Daß sich mit dem daran anschließenden Versuch, den Wirkungen des »kollektiven Gedächtnisses« dort nachzugehen, wo es seinen Ursprung und »Sitz« hat, nämlich im Rahmen gesellschaftlicher Gruppen, bedeutet gleichzeitig den Wechsel an eine zweite epistemologischen Frontlinie, die Halbwachs dann im zweiten Abschnitt der *Mémoire collective* genauer verfolgen wird, die aber schon in den *Cadres* angelegt ist: sie gilt dem Verhältnis des bei Halbwachs gemeinten Gegenstandsbereichs zu dem der »Geschichte«. Wenn allerdings Namer, *Postace*, S. 281ff, behauptet, Halbwachs habe diese Auseinandersetzung auf Marc Blochs Besprechung der *Cadres* hin aufgenommen, vgl. Bloch, Mémoire collective, tradition et coutume, *Revue de Synthèse Historique* 40, 1925, S. 78-83, dt. als Kollektives Gedächtnis, Tradition und Brauchtum, in Bloch, *Aus der Werkstatt des Historikers*, Frankfurt/New York 2000, S. 241-251, dann sollte doch nicht vergessen werden, daß spätestens seit Simiands scharfer epistemologischer Kritik am »Realismus« der damaligen »Geschichtsschreibung« schon zu Beginn des Jahrhunderts die Haltung der »Durkheimianer« in dieser Frage grundsätzlich abgesteckt war, vgl. nun gesammelt in Simiand, *Méthode historique et sciences sociales*, Paris 1997. Dieses schon in den *Cadres* zugrunde gelegte Verhältnis läßt sich nur übersehen, solange über den dort bezeichneten epistemologischen Ausgangspunkt nicht nur Unklarheit, sondern auch Unverständnis herrscht: Halbwachs hat in den *Cadres* nie das »historische«, das *Gewordensein* dieser »Rahmen« des Gedächtnisses geleugnet, sondern eben genau jene reifikatorische Vorstellung bemängelt, daß »Vergangenheit« eine gleichsam materielle Realität besitze, die das Gedächtnis »aktualisiert«, eine Vorstellung, derer sich ein tief vom »historischen« Paradigma geprägter Diskurs der »Kulturwissenschaften« offenbar nicht erwehren kann, vgl. Jaisson, *Temps et espace*, S. 167.

43 Halbwachs, der seit seiner Zeit in Straßburg als Inhaber eines Lehrstuhls für Soziologie und Pädagogik dort mit Lucien Febvre und Marc Bloch in regem Austausch steht, bleibt trotz aller Nähe zu diesen »Dissidenten« der herkömmlichen Geschichtsschreibung bei seinen grundsätzlichen Vorbehalten im Hinblick auf

dort eine »Pointe«, die weit über die letztlich doch schlichte Erkenntnis hinausgeht, daß gesellschaftliche Gruppen ihre Geschichte »machen«, in irgendeiner Weise versinnbildlichen, im Materiellen und Symbolischen durchgestalten: denn es ist auch hier vielmehr die ungeheure *Kraft* dieser Bilder, von der Halbwachs spricht, und jene Dialektik von Abstraktem und Konkretem, durch deren *Unmittelbarkeit* sie entsteht. Daß Halbwachs in der *Topographie légendaire* dieses dialektische Verhältnis in eine Richtung führt, an deren Ende man schließlich im materiellen Raum auf so augenfällige Konkretisierungen einer »kollektiven Psychologie« stößt, zeigt nun in der Tat den Einfluß von Überlegungen, die sich während der dreißiger Jahre immer weiter ineinander verschränken, den Einfluß seiner »sozialen Morphologie«: wenn zwar schon in den *Cadres* die räumliche Dimension dieser Konkretheit sozialer Erfahrung angesprochen ist, dann stellt nun die *Topographie légendaire* eine kollektive »Arbeit« an dieser Erfahrung heraus, die gleichwohl aus eben jener »unbewußten« Dialektik »kollektiver Bedürfnisse« und ihrer materiellen »Äußerungen« ihren »Sinn« bezieht – Halbwachs versucht hier auf subtile Art und Weise, die Veränderung der christlichen Glaubenslehre, den

---

den epistemologischen Charakter des Faches als solchem. Simiands kurz nach der Jahrhundertwende in der *Revue de Synthèse Historique* veröffentlichte Kritik an der »alten« Historiographie, gegen die sich später auch die *Annales* wendeten, hat Halbwachs Mitte der dreißiger nochmals wiederholt: eine Geschichtsschreibung, die glaube, ihren Gegenstandsbereich als eine Gesamtheit »historischer Tatsachen« abgrenzen zu können, deren Eigenart durch das stets kontingente Zusammentreffen »individueller Tatsachen« beschrieben wäre, kann offensichtlich keine *allgemeinen* Aussagen über den Zusammenhang der dort angesiedelten Phänomene treffen – die Rede von einer »historischer Kausalität« verlegt ihre *Erklärungen* in den Bereich dessen, was erklärt werden soll, die »individuellen Tatbestände« der Geschichte, ihre historische »Kontingenz« unterstelle »singuläre« Phänomene, ohne doch, wie etwa in der Physik, eine *Homogenität* der Phänomene eines Gegenstandsbereichs als epistemologische Voraussetzung für ihre Erklärung vorweisen zu können. Halbwachs, der mit Simiand an seinem zwar radikalen, aber doch epistemologisch völlig konsequenten Urteil festhält, daß die »Geschichte« ihre »Methode«, ihre konkretistische »Kunst« der Deutung »historischer« Sachverhalte mit einer scheinbar eigenen Ordnung des Gegenstandsbereichs verwechsle, macht jedenfalls schon in den *Cadres* jene fundamentale Differenz deutlich, die diesen vermeintlichen »Gegenstandsbereich« von jenem bei Durkheim *homogen* konstruierten Bereich der Tatbestände einer »kollektiven Psychologie« trennt, vgl, auch *Praktischer Sinn und empirische Vernunft*, S. 193ff.

Wandel der »Gestimmtheit«, einer sich mit der sozialen Färbung seiner »Trägerschichten« wandelnden »Psychologie« des Christentums zu den Veränderungen der »Topographie«, der Orte christlicher Verehrung im Heiligen Land in Beziehung zu setzen, und er legt an diesem Zugriff religiöser Gruppen auf den materiellen Raum gleichzeitig jenes »Eigengewicht« der »Dinge«, jene fast »physisikalische« Anziehungskraft der Heiligen Stätten auf eine »kollektive Psychologie« frei, die nach Versinnbildlichung, Veräußerlichung, Entäußerung des in ihr wirksamen Glaubens »sucht«.[44]

Denn der eine wesentliche Gedanke, den Halbwachs mit seiner »Studie zum kollektiven Gedächtnis« verfolgt, gilt dem durch die Wechselfälle der »Geschichte« hindurch erkennbaren Wandel der gesellschaftlichen Gruppen, mit denen sich die christliche Überlieferung verbindet: jene richtungslose Selbstgenügsamkeit des neuen Glaubens, der nach dem furchtbaren Ende des wortgewaltigen Rabbi aus Galiläa als jüdische Sekte in den gesellschaftlichen Nischen des mosaischen Judentums überdauert, ein konkreter Glaube der Schüler und Anhänger, denen das Bild der diesseitigen, der menschlichen Gestalt des Messias noch vor Augen steht, eine Glaube ohne dogmatische oder spirituelle Abstraktionen, dem eine einheitliche »Lehre« fehlt, der von unmittelbarer kollektiver Erfahrung und kollek-

44 Ganz zweifellos ist hier also ein anderer Weg beschritten, als ihn die »Erkenntnis« offenbart, daß die »Gesellschaft« ihre »Geschichte« selbst »schöpft«, und daß die Rezeption des »kollektiven Gedächtnisses« bis heute gerade an diese »Einsicht« angeknüpft hat, zeigt vor allem, wie leicht die »Diskurse« der zeitgenössischen »Kulturwissenschaften« einigermaßen Selbstverständliches zu einem eigenen »Paradigma« auftürmen können: wenn Halbwachs hier von einem »Bedürfnis« sozialer Gruppen spricht, das sich so ausdrückt, »als ob« hinter seinen Manifestationen ein zielgerichtetes »kollektives Bewußtsein« wirkt, dann ist hier erneut jenes ganze, gesellschaftlich hoch vermittelte *Unmittelbarkeitsverhältnis* von »Aktion« und »Funktion«, die Gleichursprünglichkeit kollektiven Handelns und einer Reproduktion der ihm zugrunde liegenden »Logik« gemeint, in der man einen »Finalismus«, wie ihn Marc Bloch den *Cadres* vorgehalten hat, nur feststellen kann, solange man die einschlägigen methodologischen Arbeiten von Halbwachs nicht kennt oder nur voreingenommen lesen kann – denn dort trifft man nicht nur immer wieder auf eine massive *Kritik* finalistischer Vorstellungen in den »Wissenschaften vom Menschen«, sondern auch auf eben jenes nicht annähernd so prominente »als ob« des »Finalisten« Durkheim, das meist sehr viel näher an der sozialen Wirklichkeit liegt als der »historische« Diskurs.

tiv geteilter Nachfahrenschaft lebt, der noch ganz in die lebensweltlichen Zusammenhänge seiner Umgebung verstrickt ist, diese palästinische, mündliche, »gelebte« Tradition, von der die Vielstimmigkeit der Evangelien noch zeugt, sie verläuft sich, um immer mehr der paulinischen Spiritualität des leidenden Gottessohnes Platz zu machen, einem Wandel der Überlieferung, deren neuer Universalismus in der Fremde auf fruchtbaren Boden fällt. Dennoch bleibt die christliche Ortskunde bis in die Zeit Konstantins einem jüdischen Untergrund, ganz dem Alten Testament verhaftet: Halbwachs zeigt am Bericht des »Pilgers von Bordeaux« sehr genau, wie schwach damals noch im engeren Sinne »christliche« Traditionen der »Heiligen Stätten« ausgeprägt sind. Einen der großen Schübe der daran anschließenden Entwicklung bezeichnet dann der Übergang der paulinischen Christologie in die dogmatischen Kodifikationen einer »Kirche«, deren Bestandsvoraussetzung nun die Ausbreitung ihres Glaubens in weitere und vor allem höhere Schichten der römischen Gesellschaft wird. Aber auch hier ist noch jene enge Verflechtung von »Kirche« und »Gesellschaft« erkennbar, die den überbordenden topographischen Eifer späterer Jahrhunderte längst nicht in Gang setzen kann, und so sind es schließlich die mystischen Strömungen innerhalb dieses »Körpers«, die monastischen Bewegungen, von denen dann eine Kraft ausgehen wird, die ihren tiefen Spiritualismus, begleitet von der massiven Ausbreitung des Christentums in der abendländischen Welt, in eine bis heute gültige »Topographie« der Heiligen Stätten überführt: die abstrakte Spiritualität der Kleriker und ein konkretes, materielles »Anschauungsbedürfnis« der Laien gehen hier eine Verbindung ein, die sich in einer atemberaubenden Vervielfältigung der topographischen Anhaltspunkte des christlichen Vermächtnisses bemerkbar macht – wieder ist es der untrennbar mit ihrer »kollektiven Psychologie« in Zusammenhang stehende Wandel der sozialen »Physiognomie« religiöser Gruppen, der diese Entwicklung ermöglicht.

Und wenn Halbwachs diesen Wandel am Zugriff, an der Gestaltung, der Veränderung des *materiellen* Raumes, dem Wandel der Heiligen Stätten in Palästina aufzuweisen versucht, dann entfaltet er damit einen zweiten wesentlichen Gedanken: nicht nur, daß die Bestandskraft auch des christlichen Glaubens, einer jeden Strömung des »kollektiven Denkens«, *existentiell* von jener *Konkretisierung* abhängt, die sie im »Reich der Dinge« finden muß, und auch nicht nur, daß diese Dialektik von Abstraktem und Konkretem, von Dogma und Ritus, Spiritualität und Materialität einen kaum zu entwirrenden Zusammenhang in der »Lebenswelt« der Menschen bildet, sondern daß diese tiefe Dialektik den materiellen Ausprägungen der »kollektiven Psychologie« auch eine Art »Eigengewicht« verleiht, einen »Sog« der materiellen Konkretisierung in Gang setzt, in den die kollektiven Gefühle umso rettungsloser gezogen werden, desto mehr sie sich ihrerseits an den »Sinn der Dinge« hängen – die Entwicklung der Ortstraditionen auf dem christlichen Zion, auf dem Ölberg, entlang der *via sancta*, all dies sind höchst anschauliche Bespiele für solch ein »morphologisches Bedürfnis« der »kollektiven Psychologie«. Doch dieses scheinbare »Eigenrecht« kollektiver Schöpfungen in der materiellen Welt bleibt auf die Zuwendung angewiesen, die ihr alle gesellschaftlichen Gruppen immer versichern müssen, ihre Kraft fließt ihnen *alleine* durch jene »kollektiven Repräsentationen« zu, die sich in ihnen versinnbildlichen können: Halbwachs hat mit seiner *Topographie légendaire* eines der in den *Cadres sociaux de la mémoire* noch kaum ausgeführten Motive weiter entwickelt, einen Gedanken, der sich eben dieser Dialektik von »Bild« und »Rahmen« widmet, einem Verhältnis, das ständig die »Seiten« vertauscht, »Rahmen« und »Bild« ständig ineinander übergehen läßt, aber er läßt nie einen Zweifel daran, daß damit nur *sinnhafte*, Tatbestände einer »kollektiven Psychologie« gemeint sind, einer »kollektiven Psychologie religiöser Gruppen«, denen auch die *Cadres* nachgegangen waren. Aber wenn dieses Motiv als Beispiel, als »Studie« zum »kollektiven Gedächtnis« zu verstehen ist, eine Art »Rückblick« auf den frühen Entwurf, dann haben seine Arbeiten zur »sozialen Morphologie« doch den dort verfolgten Zusammenhang so weit vertieft, daß nun die ganze Tragweite der damals aufgeworfenen Fragen in ein neues Licht rückt: die fast »physikalischen« Gesetze des christlichen Gedächtnisses, denen Halbwachs in der *Topographie légendaire* begegnet, vermitteln uns eine Vorstellung von jener gedrängten »Soziologie der Anschauungsformen«, von der seine »soziale Morphologie« ein weiteres, entscheidendes Kapitel aufgeschlagen hatte, und die schließlich in der *Mémore collective* ihr unvollendetes Ende findet.

Am Ende des Weges – Die *Mémoire collective* und eine »kollektive Psychologie der Anschauungsformen«

Wenn Maurice Halbwachs mit seiner *Topographie légendaire* erneut zu jenem Gedankenkreis aufschließt, der seit Mitte der zwanziger Jahre, seit den *Cadres sociaux de la mémoire*, eines der dauerhaften Motive des immer dichter ineinander geflochtenen, zwischen »kollektiver Psychologie« und »sozialer Morphologie« angesiedelten Zusammenhangs bildet, auf den sein Werk bei aller Vielfalt der Gegenstände hinzuführen scheint, dann ist mit seiner letzten Arbeit über das »kollektive Gedächtnis«, die Halbwachs nicht mehr abschließen konnte, das unwillkürliche Ende eines Weges bezeichnet, von dem man bis heute kaum eine rechte Vorstellung hat. Gerade deshalb wirft die Tatsache, daß dies letzte Lebenszeichen des Maurice Halbwachs seinen Nachruhm begründet, zum Maßstab für die Bewertung eines ganzen Werkes geworden ist, einige grundsätzliche Fragen auf. Denn das »kollektive Gedächtnis« ist heute auf dem besten Wege, »Wissenschaftsgeschichte« zu schreiben, eine Geschichte allerdings, die sich offensichtlich nicht nur in jenem Grenzbereich zwischen dem »gelehrten« und einem Alltagsverständnis bewegt, auf dessen Boden die gesellschaftlichen »Diskurse« besonders gut gedeihen, sondern eine *story of success* auch deshalb, weil mit ihr die völlige Ausblendung eines ganzen Werkzusammenhangs und der epistemologischen Wurzeln einher geht, aus denen er herangewachsen war. Wenn nun das »kollektive Gedächtnis« als Erbe des »Gedächtnissoziologen« Halbwachs gehandelt wird und der Soziologe als Gründervater einer neuen »Disziplin« in den »Kulturwissenschaften«, dann ist hier eine andere Geschichte beendet, ein Vermächtnis, in dem sich die heutige »Wissenschaft vom Menschen« nicht mehr wiedererkennen will – das Vermächtnis eben jener *Soziologie*, die sich mit Durkheim auf den Weg gemacht hatte, einen *kollektiven* als uns einzig verständlichen und »greifbaren« Menschen zu erforschen, jener Soziologie, der auch Halbwachs bis zuletzt verbunden blieb.[45] Welche Absichten verfolgt Halbwachs mit seinem »kollektiven Gedächtnis«, was sind die wesentlichen Gedanken dieses Entwurfs, wie lassen sie sich nicht nur in das vielgestaltige Werk einreihen, sondern auch vor dem Hintergrund des großen Unternehmens der durkheimschen »Soziologie« verstehen?[46]

45 Daß diese Verengung des Halbwachsschen Werks auf den Begriff vom »kollektiven Gedächtnis« und dann seine Vereinnahmung für die »Kulturwissenschaften« sich über Text und Kontext des »kollektiven Gedächtnisses« anstandslos hinweggesetzt, ist sicher einer der Gründe für den bemerkenswerten Erfolg des »Paradigmas« und eben dieser Erfolg wohl auch für die weitere Verschärfung des Mißverhältnisses, in dem die Wahrnehmung des »kollektiven Gedächtnisses« zu einer Kenntnis des Werks insgesamt steht: eine echte Monographie zu Halbwachs gibt es auch in Frankreich bis heute nicht, die einzige umfangreichere, allerdings an vielen Stellen »antidurkheimianische« Darstellung hat kürzlich Marcel, *Le durkheimianisme*, S. 145-218, geliefert, und auch einer der wenigen Beiträge zum »kollektiven Gedächtnis«, in dem wenigstens der Hintergrund des Werkes einbezogen wird, versucht Halbwachs immer wieder als »Phänomenologen« zu zeichnen, vgl. Marcel und Mucciell, Un fondement du lien social: la mémoire collective de Maurice Halbwachs, *Technologie. Idéologies. Pratiques. Revue d'anthropologie des connaissances* 13, 1999, S. 63-88. Wenn allerdings gegen diese doch sehr weitgehende Arbeit der Umdeutung keine nennenswerten Einwände erhoben wurden, dann ist dies sicher auch dem Einfluß einer neueren »Philologie« der *Mémoire collective* zu verdanken, die in ihr einen theoretischen Bruch mit den *Cadres*, und das heißt hier vor allem mit der durkheimschen Soziologie erkennen wollte: Gérard Namer, der in den letzten Jahren eine Neuausgabe der *Cadres* und seine »kritische Edition« der *Mémoire* besorgt hat, versucht dort gegen die Vermutung der gedanklichen Kontinuität zwischen diesen entscheidenden Arbeiten, eine »radikale« Abwendung des »späten« Halbwachs von einem durkheimschen »Realismus« nachzuzeichnen, vgl. dazu Namer, Préface, in *La mémoire collective*, S. 7ff. Wenn sich allerdings die grundlegende Neubewertung »gegen Durkheim« auf diese ergänzte Zusammenstellung der nachgelassenen Manuskripte beruft, dann sind doch die dafür beigebrachten »Evidenzen« keineswegs überzeugend: die Neuausgabe selbst bringt zwar erhebliche Erweiterungen, läßt aber den *theoretischen* Kernbestand des veröffentlichten Fragmentes unberührt – zwischen den *Cadres* und der *Mémoire* ist auch nach der »kritischen« Edition eine gedankliche *Kontinuität* erkennbar ist, die sich allerdings dann nicht zeigt, wenn die Absichten der Halbwachsschen Soziologie in typischer Weise auf das »kollektive Gedächtnis« zusammengezogen werden.

46 Die Tatsache, daß wir mit der *Mémoire collective* nur ein Fragment, ein »unge-

Halbwachs nimmt mit seiner *Mémoire collective* erneut einen Gedanken auf, der damals, selbst wenn uns dies heute kaum mehr gegenwärtig ist, einen zweifellos *paradigmatischen* Stellenwert besaß: schon mit den *Cadres sociaux de la mémoire* hatte sich Halbwachs in größtmöglichen Gegensatz zu allen herrschenden Auffassungen der im wesentlichen physiologisch ausgerichteten Psychologie seiner Zeit begeben, und damit eine anhaltende Auseinandersetzung entfacht, neben der nach Erscheinen seines aufsehenerregenden Buches dann eine weitere Front gegen den epistemologischen »Imperialismus« des »Durkheimianers« eröffnet wurde – die vom Kreis der *Annales* um Marc Bloch und Lucien Febvre nachdrücklich verteidigten Deutungsvorrechte der »Geschichte« für einen Bereich, in dem es doch um nichts weniger zu gehen schien als um das Verhältnis von »Vergangenheit« und »Gegenwart«. Und es ist nun gerade diese Ausgangslage, die Halbwachs seit Veröffentlichung der *Cadres* bis hinein in die dreißiger Jahre dazu veranlaßt, die entscheidenden gedanklichen Züge dieses ersten Entwurfs zu überdenken, sie schärfer, unmißverständlicher herauszustellen, eine Arbeit, die sich am Ende in den ersten bei-

kanntes Meisterwerk« vor uns haben und das im Jahre 1950 veröffentlichte Buch auf nur einem der immer wieder überarbeiteten Manuskripte beruht, kann eine Beantwortung dieser Fragen sicher nicht erleichtern. Allerdings ergibt sich aus dem Nachlaß auch, daß diese Manuskripte, an denen Halbwachs zu unterschiedlichen Zeiten gearbeitet hat, *im Wesentlichen* auch die inhaltliche Spannbreite der nach seinem Tode herausgegebenen Schrift bezeichnen. Denn Gérard Namer hat zwar vier Manuskripte der *Mémoire collective* identifizieren können: das älteste entsteht um die Mitte der zwanziger Jahre, das zweite im Jahr 1932, ein drittes, das schließlich die Grundlage für die posthume Ausgabe der *Mémoire collective* bildete, wird zwischen 1935 und 1938 geschrieben, das letzte in den Jahren 1943 und 1944, zeitlich dazwischen liegt die nun der kritischen Edition von 1997 vorangestellte, von Halbwachs bereits 1939 in der *Revue philosophique* veröffentlichte Studie *La mémoire collective chez les musiciens*, vgl. insgesamt Namer, *Postface*, S. 241ff. Doch ungeachtet dieser philologischen Rekonstruktion bleibt fraglich, ob damit auch einer damit gleichzeitig vorgenommenen Einteilung der Arbeit am »kollektiven Gedächtnis« in zwei deutlich voneinander geschiedene Schaffensperioden und vor allem den Konsequenzen gefolgt werden kann, die dabei im Hinblick auf jene »Neubewertung« gezogen wurden, man habe es hier nicht nur mit einer »radikalen Wende« zwischen den *Cadres* und der *Mémoire* zu tun, sondern auch einem gedanklichen »Bruch« *innerhalb* des »kollektiven Gedächtnisses« selbst. Ein Vergleich der »alten« und »neuen« Ausgabe der *Mémoire* zeigt jedenfalls, daß es hier keine *substantiellen* Abweichungen gibt – zumindest ist das, was die »kritische« Edition nun als »Neuheit« gegenüber den *Cadres* darstellt, schon in der Erstausgabe vorhanden.

den Abschnitten der *Mémoire collective* niederschlagen wird. Daß im Verlauf dieser Bemühungen die Umrisse dieses Entwurfs an vielen Stellen mit kräftigerem Strich gezeichnet werden, daß später dann vor allem die Arbeiten zur »sozialen Morphologie« dort tiefe Spuren hinterlassen, all dies ist unübersehbar. Dennoch reicht der anfangs entworfene, der große *epistemologische* Grundzug von den *Cadres* bis in die *Memoire*: jene eigentümliche Fähigkeit des Menschen, sich »erinnern« zu können, sie gehört ganz und gar in einen epistemologischen Bereich, in dem *nur* deren *kollektive* Verfassung sämtlichen Lebensäußerungen des Menschen ihre Möglichkeitsbedingungen zur Verfügung stellt.[47]

---

47 Deshalb ist auch die Behauptung mehr als zweifelhaft, daß die *Mémoire collective* gegenüber den *Cadres* eine »neue« Sicht des Verhältnisses von »Individuellem« und »Kollektivem« zum Ausdruck bringe – es ist dies im Übrigen eine Annahme, die sich *nicht* auf die Variationen der nachgelassenen Manuskripte stützt, sondern eine neue *Deutung* des Fragmentes voraussetzt, für die einschlägige »Evidenzen« des *Textes* selbst erst in mehreren Schritten »abgeleitet« werden müssen. Stattdessen läßt Halbwachs auch hier am *epistemologischen* Zuschnitt seines Entwurfes nicht den geringsten Zweifel: daß es *außerhalb* der »Kollektive« *keine* Erinnerung, *keine* Wahrnehmung, *kein* Denken und Empfinden gibt, wie wir es kennen. Wie unmißverständlich Halbwachs diese epistemologische Haltung auch in der »kritischen« Edition immer wieder ausdrückt, läßt sich nur dann übersehen, wenn man sich längst für eine Deutung entschieden hat, die solche Stellen dann nur noch als »Reste« des »alten« Halbwachs wahrnehmen kann. Daß sich diese doch unverkennbar »durkheimianische« Sicht der Dinge in der *Mémoire* als »völlige Durchdringung von individuellem und kollektivem Gedächtnis« und »wechselseitige Innerlichkeit« unterschiedlicher Rahmen des Gedächtnisses darstellt, verkehrt geradewegs die dort verfolgten Absichten: wenn Halbwachs in den *Cadres* zu erläutern versucht hatte, wie tief das »individuelle« dem *kollektiven* Denken verpflichtet ist, wie sehr sich seine Wahrnehmung kollektiven »Kategorien« verdankt, die sich ihm regelrecht *aufzwingen*, dann beschreibt dies genau jene »Innerlichkeit« und »Verinnerlichung«, deren »Dialektik« eben gerade dort endet, wo diese Kategorien als »unmittelbare Gegebenheiten des Bewußtseins« erlebt werden – die Unterstellung, Halbwachs habe in der *Mémoire* »das Individuelle« *epistemologisch* aufgewertet, beruht auf einer ausgeprägt »antidurkheimianischen« Lektüre der *Cadres* und ihres vermeintlichen »Determinismus«, mit der ein völliges Unverständnis des epistemologischen Gehaltes schon des durkheimschen »Projektes« deutlich wird. Tatsächlich geht es Halbwachs auch in den *Cadres* nie um eine Hypostasierung von »Strukturen«: nur wenn die dort verfolgte Begründung, daß einer »Individualpsychologie« der *epistemologische* Gegenstand fehlt, als unverzeihliche »Tilgung« des »Individuums« an die Wand gemalt wird, können Fragen des Verhältnisses von Individuum und Gesellschaft, die bei Halbwachs »nicht nur voneinander abhängen«, sondern insofern »identisch« sind – »das Gedächtnis der Gruppe sich verwirklicht und offenbart in den individuellen Gedächtnissen«, vgl. *Das Gedächtnis*, S. 23 – derart fehlgedeutet werden. Es ist

Gerade dies macht Halbwachs nun im ersten Abschnitt der *Mémoire* unmißverständlich klar. Erneut bestreitet er die Möglichkeit eines rein individuellen Gedächtnisses, eines auch noch so geringen Anteils »wahrhaften Sichbesinnens« an der menschlichen Erinnerungstätigkeit, durch das man »unmittelbar« mit der »Vergangenheit« in Beziehung treten könnte:[48] gegen alle Vorstellungen von einer derartigen »Unmittelbarkeit« der Gedächtnisinhalte, denen Halbwachs schon in den *Cadres* jede epistemologische Grundlage entzogen hatte, stellt erst eine *kollektive* Erfahrung jene »Rahmen« der Erinnerung bereit, *ohne* die sie nur der »Blick in einen trüben Spiegel« bleiben müßte. Daß Halbwachs hier wiederum von einem *dialektischen* Verhältnis des sich Einfügens heutiger Erfahrungen in den »Rahmen« alter Erinnerungen und dieser in die Gesamtheit gegenwärtiger Wahrnehmungen ausgeht, macht die *Kontinuität* dieses gedanklichen Entwurfs deutlich: »Erinnern« bedeutet immer *Rekonstruktion* einer »Vergangenheit« von der Gegenwart aus, und wenn sich unsere heutigen Erfahrungen in den »Rahmen« alter Erinnerungen einfügen, dann nur, *weil* sie *bis heute* einen Teil des »Rahmens« der je gegenwärtigen kollektiven Erfahrung bilden. Allerdings bemüht sich Halbwachs

---

also kaum nachvollziehbar, daß Namer in der *Mémoire collective* das Ende einer sich zunehmend von Durkheims »Soziologismus« absetzenden Entwicklung gesehen hat, die das »Individuelle« stärker betone und gleichzeitig die »durkheimianische« Frontstellung gegen jeden psychologischen Individualismus, in der sich gerade eine unabweisbare *Kontinuität* zwischen den *Cadres* und der *Mémoire* ausdrückt, derart ausgeblendet werden kann. Sieht man allerdings, wie sehr diese Interpretationen immer wieder in einen Begriffsrealismus abgleiten, der doch dem durkheimianischen »Realisten« immer wieder vorgehalten wird, dann ist dies eher verständlich: wenn Namer, *Postface*, S. 243, behauptet, in den *Cadres* habe es noch eine »Hierarchie« gegeben, in der die Sprache als »Rahmen« über den »Rahmen« von Zeit und Raum liege, während in der *Mémoire* nun eine »Veränderbarkeit« und »Interaktion« der »Rahmen« zu erkennen sei, und Jaisson, *Temps et espace*, S. 167, daß Halbwachs, der immer »Opfer einer Idealisierung der Mechanismen des Gedächtnisses« gewesen sei, in der *Mémoire* endlich die »spezifischen Bedingungen« des gegenseitigen Einflusses von Gegenwart und Vergangenheit aufeinander erkannt und dem »Spiel von Interaktionen« zwischen individuellem und kollektivem Gedächtnis mehr Platz eingeräumt habe, solange derart reifikatorische Deutungen die Lektüre begleiten, ist nun tatsächlich kaum an einem, allerdings nicht mehr durkheimianischen, »Realismus« vorbeizukommen. Das »Individuelle« jedenfalls bleibt bei Halbwachs auch hier, was es immer war: »Durchgangsstelle« des kollektiven Denkens.

48 *Das kollektive Gedächtnis*, S. 12ff.

in der *Mémoire* nun um weitere Klärung, die geradewegs eine *Vertiefung* des gemeinten Zusammenhangs bedeutet. Denn auf der einen Seite wird dort noch schärfer die *Totalität* jener *Gesamtheit* von Erinnerungen herausgestellt, die all ihren »Einzelheiten« und ihrer Ordnung Sinn, eine je besondere »Färbung« verleiht. Und daß diese Totalität nur kollektiv entstehen kann, nur dort, wo sich die Teilhabe an gesellschaftlichen *Gruppen* in einem »lebensweltlichen« Zusammenhang ausspricht, auch daran hält Halbwachs fest: es sind eben diese Gruppen, deren Eigentümlichkeit, deren »Charakter«, deren Zugriff auf die »Seele« des Menschen diesen kollektiven Erfahrungshintergrund verfassen – *ihre* Erfahrung bildet die »Rahmen« des »kollektiven Gedächtnisses«, eine *erlebte* »Denkströmung«, die »so unsichtbar wie die Luft« ist, die wir atmen. Und auf der anderen Seite macht Halbwachs deutlich, wie tief dieser »totale« Zusammenhang einer je besonderen »Gesamtheit« geteilter Erfahrungen sich in jene andere »Gesamtheit« senkt, die an der »Schnittstelle« dieser »Strömungen« liegt: wenn uns bestimmte Erinnerungen als »persönlich«, nicht zurückführbar auf ein »kollektives Gedächtnis« scheinen, dann allein deshalb, weil sich dort der Strom verschiedenster kollektiver Erfahrungen kreuzt, untrennbar ineinander geflochten wird.[49] Diese *unmit-*

49 *Das kollektive Gedächtnis*, S. 29ff. Wenn Gérard Namer in diesem Zusammenhang einen »Bruch« zwischen den *Cadres* und der *Mémoire* ausmacht, der die »Äußerlichkeit« der »Rahmen« des Gedächtnisses in eine »interaktive und reziproke Innerlichkeit« umschreibt, vgl. *Postface*, S. 262f, dann zeigt sich hier wiederum, wie sehr damit *beide* Arbeiten vereinseitigt sind: weder hatte Halbwachs in den *Cadres* je behauptet, das kollektive Gedächtnis könne sich anderswo aktualisieren als im Bewußtsein einzelner Menschen – eine unvoreingenommene Lektüre dieses ersten Entwurfs entzieht diesem Versuch, Halbwachs hier auf einen durkheimianischen »Determinismus« einzuschwören, um dann eine »antidurkheimianische Wende« konstatieren zu können, alle Grundlagen. Noch ist in der *Mémoire* jene »neue« Sicht der Dinge zu erkennen, die bei Namer von einer »Pluralität« der Gedächtnisse zu einem »Pluralismus« der »freien Wahl des Individuums« reicht, *Postface*, S. 265: diese »Freiheit des Gedächtnisses« bedeutet eine derart atemberaubende Verkehrung der Halbwachsschen Absichten, daß die Frage entsteht, ob hier überhaupt noch von *sozialen* Tatbeständen die Rede ist. Die Identifizierung eines neuen »epistemologischen« Themas in der *Mémoire*, einer »reziproken Interiorität« und »Interaktion« zwischen individuellem und kollektiven Gedächtnis jedenfalls verkennt nicht nur die ganze Anlage des Halbwachsschen Denkens, dem es immer und überall um jene *Verinnerlichung*, die *Unmittelbarkeit* kollektiv geschöpfter Kategorien geht, sondern zielt auch meilenweit an eben der *epistemo-*

telbare Verinnerlichung eines *kollektiv* geprägten »Lebenszusammenhangs« macht das »individuelle« zu einem je besonderen »Ausblickspunkt« auf das »kollektive« Gedächtnis, es selbst bleibt dabei ganz und gar *sozialer* Natur, die Schöpfung einer immer nur kollektiven Weltaneignung – Halbwachs schreibt in der *Mémoire collective* nicht nur seinen *epistemologischen* Ansatz fort, der die Möglichkeitsbedingungen *jeder* menschlichen Erfahrung nur innerhalb einer *geteilten* Gesamtheit menschlicher Lebensvollzüge erkennt, sondern spürt schon hier einer tiefen *Verinnerlichung* nach, die sich dann bis in einen kollektiv verfaßten Raum erstreckt und von einer »kollektiven Zeit« zusammengehalten wird.

Denn in der Tat zieht Halbwachs in der *Mémoire collective* einen frühen, auch hier »durkheimianischen« Strang seines Denkens weiter aus, dem es in den dreißiger Jahren mehr und mehr um die Frage der »Unmittelbarkeit« kollektiver Erfahrungen gehen sollte.[50] Dabei ist unverkennbar, daß hier die immer wieder aufgenommene Auseinandersetzung mit Bergson ihre Spuren hinterlassen hat, Spuren allerdings, die eine ganz andere Richtung führen als die des ehemaligen Lehrers: im Verlauf dieser Auseinandersetzung deutet Halbwachs nicht nur den in Bergsons *Matière et mémoire* gebildeten Begriff einer »individuellen« *mémoire pure* radikal um, faßt das »reine«, das »unmittelbare« als ein *kollektives* Gedächtnis, sondern läßt auch das in Bergsons *Durée et simultanéité* mit der »individuellen« Zeiterfahrung in Verbindung gebrachte tiefe, dauerhafte,

logischen Stoßrichtung dieses Entwurfs vorbei: daß von einem »individuellen Gedächtnis« *gerade* im epistemologischen Sinne nicht gesprochen werden kann – eine paradigmatische Position, die in dieser »Neubewertung« völlig aufgeweicht wird.

50 Daß diese »transzendentale« Ausrichtung der durkheimschen Soziologie in der Rezeptionsgeschichte von einem angeblichen soziologischen »Realismus« verdrängt wurde, ist einer der Gründe für die Unterstellungen einer hier vermeintlich vorhandenen »Diskrepanz« zwischen Durkheim und einem seiner Erben. Jedenfalls läßt sich der *von Beginn* an ausgesprochen »antirealistische« Zug der Halbwachsschen Soziologie nur übersehen, wenn man schon die frühen Arbeiten zur Klassensoziologie nicht zur Kenntnis nimmt, vgl. etwa Les besoins et les tendances dans l'économie sociale, *Revue philosophique* 59, 1905, S. 180-189, Remarques sur la position du problème sociologique des classes, *Revue de métaphysique et de morale* 13, 1905, S. 890-905; vgl. auch *Klassenlagen und Klassengrenzen, Lebensweisen und Lebenswelt*, S. 137ff.

»gelebte« Gedächtnis durch eine ebenso radikale Wendung wiederum im *kollektiven* Gedächtnis aufgehen. Dieser gedankliche Weg zu den Abgründen der »gelebten« und »lebendigen«, unmittelbaren Erfahrung, der den Ansatz der *Cadres* unzweifelhaft *verschärft*, läuft in der *Mémoire* schließlich mit einer neuerlichen, epistemologisch aufgeladenen Kritik der Deutungsansprüche der »Geschichte« zusammen, mündet in eine ebenso scharfe wie bildhafte Gegenüberstellung von kollektivem Gedächtnis und »historischer« Zeit:[51] als einer kontinuierlichen Denkströmung, die nichts Künstliches an sich hat, die von der Vergangenheit nur das aufbewahrt, was von ihr noch »lebendig und fähig ist, im Bewußtsein der Gruppe, die es unterhält, fortzuleben« – und jener massiven Vereinheitlichungsarbeit, die sowohl eine »Geschichte« als »Wissenschaft«, mit ihrer durch »Ereignisse« herbeigeführten »Schnitte« durch eine *homogen* gedachte Zeit, als auch eine »Gesellschaft« leistet, die, notwendig an den Grenzen der kollektiven Gedächtnisse innehaltend, nur das von ihnen »aufbewahrt«, was sich ihren Bedürfnissen anverwandeln läßt.

Schon hier wird deutlich, in welche Richtung Halbwachs seine Überlegungen zum »kollektiven Gedächtnis« lenkt: in den Bereich einer »kollektiven Psychologie der Anschauungsformen«, um die es Durkheims »Soziologie« immer ging, einer Wissenschaft der in *kollektiven* Lebensvollzügen »transzendental« verfaßten Kategorien des menschlichen Weltverhältnisses. Denn Halbwachs entfaltet nun in der *Mémoire* einen

51 Wenn sich dieses Verhältnis nun in der neueren Philologie des »kollektiven Gedächtnisses« geradewegs verkehrt, beim »späten« Halbwachs eine »Vergangenheit« Zugriff auf die Gegenwart gewinnt, vgl. Jaisson, *Temps et espace*, S. 167ff, ist dies wohl eine der schwindelerregendsten Fehldeutungen des Halbwachsschen Entwurfs: hier wird an der epistemologischen Grundhaltung des Durkheimianers, seinem Verständnis »sozialer Tatbestände« ganz vorbeigedacht, und das vor dem Hintergrund einer nun selbst höchst »realistischen« Vorstellung, der Annahme, »man könne die Vergangenheit in der Gegenwart aufbewahren... wenn diese nicht zwei Zonen desselben Bereichs sind«, *Das kollektive Gedächtnis*, S. 76. Dementsprechend unpassend ist auch der Vorwurf, Halbwachs bediene sich in den *Cadres* »massiv« der gängigen Geschichtsschreibung seiner Zeit, so aber Namer, *Postface*, S. 290, während dies in der *Mémoire* nicht der Fall sei: hier werden zwei Dinge in einer Art durcheinander geworfen, die das ganze Unverständnis für die in *beiden* Arbeiten eingenommene epistemologische Position verdeutlicht.

Begriff der »kollektiven Zeit«, der seine Auseinandersetzung mit der »Geschichte« weiter treibt, um schließlich dort anzukommen, wohin weder die »historische Zeit« vergangenen »Geschehens«, noch die scheinbar unmittelbare Zeiterfahrung des Einzelnen reicht. Und erneut ist hier erkennbar, wie viel Halbwachs der durkheimschen Soziologie schuldet: die Einteilung der »gelebten« Zeit, ihre Dauer und ihr Rhythmus, sie folgen jenen Konventionen und Traditionen, in denen sich die »unausweichliche Ordnung« des sozialen Lebens, das Auf und Ab kollektiver Lebensäußerungen ausspricht.[52] Weder die rein »individuelle Zeitdauer« Bergsons noch das abstrakte Bild der Zeit, in dem sich die »Geschichte« einrichtet, werden dieser fundamentalen »Innerlichkeit« des kollektiven Zeiterlebens gerecht.[53] Erst die »Gesellschaft der Bewußtseinsinhalte« verfügt eine *Kontinuität* des »Innenlebens«, nur dann, wenn es dem Lauf einer der Strömungen des kollektiven Denkens folgt, besitzt es *Stabilität*, ist es konkret und »lebensnah«: die abstrakte, die mathematische Zeit bietet unserem Gedächtnis *keinen* Anhaltspunkt, und selbst wenn Einteilungen der Zeit

52 *Das kollektive Gedächtnis*, S. 78ff. Auf die eindeutigen Parallelen dieses Entwurfs zu Durkheims *Elementaren Formen* oder der *Sozialen Morphologie* bei Marcel Mauss ist bereits hingewiesen worden, Verwandtschaften, die eine »neue« Philologie des »kollektiven Gedächtnisses« schlicht bestreitet. Wie kurzsichtig diese Neubewertung der *Mémoire* geblieben ist, macht aber auch der Umstand deutlich, daß Halbwachs gleich zu Beginn des Kapitels über das »kollektive Gedächtnis und die Zeit« Durkheims Fassung einer »Zeit« als »kollektive Anschauungsform« betont – eine Stelle, die doch hätte nachdenklich stimmen müssen im Hinblick nicht nur auf die nun unterstellte »radikale Abkehr« von der durkheimschen Soziologie, sondern auch ihren vermeintlichen »Realismus«.

53 *Das kollektive Gedächtnis*, S. 80ff. Schon hier, in einer frühen Fassung eines der Manuskripte, deutet Halbwachs an, mit welcher »Materialität« diese Zeiterfahrung beschwert ist: daß sich der individuelle »Bewußtseinsstrom« auf materielle Unterschiede stützt, jede Art der Trennung eine »Projektion« in die materielle Welt bedeute und eben dieser materielle Raum soziale Homogenitäten aufweist, ohne die dem Bewußtsein die Grundlage des Vermittelbaren fehlt, vgl. *Das kollektive Gedächtnis*, S. 85. Dies zeigt im Übrigen, daß von einer »eingleisigen« Wirkung der »sozialen Morphologie« auf das »kollektive Gedächtnis« keineswegs gesprochen werden kann, wie Jaisson, *Temps et espace*, S. 170ff, unterstellt: vielmehr wird hier erneut deutlich, daß sich die wesentlichen Motivkreise bei Halbwachs ständig überschneiden, ein bestimmender Zug des *gesamten* Werks, der allerdings nur dann hervortritt, wenn dessen Einheit nicht einem antidurkheimianischen Eifer zum Opfer fällt, der es offenbar nicht erlaubt, auch den »frühen« Halbwachs zu lesen.

mathematischer, metrischer Art sind, so werden sie doch zur »innerlichen« Zeit nur durch ihre *kollektive* Bedeutung.[54] Gegen diese einheitliche, universelle Zeit der Geschichte, ebenso künstlich wie die der Mathematik, gegen das »historische« Gedächtnis setzt Halbwachs nun eine kollektive Zeiterfahrung, die das *Wesentliche* des Zeitempfindens durchsichtig werden läßt: das *Andauern* jener auf einer verhältnismäßigen Beständigkeit gesellschaftlicher Gruppen beruhenden Erfahrung, die doch *allein* das Vergangene im Gegenwärtigen erkennbar macht.

Daß dabei eine »soziale Zeit« der »Gesellschaft«, der wir uns heute gegenüber sehen, diese Erfahrung »vereinheitlicht«, steht auch für Halbwachs außer Zweifel, ebensowenig wie die Tatsache, daß auch sie, diese Macht der Vereinheitlichung, auf der langen, durchdringenden Vereinheitlichung des gemeinsamen gesellschaftlichen Horizontes früherer sozialer Gruppen aufbaut. Dennoch hat diese gemeinsame »soziale« Zeit nicht für alle gesellschaftlichen Gruppen dieselbe Bedeutung, verwandelt sich im Strom der »kollektiven« Zeiten ihres je eigenen Lebenszusammenhangs.[55] Und wieder führt dieser Gedankengang bis zu jener *Unmittelbarkeit* der kollektiven Anschauungsformen, die allein »Gedächtnis« ermöglicht: die kollektive Zeit gesellschaftlicher Gruppen ist »unbeweglich«, bildet den gemeinsamen »Rahmen« des Denkens einer Gruppe, solange diese sich selbst nicht verändert, eine Zeit der, mehr oder weniger ausgedehnten, »langen Dauer«, ohne die es kein Erinnern gibt.[56] Und wenn das individuelle Bewußtsein nur »Durchgangsort« kollektiver Denkströmungen ist, Schnittstelle kollektiver Zeiten, dann bleibt es die scheinbar paradoxe Voraussetzung für jede Erinnerung, daß »in jedem Bewußtsein ein bestimmtes Bild der vergangenen Zeit unverändert fortbesteht«, daß die Zeit in den Grenzen der Gruppen andauert. Jenseits dieser veränderlichen Spanne der Zeit gibt es nichts mehr, und diese »gelebte« Zeit ist nur in dem Maße »real«, in

54 *Das kollektive Gedächtnis*, S. 88ff.
55 *Das kollektive Gedächtnis*, S. 104ff.
56 *Das kollektive Gedächtnis*, S. 111ff.

dem sie einen *Inhalt*, *Bedeutung* trägt, eine begrenzte und »relative« Zeit, die aber eine reiche und unmittelbare Wirklichkeit besitzt.[57]

Wie »durkheimianisch« Halbwachs hier denkt, zeigt die in der *Mémoire* nun tatsächlich sehr viel intensivere Reflexion über den »sozialen Raum« und die »soziale Zeit« immer wieder. Halbwachs, der in seinen *Cadres sociaux de la mémoire* das Gedächtnis als kollektives Phänomen gegen seinen frühen Lehrer Bergson, gegen den in *Matière et société* entwickelten Begriff von der *mémoire pure*, gegen den anthropologischen Individualismus ganz in durkheimscher Art als *représentation collective*, als sozial »gerahmte« Rekonstruktion der Vergangenheit von der Gegenwart aus verteidigt, liefert in der *Mémoire collective* eine schärfere Fassung der Möglichkeitsbedingungen dieses »Rahmens«: wenn man die einzelnen Schritte dieser Entwicklung nachverfolgt, die sich über die *Morphologie sociale* und *Topographie légendaire* vollzogen haben, dann wird erkennbar, daß hier das Verhältnis von Zeit und Raum im wandelbaren Rahmen kollektiver Repräsentationen als ganz und gar soziologische Rekonstruktion der klassisch kantianischen Wahrnehmungskategorien immer wieder gedanklich umkreist,

---

57 *Das kollektive Gedächtnis*, S. 124ff. Wenn diese erneute Wendung gegen die innerhalb einer *metrischen* Zeitvorstellung angesiedelte Zeit der »Geschichte« mit Bergsons »kollektiv« gewendeter *durée* die *relative*, »gelebte« Zeit der Gruppen herausstellt, hat das allerdings nichts mit dem Gedanken einer »doppelten Natur« der Zeit zu tun, wie ihn hier Namer, *Postface*, S. 286ff, glaubt ausmachen zu können. Die wiederum eigentümlich »realistische« Unterstellung, Halbwachs habe mit einem schon in den *Cadres* angelegten und in der *Mémoire* wieder aufgenommenen Entwurf »die« Zeit als den »Rahmen« gefaßt, der die »wesentlichen Erfahrungen der Gruppe privilegiert«, zeigt nicht nur, daß für die von Halbwachs gemeinte »Beschaffenheit« dieser »Rahmen« ganz augenscheinlich nicht das geringste Verständnis vorhanden ist, sondern verkehrt auch völlig das *konstitutive* Moment der bei Halbwachs gemeinten Zeiterfahrung: den *kollektiv* – im Sinne einer bedeutungsvollen Teilung von Raum und Zeit – »geteilten«, den »lebensweltlichen« Horizont gesellschaftlicher Gruppen. Und daß sich dieser »neue« Entwurf einer »Theorie der Zeit«, der Halbwachs angeblich seine Soziologie des »Gedächtnisses« überdenken läßt, durch den »anachronistischen epistemologischen Imperialismus« des »Realisten« Halbwachs kämpft, wie Jaisson, *Temps et espace*, S. 169ff, meint, ist eine der Entdeckungen, die man »erstaunlich« nur finden kann, wenn hier fraglos einer ausgesprochen denunziatorischen Rezeption der durkheimschen Soziologie gefolgt wird, die von ihrer radikal »transzendentalen« Anlage schon längst keine Vorstellung mehr hat.

hin und her gewendet, zunehmend schärfer gefaßt wird – immer wieder eilt der eine dem anderen Begriff konzeptionell voraus, am Ende steht aber eine echt *soziologische*, und das heißt hier in der Tradition Durkheims begriffene, »transzendentale« Soziologie. Schon die neuerliche Lektüre von Bergsons *Durée et simultanéité* stellt den Zeitbegriff in diese Linie: das Verhältnis von repräsentierter und »objektiver« Zeit, die bei Bergson begrifflich in *durée* und *temps* zerfällt, eine reale und konkrete, gelebte, qualitative und individuelle Zeit, die gegen den abstrakten Zeitbegriff der Mathematik konstruiert ist, kehrt Halbwachs geradewegs um – unmittelbar ist die *kollektive*, »künstlich« die Illusion einer individuellen Zeit. Als damals Bloch und Febvre gegen den alten »positivistischen« Historismus zu Felde ziehen, kritisiert Halbwachs den Begriff vom »historischen Gedächtnis« *überhaupt*: die Unmittelbarkeit der Tradition, des sozialen Gedächtnisses ende, wo »Geschichte« als intellektuelles Konstrukt und objektive Rekonstruktion beginnt.

Und mit dieser sich immer tiefer in eine soziologische »Phänomenologie« kollektiver »Anschauungsformen« arbeitenden Intuition nimmt Halbwachs in der *Mémoire collective* schließlich erneut ein frühes Motiv auf, das schon Ende der dreißiger Jahre in seiner *Morphologie sociale* höchst anschaulich entfaltet wird: der Gedanke einer Dialektik von »Materie und Gesellschaft«, der *kollektiven* Aneignung, einer sozialen Prägung des *materiellen Raumes* als »Rahmen« kollektiver Anschauungen, durch die sich die Gruppe wiedererkennt. Während sich allerdings die *Morphologie sociale* noch in jenem epistemologisch aufgeladenen Spannungsfeld bewegt, das zuerst die Prägekraft der »kollektiven Psychologie« in der materiellen Welt und umgekehrt die Aussagekraft dieses »Gepräges« für eine »kollektive Psychologie« einzufangen versucht, nimmt Halbwachs schon in der *Topographie légendaire* eben die *konkrete*, kollektiv geschöpfte Macht des sich im Materiellen verewigenden Geistes der Gruppe schärfer in den Blick, in der sich diese Dialektik ausspricht. Die *Mémoire collective* schließlich faßt diesen Gedankenkreis nochmals auf engstem Raum zusammen: untrennbar von unserem »Innenleben« sind die gewohnten Bilder der *äußeren* Welt, die von uns und anderen geprägten *materiellen Formen*, zwischen denen sich unser Leben vollzieht, die wir mit Bedeutung aufladen,[58] und wenn die Gruppe den Raum nach ihrem Bild gestaltet, dann tritt das Bild der äußeren Umgebung und der dauerhaften Beziehung, die sie mit ihr unterhält, in den Vordergrund der Vorstellungen, die sie von sich selbst gewinnt.[59] Gerade dieses intime Verhältnis der »Kollektive«, sozialer Gruppen zu ihren Schöpfungen durchdringt alle Fasern ihres Bewußtseins, es läßt den Raum das Gepräge der Gruppe annehmen und sieht die Gruppe sich ihren materiellen Schöpfungen anverwandeln[60] – der Raum »saugt« gleichsam all die kollektiven Bedeutungen in sich auf, ist gesättigt mit »Sinn«, mit Vorstellungen und Werten, Gedanken und Gefühlen, die als einheitliches Ganzes dem konkreten Wahrnehmen »unvordenklich gegeben« sind.[61] Und wenn schließlich diesem Verhältnis von materiellem und repräsentiertem Raum, die sich gegenseitig Halt, materielle und symbolische Permanenz sichern, im letzten Kapitel der hinterlassenen *Mémoire collective* in immer tiefere Schichten gefolgt wird, zu den Erscheinungen eines Raums, der immer deutlicher die Spuren seiner gesellschaftlichen Bestimmungsgründe trägt, als Möglichkeitsbedingung einer scheinbar »subjektiven« Zeit entsteht, dann sind doch immer *kollektive Repräsentationen* dieser materiellen Grundlagen »Ausdruck« der Gestalt einer Gruppe und ihres Handelns: hier wird, auf höchst eindrucksvolle Weise, die

58 *Das kollektive Gedächtnis*, S. 127f.
59 *Das kollektive Gedächtnis*, S. 129.
60 *Das kollektive Gedächtnis*, S. 130.
61 Diese *soziale* Natur des Raumes, als Ort gleichzeitig *vergegenständlichter* Bedeutung und *unmittelbarer* Erfahrung stellt zunächst auch Namer, *Postface*, S. 288ff, heraus, verstrickt sich danach allerdings in einen Interpretationszusammenhang, der sich am Text kaum mehr nachvollziehen läßt: wenn dabei ein Verhältnis von »Virtualität« und »Aktualität« des Raumes ausgebreitet wird, von einem materiellen als »erlebtem überzeitlichem Raum der Erinnerungserfahrung« und dem »Raum kollektiver historischer Zeit« die Rede ist, dann werden hier nicht nur die Deutungsmöglichkeiten des geschriebenen Wortes erheblich überstrapaziert, sondern zwei Aspekte des in Frage stehenden Halbwachsschen Motivs in unzulässiger Weise auseinandergezogen.

durkheimsche Traditionslinie bis zu einem Punkt ausgezogen, von dem aus all ihre Potenzen rückblickend sichtbar werden.[62]

Obwohl wir also mit der *Mémoire collective* nur ein Fragment vor uns haben, nur Bruchstücke einer Arbeit, die sich über zwei Jahrzehnte hinzieht, ist die *Einheit* dieses Entwurfs doch überall erkennbar, eine gedankliche Geschlossenheit, in der sich eben die behutsame Entfaltung der früh schon umrissenen Motive eines ganzes »Werkes« widerspiegelt, Motive, die immer stärker aufeinander zu laufen, immer enger ineinander greifen,[63] sich immer wieder in einer »kollektiven Psychologie« verdichten, mit der dann schließlich auch jene »Soziologie der Anschauungsformen« verwächst, die Halbwachs gerade in seiner *Mémoire collective* so eindrücklich dargestellt hat. Wie sehr sich allerdings diese Absichten von den im engeren Sinne »historischen« Fragestellungen unterscheiden, unter denen

62 Und wieder ist hier nicht versäumt worden, die »radikale Wende« der Halbwachsschen »Gedächtnissoziologie« als Abkehr von Durkheim, als »Bruch« mit dessen »naturalistischem« Verständnis der »sozialen Morphologie« zu stilisieren, vgl. Jaisson, *Temps et espace*, S. 171. Doch wenn sich nun bei Halbwachs seit der *Morphologie sociale* tatsächlich der »soziale Raum« immer weiter in den Vordergrund eines allerdings sehr viel enger verflochtenen Motivkreises schiebt, als es diese Neubewertung des »kollektiven Gedächtnisses« glauben macht, dann ist hier einmal mehr die Frage, weshalb hier jene *fundamentale* »durkheimsche« Unterscheidung von *sozialen* und den vermeintlich »natürlichen« Kategorien vor allem der »Naturwissenschaften«, aber auch der konkretistischen Geschichtsschreibung nicht zur Kenntnis genommen wird, auf der doch die ganze epistemologische Haltung der *Mémoire collective*, die scharfe Gegenüberstellung von *kollektiver* Zeit und »historischer« oder mathematischer Zeit, von *kollektivem* und mathematischem oder geographischem Raum beruht. Daß die neuere Rezeption hier von einer »Doppelnatur« dieser immer *sozialen* »Anschauungsformen« spricht, zeigt, wie wenig dieser nun in der Tat »radikale« epistemologische *Antagonismus* nachvollzogen werden konnte, und sie selbst in »realistischen« Kategorien gefangen bleibt.

63 Die »Problematik der Einheit«, der sich Namer bei der *Mémoire collective* gegenüber sieht, stellt sich wieder nur dann, wenn man die erstaunliche *Geschlossenheit* eines gesamten Werks in Abrede stellt, dessen Grundzüge und Entwicklungsschritte nirgendwo erläutert sind. Stattdessen wird hier unter gehörigem interpretatorischen Aufwand eine »philologische« Rekonstruktion der Arbeit am »kollektiven Gedächtnis« betrieben, die – von einer angeblichen »Metasprache« des kollektiven Gedächtnisses der Musiker über den »gestalttheoretischen« Ansatz in der *Topographie* bis hin zu einer »Ontologie« der »Ewigkeit« des »kollektiven Gedächtnisses« in der *Mémoire* – ständig über den Text hinweg phantasiert, um aus ihrem Werkzeugkasten »realistischer« Begriffe als »letzte Instanz der Vereinheitlichung des kollektiven Gedächtnisses« schließlich »die Zeit« hervorzuziehen, vgl. Namer, *Postface*, S. 260.

nun das »kollektive Gedächtnis« für die »Kulturwissenschaften« anschlußfähig gemacht wurde, ist ebenso offensichtlich. Daß Halbwachs die Arbeit der *Vereinheitlichung* der »Gesellschaft« an der lebendigen, »erlebten« Selbsterfahrung sozialer Gruppen, wie sie gerade der Nationalstaat so bedingungslos durchzusetzen versucht, nirgendwo bestreitet, sondern im Gegenteil das Künstliche, Gemachte, Gezwungene und *Erzwungene* daran hervorhebt,[64] schafft in der Tat Anschlußstellen für einen historischen »Diskurs« ebensogut wie die unabweisbare Feststellung, daß die Selbsterfahrung dieser Gruppen

64 Die davon völlig unbeeindruckte Behauptung, in der *Mémoire* habe sich das Verhältnis von »Vergangenheit« und »Gegenwart« umgekehrt, eine »radikale Wende«, die nun nicht mehr von der *Rekonstruktion* einer »Vergangenheit« in der Gegenwart ausgehe, sondern eine »Rekonstitution« der Gegenwart »unter Wirkung der Vergangenheit« meine, vgl. Namer, *Postface*, S. 272, und Jaisson, *Temps et espace*, S. 167, stellt erneut die »philologischen« Rekonstruktionsbedürfnisse einer Gegenwart unter Beweis, die das »kollektive Gedächtnis« ganz offensichtlich einem anderen »Diskurs« aneignen möchte. Dies führt dann unter anderem zu solch befremdlichen Feststellungen wie der, daß Halbwachs unter dem Eindruck der nationalsozialistischen Zwangsvereinheitlichung eines »kulturellen Gedächtnisses« das »kollektive Gedächtnis« der Musiker und die spätere Arbeit überhaupt als eine Art »Kampfschrift« konzipiert, der »sozialen«, propagandistischen Vereinnahmung Wagners in dem *Musiciens* das kollektive Gedächtnis der Musiker entgegengestellt habe, um später in der *Mémoire*, politisch enttäuscht, die »Überlegenheit des sozialen Gedächtnisses« einzuräumen, vgl. Namer, *Postface*, S. 251ff und 273f. Von dieser seltsamen Ineinandermischung biographischer, politischer und theoretischer Motive ist allerdings nur soviel richtig: Halbwachs hat das »kollektive Gedächtnis« als »Sitz der Traditionen« immer mit dem »Zwang« großer, massenhafter gesellschaftlicher Entwicklungen kontrastiert, und dem lebenslangen Sozialisten Halbwachs blieb immer ein Gespür für die sich in der »Lebenswelt« der Beherrschten eingeprägte Herrschaft, ein Gespür, ohne das seine *thèse* zu einer regelrechten »Morphologie der Herrschaft« im Pariser Stadtbild kaum möglich gewesen wäre – vierzig Jahre vor der *Mémoire collective*. Wenn hier nun mit dem Hinweis auf jenen schlichten Satz der Tagebücher aus dem Jahr 1938, *Je voudrais pouvoir assez me prende à mon travail, pour que l'oubli total de la politique intérieure et extérieure m'apporte le bienfait et l'apaisement de la pensée*, der nun wirklich »nicht mehr« als höchste Beunruhigung über die damaligen politischen Entwicklungen ausdrückt, eine »radikale« und gleichzeitig »politisch« motivierte »Verschiebung« der *theoretischen Koordinaten* des Halbwachschen Denkens »bewiesen« werden soll, vgl. Namer, *Postface*, S. 240, dann läßt sich dies auch mit einigem Wohlwollen nur als schwache »Evidenz« für eine daran anschließende Deutung bezeichnen, die in der *Mémoire* einen »theoretischen Fortschritt« im Verhältnis von »Sozialem und Kollektivem« erkennen will: eine »Feststellung«, die nicht nur beweist, daß sich Halbwachs hier erneut gegen den Durkheimianismus und seine begriffliche »Verschwommenheit zwischen Sozialem und Kollektiven« profilieren soll, sondern auch in einer Weise epistemologisch hochgerüstet wird, für die Halbwachs sicher kein Verständnis gehabt hätte.

auch in Praktiken und Techniken, in Bild und Schrift, in Konventionen, Regeln und Dogmen gefaßt ist, in festgelegten »kulturellen« Beständen kollektiven »Wissens«, die ihr einen »Rahmen« verleihen, in dem konkrete »Bilder« entstehen.[65] Maurice Halbwachs aber geht es *nicht*, jedenfalls nicht in zuvorderst, um dieses Spannungsverhältnis zwischen der »gelebten« Erfahrung gesellschaftlicher Gruppen und einer »Gesellschaft«, die sich ihrer auf eigentümliche Art und Weise bemächtigt, und es geht ihm auch *nicht* vornehmlich um das zwar keineswegs »triviale«, aber doch bei Durkheim und Mauss sehr viel beziehungsreicher vorgeführte Verhältnis von »kulturellen« Praktiken, kollektivem »Wissen« und sozialen »Strukturen«. Sondern Halbwachs nimmt seine *Mémoire collective* zum Anlaß, erneut die Wissenschaft Durkheims als Wissenschaft vom kollektiven Wahrnehmen und Denken, vom kollektiven

65 Die hier bei Namer vorgenommene Verlängerung einer Halbwachsschen »Wissenssoziologie« in Richtung des »kulturellen Gedächtnisses« ist nicht nur deshalb fragwürdig, weil damit nahegelegt wird, Halbwachs habe mit seinen Ausführungen über das »kollektive Wissen« der Musiker oder Maler völliges Neuland betreten, vor allem mit *La mémoire collective chez les musiciens* einen »abrupten Neuanfang« gewagt, den nichts vorweggenommen habe, vgl. Namer, *Postface*, S. 253: abgesehen davon, daß für den »Durkheimianer« Halbwachs eine Soziologie kollektiver Regeln und »Praktiken« zum Kernbestand des Vermächtnisses der *école sociologique* gehören mußte, und auch in den *Cadres*, gerade im Kapitel über das religiöse Gedächtnis, ständig solche Bezüge hergestellt sind, hätte es genügt, sich die im Jahr vor Veröffentlichung der »Musiker« in der *Zeitschrift für Sozialforschung* 7, 1938, S. 357-374, erschienene Arbeit *La psychologie collective du raisonnement* anzusehen, um am Beispiel der Logik, Mathematik und Physik eine zumindest weit gediehene »Vorstufe« dieses »wissenssoziologischen« Gedankens vorgeführt zu bekommen. Aber diese »Wende« zum »kulturellen Gedächtnis« ist auch deshalb problematisch, weil damit das tiefliegende Fundament der *Mémoire collective* zugeschüttet wird, sich eine bahnbrechende Konkretisierung der – entgegen jeder anderslautenden Behauptung – völlig durkheimianischen »Soziologie der Anschauungsformen« durch die einigermaßen schlichte Feststellung verdrängt sieht, daß »Kulturtatbestände« auf irgendeine Weise von und in gesellschaftlichen Gruppen strukturiert, ratifiziert, dokumentiert werden: wenn so der *epistemologische* Gemeinplatz, daß es sich bei den »Wissenschaften vom Menschen« um »Kulturwissenschaften« handelt, in einen »theoretischen« Begriff überführt werden soll, verschwindet nicht nur der Gegenstand einer Soziologie, die sich dem »Innenleben« solcher »Kulturtatbestände« widmet, sondern werden auch derart pompöse Interpretationen möglich wie die, daß sich bei Halbwachs das kollektive Gedächtnis »von einem Substitut des Unbewußten« zum »ewigen Träger kultureller Wertsysteme« gewandelt habe, vgl. Namer, *Postface*, S. 271, eine Deutung, bei der man sich fragt, ob wir uns hier tatsächlich noch im Bereich einer »Wissenschaft vom Menschen« befinden.

Fühlen und Handeln, von den kollektiven Vorstellungen und Bedürfnissen, dem unhintergehbar sozialen Weltverhältnis des Menschen zu verdeutlichen. Und wenn das »kollektive Gedächtnis« als Ergebnis und Möglichkeitsbedingung dieser sich selbst als unvordenklich erfahrenden Arbeit des Menschen an dieser Welt ist, sich in ihm »Gesellschaft« vergewissert und »verdichtet«, dann hat Halbwachs hier einen Begriff für jenen paradigmatischen Entwurf geliefert, auf den Durkheims Soziologie immer zielte, auf die *kollektiven* »Möglichkeitsbedingungen« unserer Welterfahrung, die ebenso radikale Überbietung des radikalen Schlusses der kantschen Transzendentalphilosophie, daß »wir alles selbst« machen, durch diesen anderen: »Wir sind niemals allein«.

Halbwachs konnte uns mit seiner *Mémoire collective* nur einen unfertigen Versuch, einen bruchstückhaften Eindruck dessen hinterlassen, was vielleicht hätte das vorläufige Ende eines langen, sich über Jahrzehnte hin erstreckenden gedanklichen Weges werden sollen oder müssen, eines Weges, der sich immer seiner grundsätzlichen *epistemologischen* Richtung gewiß war, eines Weges aber auch, der immer weiter in die Tiefen jenes Verhältnisses vordrang, das zwischen der *konkreten* Wirklichkeit der menschlichen Schöpfungen und ihrer gleichwie konkreten *Wahrnehmung* besteht, eines Verhältnisses, das zu umschreiben der »Durkheimianer« Halbwachs ganz zweifellos als den wesentlichen Auftrag der »Soziologie« des ehemaligen »Lehrers« verstand. Daß Halbwachs dabei dieses Vermächtnis in einer Weise bereichert, die sich sehr viel handgreiflicher mit einer sozialen »Welt« beschäftigt, als dies Durkheims »Rationalismus« getan hatte, nimmt dieser Verpflichtung auf das durkheimsche Erbe nichts von seiner Glaubwürdigkeit: das »kollektive Gedächtnis« ist der Versuch, eben daran zu erinnern, daß die Welt des Menschen deshalb *konkret* ist, deshalb *unmittelbar*, weil uns hier ein »sozialer Sinn« entgegen schlägt, dessen Wahrnehmung gleichursprünglich ist mit seiner Schöpfung – es sind die *kollektiven* »Anschauungsformen«, die kollektiven Kategorien und Klassifikationen der Stoff einer jeden »Wissenschaft vom Menschen«.

Epilog

Maurice Halbwachs hat ein bemerkenswert umfangreiches, höchst vielgestaltiges, und innerlich dennoch beeindruckend geschlossenes Werk hinterlassen, ein Werk, das diese Geschlossenheit, seine ganze Kraft der Entwicklung, Erweiterung und Vertiefung eines großen, »paradigmatischen« Entwurfes verdankt: es ist Durkheims »Wissenschaft vom Menschen«, seine »Soziologie«, die Halbwachs fortführt, am Leben hält, zum Sprechen bringt. Halbwachs übernimmt dies Erbe in einer Zeit, in der den einzelnen »Fächern« dieser Wissenschaft die gedankliche Einheit, der *gemeinsame* epistemologische Gehalt ihrer Gegenstände längst entschwunden war, um den die durkheimsche Soziologie so leidenschaftlich gerungen hatte, und mehr als ein halbes Jahrhundert nach seinem Tod ist der Sinn dieses säkulären Entwurfs, seine ganze Bedeutung, dem »kollektiven Bewußtsein« einer »Wissenschaft vom Menschen« ferner denn je. Denn gerade die Art und Weise, in der Halbwachs nun, nachdem ein Jahrhundert mit seinen gewaltigen Umbrüchen hinter uns liegt, dessen kollektivem Wahn er furchtbar zum Opfer fiel, für diese Wissenschaft neu »entdeckt« wird, geht nicht nur an einem ganzen Werkzusammenhang vorbei, der diesen in der Tat großartigen Entwurf einer »kollektiven Psychologie der Anschauungsformen« erst verständlich macht, sondern kann auch mit der hinter ihm stehenden *epistemologischen* Haltung nichts mehr beginnen – wie wäre sonst verständlich, daß gerade dieser einzigartige Zug des »kollektiven Gedächtnisses« derart in den Hintergrund tritt?

In der Zeit zwischen den Kriegen hat Maurice Halbwachs diesen inneren Zusammenhang einer »Wissenschaft vom Menschen« immer wieder aufzuweisen versucht, er hat Verbindungen zwischen ihren auseinander strebenden Gebieten geknüpft, das Gespräch nie abreißen lassen: wenn allein schon die Spannbreite seines Werks ihre großen Umrisse sinnfällig macht, seine Anstrengung, ihren Gegenstandsbereich nicht nur in seiner ganzen Fülle, sondern auch seiner ungeheuren Tiefe zu durchmessen, dann ist es doch auch der ständige Dialog mit den anderen »Fächern«, in dem sich sein beispielloses Bemühen zeigt, was einst als »Wissenschaft vom Menschen« Geltung beansprucht hatte, den ständig anwachsenden Bereich ihrer Gegenstände, den schnellen Fortgang ihrer Entwicklungen, einzufangen und festzuhalten. Wenn dieser Dialog nun einem »kulturwissenschaftlichen« Monolog über das »kollektive Gedächtnis« gewichen ist, der Halbwachs ein weiteres Mal verstummen läßt, dann bleibt vielleicht gerade diese erstaunliche Offenheit und dennoch tiefe Verpflichtung, mit der einer der großen Schüler Durkheims das Erbe *einer* Wissenschaft vom Menschen« bewahrt und bereichert hat, eine Wissenschaft, die Halbwachs im emphatischen Sinne lebte, sein eindrücklichstes, sein eigenes Vermächtnis.